현대여성연구1

여성의 눈으로 읽는 문화
-TV드라마, 수필, 영화, 연극, 희곡, 소설

현대여성연구 1

여성의 눈으로 읽는 문화
―TV드라마, 수필, 영화, 연극, 희곡, 소설

송명희 정순진
송경빈 손화숙
김영희

새미

책머리에

『여성의 눈으로 읽는 문화』는 페미니스트 여성학자들의 현장비평으로 이루어졌다. 페미니스트를 자처하는 이번 필자들은 우리 시대 우리의 문화와 삶을 그 즉시 읽어내는 현장비평의 필요성을 절감했으며, 그것을 학술적인 난해한 언어보다는 대중과 함께 할 수 있는 평이하고 흥미로운 언어로 담아내는 데에 동의했다. 따라서 96년 또는 최근 2·3년래에 사회적으로 관심의 초점이 된 텔레비전 드라마 수필·영화·연극·희곡·소설 등 다양한 장르를 대상으로 우리 시대의 문화읽기 작업에 들어갔다.

가령, 96년도 텔레비전 드라마 사상 매회 방영 때마다 논란을 빚었던 드라마『애인』에 대해서 수많은 기사와 칼럼이 쏟아졌고, 심지어는 국정감사장에서마저 논란을 빚으면서도 문제점을 제대로 짚어낸 비평이 부재하는 현실에 우리는 '이래서는 안되겠다'고 다같이 공감했던 것이다. 제 1부의「낭만적 사랑과 현실의 사이에서」는 바로 그러한 작업의 결실이다. 또한 「표류하고 있는 이 시대의 여성관」은 최근 발간되어 베스트셀러로 떠오르고 있는 『부엌데기 사랑』, 『뜨거운 가슴에 좌절이란 없다』, 『나쁜 여자가 성공한다』, 『여성이여, 테러리스트가 돼라』와 같은 에세이집에서 극단에서 극단으로 치닫고 있는 여성관의 표류를 진단한 글이다. 21세기의 정보화시대를 향해 나아가면서도 아직도 구시대적 여성관이 망령처럼 여성의 발전을 옭아매는 현실에 대한 개탄을 읽을 수 있다. 「욕망의 대상에서 삶의 주체로」는 소위 페미니즘을 표방한 영화 「뮤리엘 웨딩」과 「코르셋」에 대한 비평문이다. 「홀로서기와 여성의 정체성」은 페미니즘 연극 「즐거운 이혼」을 대상으로 페미니즘 연극의 특성을 밝히며, 이혼이란 문제를 통해 여성의 정체성을 밝힌 연극평론이다. 「정념과 효 이념의 대립으로서의 역사」는 삼국사기에 수록된 '호동설화'를 재해석한 윤정선의 희곡 「호동」을 페미니스트의 시각에서 새롭게 읽어낸 흥미로운 평론이다.

제2부는 소설을 대상으로 한 비평작업이다.『매디슨카운티의 다리』는 소설로, 영화로, 연극으로 복제되어 다양한 향수층의 공감대를 자극한 작품이다. 중년의 사랑 신드롬을 만들어냈을 정도의 대중적 작품이면서도 현장비평이 부재해왔다. 이를 담아낸 것이 「사랑의 정열 못지 않게 강조한 가족의 소중함」이다. 「포스트모던 시대의 여신 만들기」는 최근『내게 거짓말을 해봐』로 외설 물의를 빚은 장정일의『너희가 재즈를 믿느냐』란 작품을 대상으로 포스트모더니즘이란 첨단적 기법을 구사하고 극단적 성의 자유를 표방하면서도 심층에서 여전히 작용되고 있는 작가의 남성중심적 성차별주의를 예리하게 읽어내고 있다. 「길 잃은 여성들, 새로운 길은 어디에」는 이남희의 「슈퍼마켓에서 길을 잃다」를 대상으로 20대, 30대, 40대의 세 여성을 중심으로 쇼핑, 도벽과 혼외정사, 다이어트와 같은 포스트모던 사회의 가짜 욕망에 사로잡힌 여성들의 길잃음을 비평하며, 여성의 새로운 길찾기를 모색하고 있다.

「여성의 억압된 욕망과 남성중심의 성적 희롱과 폭력」은 「풍금이 있던 자리」, 『깊은 슬픔』, 『오래 전 집을 떠날 때』 등 문단의 새로운 별로 떠오른 신시대 작가 신경숙의 「배드민턴 치는 여자」를 대상으로 여성의 성적 욕망이 건강하게 실현되지 못한 채 극단적인 성억압과 남성중심의 성희롱과 성폭력으로 양극화되고 왜곡된 현실을 비판하고 있다. 「여성, 통과제의적 의미」는 송기원의 새로운 소설 『여자에 관한 명상』에 대한 평론으로 남성의 성장과 성숙에 제의적으로 바쳐진 여성의 희생을 문제삼고 있다. 여성을 끝없이 타자화시키고 주변화시킨 채로 이루어지는 남성의 정체성 확립 그 자체에 문제의식을 제기하고 있는 것이다.

  이번 저서는 단행본으로 출판되면서도 동시에 페미니즘 연구단체인 <여성연구회>에서 발간하는 『현대여성연구』 제1집의 형태로 발간됨을 밝혀둔다. <여성연구회>는 1990년 3월에 발족하여 그간 부산지역을 중심으로 '여성연구논단'이란 월례포럼을 통해서 여성

문제를 진단해왔다. 그런데 1996년을 계기로 전국으로 규모를 확장하고, 학술단체의 성격을 더욱 강화하면서 1996년 6월 28일에 학술발표회를 '포스트모던 시대의 여성노동과 여성문학'이란 주제로 개최했고, 이번 연구 저서도 그 연장선상에서 이루어진 것이다. <여성연구회>의 학술발표회에 도움을 준 동원산업(주)과 당시 부산수산대학교의 총장이셨던 장선덕 박사님의 격려에 감사드린다.

1996년을 보내며
여성연구회 회장 송 명 희

차례

책머리에 / 3

제 1 부

낭만적 사랑과 현실의 사이에서
—TV드라마 『애인』 ──────────── 정순진/13

표류하고 있는 이 시대의 여성관
—수필집 『부엌데기 사랑』 『뜨거운 가슴에 좌절이란 없다』
『나쁜 여자가 성공한다』 『여성이여 테러리스트가 돼라』 ──── 송명희/31

욕망의 대상에서 삶의 주체로
—영화 「뮤리엘의 웨딩」 「코르셋」 ──────── 손화숙/63

홀로 서기와 여성의 정체성
—이영란의 「즐거운 이혼」 ──────────── 김영희/85

정념과 효 이념의 대립으로서의 역사
—윤정선의 「호동」 ──────────── 손화숙/105

제 2 부

사랑의 정열 못지 않게 강조한 가족의 소중함
  —로버트 제임스 윌러의 『매디슨카운티의 다리』 ——— 송명희/127

포스트모던 시대의 여신 만들기
  —장정일의 『너희가 재즈를 믿느냐』 ——————— 송경빈/149

여성의 억압된 욕망과 남성중심의 성적 희롱과 폭력
  —신경숙의 「배트민턴 치는 여자」 ————————— 송명희/171

길잃은 여성들, 새로운 길은 어디에
  —이남희의 「수퍼마켓에서 길을 잃다」 ——————— 정순진/193

여성, 통과제의적 의미
  —송기원의 『여자에 관한 명상』 ——————————— 송경빈/219

제 1 부

낭만적 사랑과 현실의 사이에서
표류하고 있는 이 시대의 여성관
욕망의 대상에서 삶의 주체로
홀로 서기와 여성의 정체성
정념과 도 이념의 대립으로서의 역사

낭만적 사랑과 현실의 사이에서
― TV 드라마 『애인』

정 순 진

1. 들어가기

　드라마 『애인』(극본 : 최연지, 연출 : 이창순)은 방영되는 16주 내내 논란을 불러일으키더니 마침내 국회 국감장에까지 올라 의원들의 질타대상이 되었고, 방송위원회 주최의 토론회에서 그 사회적 영향이 논의되기도 했다. 이 논의는 주로 TV 같이 파급효과가 큰 대중매체에서 불륜을 미화시키는 것이 아니냐는 항의 성격이 컸고 일부 시청자들도 이런 견해에 동조했다.
　한편 TV와 신문은 서로 부추겨가며 『애인』 신드롬이라는 말을 만들어가면서 『애인』 관련 정보를 횡행하게 함으로써 『애인』 상품화에 성공했다. 드라마를 보지 않은 사람도 대강의 내용을 짐작할 수 있었고, 극중 여경이 했던 액세서리가 인기리에 팔린다든가, 극중에 데이트 장소로 나온 곳에 중년 연인이 몰린다거나, 삽입곡 독일 컨트리 그룹 캐리 & 론의 「I owe you」가 갑자기 인기를 누린다거나 하는 사실을 저절로 알게 되었다. 그러면서 지나가 버린 청춘을 돌이켜보듯 감미로운 선율과 호소력 짙은 가사를 따

라 낭만적 사랑을 대리체험하였다.

『애인』이 종영된 지금 우리 시대의 모든 것이 그러하듯 『애인』과 결부되어 논의되던 것들까지 한때의 이야기거리로 그냥 지나가 버리고 말았다. 그러나 그렇게 많은 사람의 이목을 집중시킨 드라마라면 드라마 밖에서 그 드라마가 제기한 문제를 어떻게 풀어가야 할지 논의하고 합의하는 일이 필요하다고 생각한다. 어느 의미에서 TV 드라마는 완전한 극이라기보다는 극의 동기부여나 문제제기를 통해서 계속 시청자와 충돌, 마찰, 합의를 구해가는 무형재라고 할 수 있기 때문이다.(오명환, 『텔레비전 드라마 예술론』, 38면) 말하자면 TV 드라마의 완성감이란 극적인 테마를 오히려 현실적인 해체작용으로 다양하게 환원시켜 시청자와 보다 다각적으로 대화하는 커뮤니케이팅에서 우러나오는 것이다.(오명환, 41면) 그렇다면 TV 드라마는 영상을 보고 있을 때가 아니라 보고 난 뒤 영상의 밖에서 현실과 충돌하고 갈등하면서 시청자들의 굳어버린 현실인식력을 깰 때 그 존재

14 여성의 눈으로 읽는 문화

의의가 있는 것이라고 할 수 있다.

  이 드라마가 제기한 문제는 아무 문제가 없는 가정을 가진 유부남 유부녀가 사랑을 느꼈는데 그 감정을 어떻게 처리하느냐라는 것이다. 우리 사회에선 대체로 이십대에 결혼하여 죽을 때까지 함께 부부로 살아가는 것을 이상적으로 여기는데 지나간 세대와는 다르게 부인이나 남편 이외의 이성과 만날 기회가 많은 현대사회에서 느닷없이 찾아온 그 감정을 어떻게 처리할 것인가 하는 문제는 상대방의 부정으로 인한 이혼율이 점점 높아가는 현재의 시점에서 시의적절한 문제제기라고 할 수 있다.

2. 인기와 논란의 초점 : 불륜

『애인』이 인기를 끈 첫째 이유는 '신트랜디 드라마'란 평을 들었던 것처럼 칙칙하고 불편하게 이야기를 끌고 가는 것이 아니라 산뜻하고 상큼하게 전개하면서 함축적이고 감각적인 화면을 연출했기 때문이다. 사람만이 아니라 등장시킬 물건에도 신경을 쓴 섬세한 연출력이 화면 자체를 아름답게 만들어 무거운 테마에 가볍고 흔쾌하게 접근하는 데 성공했다. 이것은 머리 아프게 고민하기보다는 모든 일을 가볍게 처리하고 싶어하는 현대인의 심리를 꿰뚫은 기법이다.

  남재일 기자는 『애인』의 경우 이전의 불륜 드라마들이 흔히 취했던 유부남 처녀의 공식을 깨고 유부녀를 내세운 점과 불륜남녀의 입장을 설득력있게 그려낸 점이 인기의 열쇠였다고 평한다.(중앙일보, 1996. 11.9) 불륜이지만 남녀평등을 이룩하고 불륜을 윤리의 문제로 보기 이전에 두 인격체의 사랑으로 본 점이 타인을 보는 관점을 넓히는데 기여했다고 볼 수 있다는 것이다.

이 점은 확실히 이전의 불륜 소재 드라마와 다른 점이면서 시청자의 폭을 넓혀 인기와 논란을 동시에 가능하게 했다. 이전의 드라마가 둘 사이는 아무리 진정한 사랑이라고 하더라도 처녀인 여자편에서 가정을 파괴한다는 죄의식을 뒤집어쓰고 물러나는 형태를 띠고 피해 가족의 희생에 중점을 두었다면 『애인』은 둘다 가정이 있음을 알고 만나지 않으려고 노력하지만 어쩔 수 없는 힘으로 상대에게 끌리는 사랑을 보여주고 있다.

이 드라마에서는 남성도 여성도 서로 상대방의 가정에 책임을 져야 하기 때문에 남성이나 여성 어느 한쪽의 죄책감만 조장하지는 않았다. 이것은 기혼여성이라면 남편을 빼앗길까 전전긍긍하는 여성의 입장에 동화시키던 이전의 드라마와 달리 기혼여성이면서도 멋지고 이상적인 남성과 사랑하는 여성과 동일시할 수 있게 해 두 배의 여성 시청자를 확보할 수 있었을 것이다.

이 사실만 보아도 TV드라마가 얼마나 민감하게 현실을 반영하고 있는지를 알 수 있다. 기혼여성을 사랑의 대상으로 바라볼 수 있다는 것은 여성을 바라보는 사회의 눈길이 달라졌음을 의미한다. '이왕이면 다홍치마'라는 말이 아직 남아있듯 여성 최고의 가치를 처녀인가 아닌가에 두었던 시대와 달리 결혼 여부와 관계없이 여성을 바라보게 되었음을 의미한다. 다시 말해서 예전에 결혼한 여성은 남성이 볼 때 더 이상 여성이 아니었지만 이제 남녀의 만남이 결혼과 관련해서만이 아니라 대등한 입장에서 일로 만날 수 있음을 시사하는 것이다.

그렇기는 해도 아직도 우리 사회에서는 같은 상황에서 사랑을 해도 여성의 경우 밖으로 눈 돌릴 수밖에 없는 상황을 설정하지 않으면 그 여성에게 돌팔매질이 가해지는구나 하는 것을 느끼지 않을 수 없었다. 이 드라마에서 운오의 경우 헌신적이고 깔끔한 자기 아내가 있는데도 다른 여자와 사랑에 빠지는 것이 자연스럽게 그려지지만 여경의 경우 남편은 아내에게 관심이 없는 일벌레임이 강조되는데 드라마가 진행되면서 그 정도가 더욱 심해진다. 그러나 우리는 사랑의 감정이 문제가 있을 때만 생기는 것이 아님을 알고 있다. 남성에게만이 아니라 여성에게도.

이 드라마를 두고 불륜이라는 말이 많이 쓰였지만 그들의 사랑이 어떤 윤리에 어긋나는가? "가정 있는 남녀는 다른 이성에게 사랑의 감정을 느껴서는 안된다"는 윤리인가? 아니면 "가정 있는 남녀는 다른 이성과 성관계를 가지면 안된다"는 윤리인가? 전자라면 이것은 누군가에게 사랑의 감정을 느끼는 자연스러운 순간까지 윤리에서 간섭하려는 것으로 이 감정은 간섭되지도 않을 뿐더러 대다수의 사람들을 불륜을 범하는 사람으로 만들 뿐이다. 후자라면 이 두 사람은 드라마 전편을 통해 성관계를 갖지 않았기에 해당되지 않을 뿐 아니라 그 문제는 이 드라마보다 우리의 현실에서 공식, 비공식으로 벌어지고 있는 매매춘을 보다 심각하게 문제삼아야 한다. 이 드라마가 불륜을 조장하고 가정을 파괴한다는 방식의 대응은 지나치게 피상적이다. 드라마 하나가 모든 주부들을 불륜에 빠지게 한다는 식의 반응 자체가 유아적인데다가 그렇게 과민한 도덕주의자들이 지도자들인데 그 많은 러브호텔들은 어떻게 허가를 받아 지어지고 운영되는지, 매매춘이 어떻게 이루어지는지, 미성년자를 고용하는 유흥업소가 어찌 그리 많은지 의아스러울 뿐이다. 이런 상황을 두고 도덕이나 윤리의 잣대로 재면서 옳으니 그르니, 도덕적이니 비도덕적이니 운운 하는 것은 맞닥뜨린 상황을 이분법적 허구에 빠뜨릴 뿐이다. 비도덕적인 일이라고 규정만 하면 그런 일은 일어나지 않는 사회가 된다면 또 몰라도.

사랑은 우리들 삶에서 아주 중요한 문제이다. 그러나 이미 사랑으로 이룬 가정이 있는 30대 남녀의 경우 사랑의 비중이 조금쯤 가벼워진 것 또한 사실이다. 그러나 사랑은 이제부터 저 사람을 사랑해야겠다고 결심해서 시작되거나 이제부터는 사랑하지 않으리라고 결심한다고 해서 사라지는 것도 아니다. 다만 미혼인 경우 그 감정의 처리가 당사자의 문제에 그치지만 기혼인 경우 그것이 가정을 해체할 수도 있다는 사실을 진지하게 고려해야 하리라. 더구나 우리 사회처럼 간통죄가 엄연히 존재해 개인적인 사랑의 문제에도 공권력이 개입하는 나라라면 더더욱 그러해야 하지 않겠는가.

3. 문제 없는 가정의 문제 : 소통의 부재

가정이 있고 그 가정의 구성원들을 사랑하면서도 『애인』에서 두 사람이 서로에게 끌리는 이유를 꼼꼼하게 따져보면 우리가 흔히 말하는 아무 문제 없는 가정에 심각한 문제가 있음을 알 수 있다.

운오의 경우 살림 잘하고 아이들 잘 키우고 헌신적인데다 날씬하고 미인이기까지 한 아내 명애가 있고 두 아들이 있다. 운오 친구들이 운오의 사랑을 눈치챘을 때 하는 첫마디가 모두 운오가 그럴 리가 없다, 명애씨는 완벽한 주부에다 미인이기까지 한데 어디에 눈 돌릴 수 있겠느냐고 반문한다.

그러나 명애는 운오의 별장에서 벌어진 파티장면에서 보여주듯이 남편의 친구들과 하는 파티에서 그 뒷일을 감당할 뿐 함께 이야기하지도 않고 남편이 기철의 부인인 김애리와 애인 사이라면서 춤을 춰도 함께 어울리지 않는다. 함께 어울리는 사람이 아니라 뒷바라지만 하는 사람이라면 생의 동반자라고 하기 어렵다. 또한 명애는 친구에게도 남편에게도 자신의 어머니에게도 자기의 감정을 내보이지 않는 사람이다. 김애리가 운오의 일을 눈치채고 도와주려고 할 때도 전혀 내색하지 않고 다른 여자에게 선물 받은 화장품이라는 사실을 알게 되었을 때도 감정의 동요를 보이지 않으며 화장품을 쏟아버리고 다시 사다 놓는 등 다른 사람과 소통하려 하지 않는다.

누구와도 소통하지 않는 채로 완벽한 아내, 완벽한 어머니가 되려는 명애는 남편과 아이들에게 숨 막히는 존재일 수 있다. 완벽하지 못한 인간은 완벽함 앞에서 숨이 막히는 법이다. 운오는 자신만 바라보고 있으면서 헌신적으로 뒷바라지하는 부인이 싫은 것은 아니지만 죽이 잘 맞는다는 느낌을 갖기는 어렵다. 활달하고 자신의 농담을 잘 받아 넘기는 애리와 애인 사이라며 스스럼없이 지내는 것에서도 그런 면을 엿볼 수 있다. 이것은 아이들도 마찬가지이다. 아이들은 처음에 엄마가 자기들에게 신경쓰지 못하자 문제 풀으라고 닥달하는 사람도 없고 해서 좋다고 말한다.

운오의 흔들림을 통해서 명애는 이 사실을 깨닫는다. 최선을 다 했지만 당신의 좋은 친구가 되지는 못했다고. 당신은 결혼을 하고 계속 자기 일을 하며 막힘없이 달려왔지만 난 집안일에만 매달려 있다보니까 아무래도 시야는 좁아지고 성장은 멈춰 이야기도 안 통하고 기분도 맞지 않았을 거라고. 살림을 완벽하게 하려고 다른 사람을 숨막히게 할 것이 아니라 자신을 성장시키는 데 시간과 노력을 투자하는 것이 자신과 더불어 다른 사람을 자유롭게 하는 일이기도 하다는 것을 깨닫는 명애는 가정의 위기를 통해 자신의 약점을 깨닫고 변화하는 모습을 보여 준다. 다만 명애의 변화가 옷을 맞추는데 몸을 드러내는 모습으로 포착된 것은 주부의 진정한 변화에 대해 사회적 담론이 부족함을 상징적으로 보여준다.

여경은 이벤트회사의 차장으로 감각적인 일에 종사하는 사람이다. 그리고 남편은 바쁘게 일하며 출세를 향해 앞만 보고 달려가는 사람이다. 여경이 운오에게 끌리는 마음을 억제하려고 애쓰면서 가족이 함께 야외로 나갔다 오자고 해 나왔을 때 그 남편은 이렇게 말한

다. "스무살 땐 노력하는 만큼 이루어질 거라고 생각했고 서른살에 안되는 것도 있구나 하고 생각했지. 마흔엔 내가 할 수 있는 게 뭔가? 라는 생각이 들어." 여경이 그렇게 성공에 집착하는 이유가 뭐냐고 묻자 당신과 마리에게 다 주고 싶어서라고 대답하며 기다릴 수 있으면 기다려 달라고 말한다.

이것은 이제까지 한국 사회가 남성들에게 주입해 온 남성관이

기도 하다. 일을 통해서 자신을 확인하고 출세하는 것이 그 사이에 기다리며 뒷받침해 준 가족에게 보상하는 길이라고. 그러기에 그는 아내의 감성적인 면을 싫어한다. 여성다움이라고 생각하고 적응하려고 애쓰지만 나를 피곤하게 하는 것은 싫다고, 신경쓰지 않게 해달라고 말한다. 가장은 집안에서 바깥일을 시시콜콜 이야기하는 것이 아니고 또 집안일로 신경써서 직장일에 방해를 받아도 안 된다. 집안일은 아내에게 맡기고(가사와 육아는 물론 부모에 관련된 일까지) 대부분의 시간을 밖에서 보내다보니 점점 아내와 공유할 이야기가 없어지고 집안에서는 있을 곳도 없어지게 된다. 외도하지 않고 직장 있어서 돈 벌어다 주면 아무 문제 없다고 생각하던 전 시대의 여성들과 달리 현대의 부인들은 남편과 삶을 공유하고 싶어한다.

사랑한다는 것이 무엇인가? 상대방에게 신경 써 주는 것이다. 그런데 신경 쓰지 않게 해달라는 것은 사랑하지 않겠다는 것이다. 문제는 여경의 남편 뿐만 아니라 이 땅의 많은 남편들이 그것이 가족을 위해서라고 생각한다는 것이다. 노동력을 최대한 저렴한 가격으로 사용하려는 자본가들은 여전히 그런 이데올로기를 사회에 유포시키고 싶어한다. 그러나 이제 여성들은 남편의 그런 사랑을 거부한다. 남편들은 아내와의 소통만 단절되는 것이 아니다. 아이와 함께 할 시간이 없기에 자연스럽게 아이와도 소통이 단절되고 만다. 여경의 남편이 회사에 사표를 내고 아이의 학교에 찾아가 보아도 아이가 좋아하는 것이 무엇인지에 대해 무지한 자신을 발견하는 모습은 바로 현재 우리 사회에서 회사에 매달려 가족과 단절되어 있는 남성들의 모습을 그대로 보여준다.

여경의 남편은 아내가 일하는 것이 결국 돈 때문이라고 믿는다.

일이 돈 때문이라면 그것은 여성의 일 뿐 아니라 남성의 일도 마찬가지이다. 일과 보수를 떼어서 생각할 수는 없지만 일이 어떻게 돈 때문만이겠는가? 자신의 일을 그렇게 이야기하면 싫어할 것에 틀림없어도 아내의 일에 대해서는 그렇게 여기는 것이다. 그러니 감성적인 부인과 일중독증에 걸려서 아내와는 이야기할 시간도 없는 남편이 제대로 소통할 수 없음은 자명한 일이다. 몇 번씩 소통을 시도해도 눈치채지 못할 뿐 아니라 이혼을 하자고 해도 무엇이 문제인지조차 깨닫지 못하는 남녀가 한 지붕 아래 부부라는 이름으로 살고 있는 것이다. 이것은 운오의 부인이 운오의 사소한 변화까지 알아채는 것과는 대조적이다.

미국의 사회학자 잉그하트는 우리나라를 세계에서 '세대별 가치관의 격차가 가장 큰 나라'로 꼽고 있다. 부모와 자녀의 거리뿐 아니라 부부간에도 내면적 거리가 멀어 '정서적인 이산가족' 혹은 '문화적 별거' 상태에 있는 것이 우리 가정의 실태이다. 가족 구성원들이 각각의 욕구를 가정에서 충족시키기보다 사회에서 만족시키면서 한 가족이 함께 할 시간은 점점 없어지고 이에 따라 서로가 서로에게 무관심한 상태에서 소통이 두절되어 버리고 마는 것이다.

최근 아버지를 다룬 소설이 화제가 되는 것도 가족 공동체를 위해 밤낮없이 희생한 남편 혹은 아버지의 모습을 그려내 남성들에게 공감대를 형성하고 있기 때문이라고 한다. 하지만 이런 작업에서 간과하면 곤란한 일은 왜 그렇게 되었는지 그 원인을 살펴보는 태도이다. 이것이 모두 아버지를 이해하지 못하는 버릇없는 아이들과 남편을 돈 벌어오는 기계 정도로만 여기는 아내 때문이라는 생각은 문제를 해결하자는 태도가 아니라 사실을 은폐시키고 호도시키는 일일 뿐이다.

　이런 점에서 드라마 말미에 가서 여경의 남편이 가정의 소중함을 알고 변화의 기미를 보이는 것은 남성(남성이 가지고 있는 이데올로기)이 변화하지 않으면 가정이 지켜지기 어렵다는 것을 인식하고 있다는 증거이다. 부인과 아이들은 오래 참고 기다렸다가 늙거나 다 자란 뒤 남편이나 아버지의 성공을 나누어 받기만 하는 존재가 아니다. 가족은 혈연이라는 사실만으로 무조건 뭉치는 것이 아니고, 서로 교감하고 시간을 나누고 관심을 나누며 일상생활을 함께 할 때만 가족 공동체가 형성될 수 있다.

　사건을 통해 변화하는 사람이 명애와 여경의 남편이었다고 해서 운오와 여경은 전혀 문제가 없는 사람인 것은 아니다. 이제 시선을 주인공 둘에게 옮겨보자.

4. 사랑의 숙제 : 순간과 영원

　운오와 여경의 사랑이라고 하지만 사실 사랑하는 것은 운오이고 여경은 사랑을 받기만 할 뿐이다. 여경이 운오에게 빨려드는 것은 그의 외모나 돈이나 지위 때문이 아니고 배려 때문이다. 이것이 작가가 포착한 30대 기혼여성이 가장 목말라하는 것이다. 맨 처음 교통사고를 냈을 때 부탁하지도 않았는데 나서서 그것을 잘 처리해 주는 것도 배려이지만 그것은 의도된 것으로 일종의 작전이기도 하다. 그러나 "머리 날리면 심란하실까봐요." 한 여경의 말을 기억했다가 머리핀을 선물한 것은 아주 작은 배려이지만 운오가 섬세하고 다른 사람을 배려하는 인물임을 드러낸 사건이다.

(첫회와 마지막회에 운오가 출근길에 청소부 아줌마를 돕는 것도 운오의 성품이 따사롭고 남을 배려할 줄 아는 사람임을 드러내는 삽화이다.) 꽃을 선물하면서 시들기 전에 연락하겠다는 운오는 감성이 살아있다는 것을 신경 쓰이게 하는 일로만 생각하는 남편에 비해 살아있는 감성이 삶을 얼마나 풍요롭게 하는 것임을 잘 알고 있는 것이다. 생일날 함께 저녁 먹을 사람도 없는 여경이 전화하자 상자 안에 사랑한다는 말을 넣어 선물할 때의 운오는 나이답지 않게 속물근성도 없이 순수해, 사랑이 물질로만 표현되는 것임이 아님을 아는 낭만적인 사랑의 화신이다. 여경이 헤어지자고 한 뒤인데도 여경의 어머니가 병원에 입원했음을 알자 아는 사람을 찾아가 부탁하는 것도 대가를 바라지 않고 다른 사람에게 도움을 주고 싶어하는 배려 깊은 행위이며, 낙망에 빠진 여경에게 하늘을 선물하는 장면 역시 마찬가지이다. 강렬하고 순수해 보상이나 이해관계를 초월한 관대한 배려야말로 진정한 의미의 사랑으로 상대방을 격려하고 위무하는 커다란 힘을 갖는다.

우리 사회에서 여성은 늘 배려하는 존재로 자라도록 교육받아 남편을 배려하고 아이를 배려하지만 정작 자신은 배려하지도 않고 다른 사람에게도 배려받지 못하기 쉽다. 결혼 전에 딸일 때 부모에게 받은 배려와 결혼 전에 사랑한다고 좇아다닌 남성에게 받은 배려가 전부인 것이다. 우리들의 결혼문화는 아내를 배려하지 않는 것이 가정의 주도권을 잡은 것이라고 착각하게 한다. 그래서 여성은 자그마한 배려에도 감복한다.

운오는 여경만 배려하는 인물은 아니다. 녹음기를 사용해 아내가 부탁한 시장보는 일을 한 가지도 빠뜨리지 않고 사다주며 결혼기념일을 잘 챙기는 자상한 남편이며 두 아들을 사랑해 아이들과 함께 하는 시간도 많고 아이들 생일도 챙겨주는 지상한 아빠이다. 이런 점에서 볼 때 운오야말로 이상적인 남성상이다. 경제적으로도 능력이 있어 30대 중반에 사회적 지위와 재산을 모두 갖춘 사람이면서 감성이 살아있고 다른 사람을 배려할 줄 아는 따뜻한 마음과 그것을 실천할 수 있는 시간적 여유도 있고 건강해 모든 사람이 두말없이 좋아할 '울트라 맨'이다. 이 점이 이 드라마가 비현실적인 이유이고 운오가 우리들 곁에서 살아 숨쉬는 사람처럼 여겨지지 않고 동화책에서 막바로 걸어나온 조금 나이 들고 살찐 왕자처럼 보이는 이유이다. 그렇기는 해도 운오의 모습은 바람직한 성숙함이 무엇인지 진정한 의미의 사랑이 어떠해야 하는지를 보여준다.

　같은 단어를 쓰지만 남성과 여성에게 사랑은 다른 것을 함의한다. 우리 사회에서 남성에게 사랑은 소유와 지배를 의미한다. 사랑이 정복과 승부를 통한 자기 확장으로 이해되기 때문에 주도적이고 능동적으로 사랑을 구하고 내 여자를 만들기 위해 전력을 다하는 것이 남성적 정열의 상징처럼 되어 있다. 물론 그들은 성적으로 매력이 있으며 순종적이고 온순한 여성을 선호한다. 이와 다르게 여성적 사랑의 이상은 남성의 자존심을 상하게 하지 않고 모든 것을 포용하며 참고 기다리는 모성적 배려가 아닌가 싶다. 또 하나 다른 점은 여성은 낭만적인 사랑을 선호하여 성적 표현보다는 친밀한 대화나 분위기를 통한 정서적 교류를 더 즐기고 남성은 감정 표현보다는 육체의 접촉을 사랑의 표현과 확인의 증거로 간주하기 때문에 성관계에 적극적인 태도를 보인다는 것이다. 이때 이 성에 대한 견해도 서로 달라 여성은 사랑과 성욕을 일치시켜 받아 들이고 남성은 사랑을 하느냐 하지 않느냐에 관계없이 성욕을 표출시키는 경향이 많다는 것이다. 그런데 이 드라마에서 표현해 낸 운오의 사랑은 여성들이 이상적으로 생각하는 사랑의 모습을 띄고 있고 그것이 이 드라마를 긍정적으로 평하게 한 여성 시청자가 많은 이유이기도 하다.

그렇다면 여경은 어떠한가? 적극적으로 사랑하는 것도 아니고 남들에게 뻔뻔하고 파렴치한 일이라고 생각하면서도 배려에 감복하기만 하면 되는 운 좋은 여자일 뿐이다. 미혼여성과는 다른 30대 여성의 성숙한 모습을 보여주는 것도 아니고 남편이나 아이를 배려하는 인물도 아니다. 운오에게도 일방적으로 선택되어 사랑을 받을 뿐 운오를 배려하는 모습은 전혀 보이지 않는다. 그녀가 사랑 받는 이유로 표면화된 것은 아이스크림이 묻었을 때 곤란해하지 않고 재치있게 처리하는 첫장면 정도이다. 그러나 그때도 운오가 그녀를 의심없이 처녀로 생각한 것처럼 날씬하고 미인이기 때문에 선택된 것은 아닌가 하는 의구심을 떨쳐 버릴 수 없다. 결혼해서도 여전히 날씬하고 미인이면 모두가 선망하는 남성에게 사랑받을 수 있다는 현대판 30대용 백설공주나 신데렐라는 아닌지? 안 그래도 대중매체와 거대자본이 합작하여 여성의 모든 관심과 정열과 돈과 시간을 육체에 쏟아붓게 하는데 상업주의적 발상으로 기혼여성에게 불어닥친 미시족 열풍에 이 드라마가 더욱 가세하는 것은 아닌지 걱정스러울 정도이다. 드라마 초반부에서 낭만적 사랑의 아름다움을 감각적으로 보여주는데 치중해 복잡하기 이를 데 없는 현실의 사랑을 지나치게 단순화시킨 점도 이런 우려에 한 몫을 한다. 그 결과 '수채화 같은 사랑 표현'이라는 평을 받았지만 낭만적 사랑에 대한 허위의식을 부추겼다는 평을 피할 수는 없다.

드라마 말미에서도 여경의 변화는 전혀 없고 운오는 아주 가정적이면서 진지하고 장난끼가 없어진 사람으로 변했는데 그런 그의 모습은 또다시 사랑의 불꽃에 데지 않기 위해 조심하는 '날개 반납한 울트라 맨'처럼 보인다.

후반부에 가서는 고민하는 두 쌍의 부부를 클로즈 업시켜 자주 보여주었는데 사람들을 이해시키지 못한다는 게 부끄럽지만 그렇다고 쩔쩔매면서 살지는 않을 거라면서 자신의 사랑에 솔직하고 당당한 운오의 고민이 무엇인지가 불명확하게 처리되어 있다. 앞에서도 말한 것처럼 사랑하는 것이 당사자들의 문제로 끝나는 미혼남녀가 아니라 공권력이 개입하는 삼십대의 사랑을 다루는 것이라면 이미 그들이 한번 사랑에 빠져서 결혼을 한 사람이라는 것에 대해 당사자들이 깊이 고민하는 모습이 나와야 한다. 결혼 전에도 그들은 각각 운명적이라고 생각했던 사랑에 빠져 한시라도 떨어져 있기 싫어 결혼했던 것인데 이제 부인을 배려하는 마음은 사라지고 다른 여성을 배려하게 되었다면 사랑의 영원성에 대해 회의할 수밖에 없지 않은가. 이혼을 하고 지금 사랑에 빠진 여성과 다시 결혼한다 해도 다른 여성과 사랑에 빠지지 말라는 보장이 없는 것이 아닌가라는 질문을 던져야 비로소 운오의 사랑이 바람기 많은 한 개인의 문제가 아니고 이 시대를 살아가는 기혼남녀의 문제가 되는 것이다. 또 그럴 때에만 순간적인 감정의 희롱 문제가 아니고 사랑을 어떻게 지켜 갈 것인가라는 사랑의 숙제를 받아들이게 된다.

5. 집의 무게중심 : 열린 인간관계

　운오와 여경을 중심으로 이야기가 전개되지만 이 드라마에는 다양한 가족의 형태가 제시되어 눈길을 끈다. 아이가 없이 둘다 전문직에 종사하는 기철 애리 부부, 이혼으로 모자가정이 된 우승진과 그 아들, 이혼으로 부녀가정이 된 석권과 그 딸 정아, 승미가 합세해 다시 이루려는 가정.
　이혼율이 증가하고 있다는 것은 드라마에 나온 다섯 가족 중 두 가족이 이혼했고 두 가족이 이혼의 위기에서 그 위기를 극복하고 있다는 사실에서도 알 수 있다. 운오부부와 여경부부가 이혼을 결심하는 부분에서 보여주듯 오늘날 이혼하는 당사자들은 자신 이외의 다른 가족에 대해서는 전혀 고려하지 않고 있다. 그러나 이혼을 자발적으로 선택하지 않으면서도 가장 상처받는 사람은 어린아이들이다. 그런 점에서 가정은 두 사람의 사랑과 행복보다 확대된 의무가 있음을 잊지 말아야 한다. 가정은 두 남녀의 사랑에서 비롯되었지만 동시에 낳은 아이를 온전하게 키워야 하는 의무가 부여된 곳이다.
　누구나 "오늘 저녁 뭐 먹지?", "아이들 자?" 정도가 아닌 수준의 대화를 나누고 싶은 때가 있다. 그러나 그때마다 가족 구성원 한 사람의 감정에 따라 일방적으로 가정이 흔들린다면 부서지지 않을 집이 없다. 이 드라마는 집이 보다 탄력적이고 유연하게 가족 구성원 모두의 안식처가 되기 위한 길은 무엇인지 생각해 볼 기회를 제공하였고 그런 점에서 성공적인 드라마였다. 의식 있는 시청자라면 이런 드라마일수록 부부가 함께 시청하고 각자 지금의 부부관계에서 모자라는 부분이 무엇인지, 서로 상대에게 원하는 것이 무엇인지 묻고 답하였으리라 믿으며 이제까지의 논의를 통해 생각해 본 그 길을 정리하면서 글을 맺고자 한다.

그것은 우선 여경 남편의 모습에서 가장 분명하게 보여주었듯이 가족 구성원들이 열린 의사소통의 관계 속에 있어야 한다는 사실이다. 부부가 또 세대가 상호이해를 포기하고 아내와 자식 같이 보다 약한 쪽에서 참아내는 식의 가정은 현대사회에서 더 이상 버텨낼 수가 없기 때문이다.

둘째는 열린 인간관계를 인정하는 일이다. 이 드라마에서도 운오의 가정을 파탄 직전까지 몰고가는 결정적인 것은 여경의 어머니가 돌아가셨을 때 어찌할 바를 모르는 여경이 운오의 집에 건 전화이다. 직장생활을 십 년이나 한 삼십대 중반의 여자가 어머니의 죽음을 맞았다고 해서 상대방의 가정이 위태위태한 것을 알면서도 집으로 전화한다는 것이 여자란 나약하기 그지 없어 남자가 도와주지 않으면 아무 일도 처리하지 못한다는 편견을 고정시키는 것 같아 짜증스럽기도 하지만 다른 한 편으로 그녀의 전화는 애인을 부르는 행위가 아니고 도움이 필요하다는 신호이다. 인간적인 도움이 필요할 때 여경의 주위에 친구도 형제자매도, 선후배도 직장동료도 없다는 것은 여경 개인의 폐쇄적인 인간관계를 드러내는 면이기도 하지만 핵가족의 폐쇄성을 보여주는 것이기도 하다. 이것은 충격을 완화해 줄 완충시대 하나 없이 조그마한 흔들림에도 그대로 금이 가고야 마는 것이 핵가족이기도 하다는 것을 여실히 보여준다.

우리 사회는 남녀가 함께 살아가는 사회임에도 불구하고 남성은 남성끼리 여성은 여성끼리 어울리는 것을 편안하고 당연하게 여기는 사회 분위기 때문에 성인이 되었어도 이성에 대한 면역이 없는 경우가 많다. 남성은 여성을, 여성은 남성을 이해할 기회조차 드물어 도대체 이해 못할 족속이라고 환멸하거나 그것을 미화 혹은 신비화시킨 환상을 품고 있는 사람이 대부분인 것이다. 남녀관계는 언제나 애인이어야 한다는 것은 일종의 강박증이다. 남편의 입장에 설 수 있도록 도와주는 남자 친구나 남자 동료, 남자 선후배, 아내의 입장에 설 수 있도록 도와주는 여자 친구나 여자 동료, 여자 선후배가 함께 열린 인간관계를 맺을 때 우리 모두의 삶의 지평이 확대될 것이다.

  셋째는 가족안에서만 열려 있고 다른 가족, 사회와 연결되지 않으면 가족 이기주의에서 벗어날 수 없다는 사실이다. 이것을 극복하기 위해서는 가족에서 출발하되 가족과 가족이 연계되어 공동체를 이루어야 한다. 이런 공동체를 위해서는 가족의 개념이 확대되어야 한다. 가족이 꼭 혈연으로만 이루어진다는 사고에서도 벗어나야 하고 부부와 자녀로 이루어지지 않은 가정을 결손가정이라고 보는 시각에서도 벗어나야 한다. 현재도 먹을거리 나누기나 공동 육아 같은 것이 시도되는 단계이지만 이런 공동체가 더욱 다양하게 확산될 때 핵가족의 폐쇄성이 효과적으로 극복될 수 있지 않겠는가.

표류하고 있는 이 시대의 여성관
― 수필집 『부엌데기 사랑』, 『뜨거운 가슴에 좌절이란 없다』,
『나쁜 여자가 성공한다』, 『여성이여 테러리스트가 돼라』

송 명 희

1. 표류하고 있는 여성관

하루 아침에는 출근준비를 하고 있는데, 먼저 유치원에 갈 준비를 끝내고 거실에서 놀고 있던 딸아이가 난데없이 "엄마는 나쁜 여자예요?" 하고 묻는 것이었다. 영문을 몰라 "그게 무슨 말이니?" 하고 묻자 아이는 "여기 신문에 나쁜 여자가 성공한다고 써 있는데요."라고 말했다. 사태를 짐작한 내가 거실로 나가보니 정말 아이는 조간신문에 커다랗게 나온 김명숙의 『나쁜 여자가 성공한다』란 책광고를 보고 있었다. 아이는 다시 묻는다. "엄마! 나도 나쁜 여자가 돼야 하는 거예요?"라고……

최근 출판되고 있는 여성 관련 서적들을 일별해볼 때에 20세기가 지나가고 있는 세기말에도 여성의 삶에 대한 사회적 합의가 충분하게 이루어지지 않고 있다는 점을 실감하게 된다. 20세기를 시작할 때, 선각적 남성과 여성들이 여성해방을 하나의 신념처럼 외쳤던 것을 상기해본다면 한 세기가 지나도록 변화하지 않고 있는 것은 여성에 관한, 여성의 삶의 양태에 대한 뿌리깊은 가부장적 가치관이 아닌가 생각된다.

21세기를 맞아 이 사회는 농경사회에서 공업화 사회를 거쳐 제3의 물결의 정보화 시대를 맞고 있다. 하지만 여성에 관한 가치관은 여성 자신의 태도로부터 사회적 통념에 이르기까지 정말 변화가 더디게 이루어지고 있다. 서양에서 수백 년에 걸친 역사 사회적 변화를 불과 몇 십 년만에 이루어낸 우리 민족이 여성관에 대해서 만큼은 사회적 합의가 도출되지 않은 채로 아직도 구시대적 가치관이 여성 자신의 입을 통해서마저 당당히 외쳐지고 있는 문화지체 현상은 흥미롭다 못해 당혹스럽다.

앞에서 언급된 『나쁜 여자가 성공한다』에서는 '남성중심의 시대는 지났다'라고 하며, '주부'라는 말마저 거절하고, '가사경영인'이란 말로 결혼한 여성을 부르며, 부모 대신에 모부, 남녀평등 대신에 여남평등을 사용함으로써 언어적 차원에서마저 철저한 여성해방을 부르짖는다.

또한 『일본은 없다』란 저서로 널리 알려진 전여옥은 『여성이여, 테러리스트가 돼라』는 새로운 책을 통해서 '굿바이 남성시대'를 외치며, 실패한 남성의 역사를 파괴하는 테러리스트 여성이 될 것을 촉구하기도 한다. 그녀는 "여성은 더 이상 남성의 심부름꾼이 아니다. 여성은 이 한국 사회의 모순과 불평등, 그리고 소외를 해결해야 하는 시대적 사명을 지니고 있다. 먼저 여성인 우리 자신이 우리의 권익을 되찾고 힘을 확보해야 한다. 그러기 위해 여성이여, 테러리스트가 돼라!"고 외친다. 반면에 소설가 조양희는 『부엌데기 사랑』이라는 산문집을 통해 제목에서부터 여성의 존재를 '부엌데기'로 규정하며, 성차별적이고 여성비하적인 여성관을 당당히 드러내고 있다. 21세기를 맞는 현대여성이 자신의 정체성을 찾아야 할 장소가 바로 부엌이라고 주장하며, 부엌이야말로 여성이 행복을 찾을 수 있는 유일한 공간으로 제시한다.

> 이곳에 앉으면 세상 모든 일에 주의를 깊게 귀 기울일 수 있다. 부엌은 추억을 보듬고 꿈을 캐는 나의 카페요, 소극장이며 헬스클럽이요, 맑은 수평선이 보이는 바다이다. 또 호텔의 로비이고 세 평도 안되는 유일한 운동장이다. 여기에 바로 우리의 우주가 담겨 있다. 남편과의 대화나 아이들의 어리광도 이곳에서는 더욱 빛난다. 사춘기 아이의 성교육도 이곳에서 시키고 날마다 아이들에게 사랑을 전하는 '도시락 편지'도 이곳에서 엎드려 쓴다.
> 　나에게 있어 부엌은 세끼 식사를 준비하고 순한 차를 끓여내는 만남의 장터이며 내 가족의 삶을 계획하는 작업실이다.
> 　　　　　　　　　　　　　─「이 책을 읽는 이에게」에서

　여성은 부엌을 통해서 세상과 우주와 가족을 이해할 수 있다고 주장하는가 하면 여성의 역할을 자녀 교육, 가족을 위한 식사준비, 가족을 끝없이 배려해야 할 존재로 규정하는 역할관을 나타낸다.
　현재 우리나라는 48%의 여성이 사회적 경제활동에 참여하고 있다. 그리고 전체 여성근로자의 절반 가량이 기혼여성이다. 이들은 안팎으로 남성보다 더 많은 시간을 열심히 일하며 개인발전과

국가발전에 기여하고 있을 뿐만 아니라 여성의 지위향상에도 기여하고 있다. 그런데 여성의 우주를 부엌으로 한정하고 규정짓는 여성관은 이들을 향해 찬물을 끼얹는 시대착오적 역할 규정이라 하지 않을 수 없다.

이미 20세기 초반에 선각적 신여성 나혜석은 「이상적 부인」(1914)에서 여성을 노예화하는 부덕과 양처현모의 허구성을 날카롭게 비판하였다. 즉 현모양처 교육과 부덕에 대한 찬양은 여성을 노예화하기 위한 남성중심 이데올로기의 전략이라는 것이다.

> 남자는 부(夫)요, 부(父)라 양부현부(良夫賢父)의 교육법은 아직도 듣지 못하였으니, 다만 여자에 한하여 부속물된 교육주의라. 정신수양상으로 언하더라도 실로 재미없는 말이라. 또 부인의 온양유순으로만 이상이라 함도 필취할 바가 아닌가 하노니, 운하면 여자를 노예 만들기 위하여 차(此) 주의로 부덕의 장려가 필요하였도다.

그런데 한 세기가 지나도록 현모양처와 부덕의 신화에서 깨어나지 못하고, 시대를 역행하는 구시대적 여성관이 외쳐지는 상황은 동시대를 살아가는 여성들에게 놀라움을 금할 수 없게 만든다.

또한 왕년의 인가 스타 엄앵란은 자서전적 수필집 『뜨거운 가슴에 좌절이란 없다』에서 외도한 남편과 이혼할 거냐는 기자들의 질문에 "왜 저희가 이혼을 해요? 남자라는 것은 짜장면도 먹고 밥도 먹고 그렇게 사는 거지, 어떻게 흰밥만 먹고 살아요?"라고 항변하고 있다. 남편의 외도에 분노하고 원망하기는커녕(진심은 아니겠지만) 별식 정도로 취급하는 여장부적(?) 태도를 보여주어 질문자를 당혹스럽게 만들었던 것이다.

이럴 때일수록 아내가 더 편안하게 해주어야 한다. 그것만이 남편이 가정으로 돌아오게 만드는 비결일 것이다. 어린 자식들에게 깨어진 가정의 슬픔을 넘겨주지 않으려면 더욱 침착하고 슬기롭게 이 위기를 넘겨야 한다. 순간적인 감정에 휩싸여 그동안 쌓아온 내 가정의 행복을 깨뜨릴 순 없다. 난 더 강해져야만 한다, 하며 애써 눈물을 삼키면서 다짐 또 다짐했었다.

그녀는 남편의 무분별한 외도에 대해 일에 대한 스트레스 해소니 미남배우가 겪어야 할 유명세니라고 체념하며 오히려 더 편안하게 대해주어야 한다고 분노를 억압하며, 초인적인 인내심을 발휘하고 있다. 남편의 외도에 여장부적 태도로 의연함을 가장하며, 가정을 지킨다는 명목하에 맹목적으로 남편에 대한 소유 내지는 결혼관계의 지속에 매달려야 하는 여성상은 애처롭기까지 하다. 남편의 몇 년씩 계속된 외도는 아내의 남편에 대한 사랑과 신뢰와 존경심을 모두 앗아갈 것이다. 그럼에도 불구하고 만신창이가 된 자신을 의연한 태도로 위장하며, 조강지처에게 다시 돌아온 남편을 받아들여 가정을 유지하는 것이 최선의 사랑이며, 행복지키기라는 가치관을 나타낸다.

 한 사람의 자기억제가 결여된 지속적 외도와 다른 한편의 일방적 인내와 체념으로 유지되는 불공정한 결혼관계 속에서 가정의 진실한 행복은 추구될 수 있는 것일까? 껍데기의 가정은 유지되겠지만 알맹이인 행복과 사랑은 존재하지 않을 것이다. 남편의 외도에 대한 대응방식이 반드시 이혼이 최선이 될 수는 없을 것이다. 하지만 아내의 무조건적 인내를 통해서 유지되는 불공정한 결혼관계의 지속 속에서는 진실한 사랑과 행복은 추구될 수 없음이 자명하다. 진실한 사랑은 배우자 상대방에 대한 신뢰와 책임과 배려와 존경, 그리고 무엇보다도 주체성을 가진 남녀의 대등한 관계에서 우러나올 수 있는 것이다.

 그리고 일부일처제란 무엇인가? 일부일처제의 가장 큰 윤리적 덕목은 배우자 이외의 이성과는 성관계를 맺지 않는다는 묵시적 약속이 전제된 결혼제도이며, 우리 사회는 형사법상 간통죄를 존치시킴으로써 이를 어긴 개인에 대해서 국가의 법률이 처벌을 가하고 있다. 그녀는 이혼을 하지 않았다는 점에서 이혼에 대해 부정적이고 적대적인 이 사회의 통념에 부합되는 인내의 미덕을 발휘한 셈이지만 그것은 정녕 상처뿐인 영광이 아니겠는가? 여성의 일방적 인내와 체념에 의해서 지탱되는 가정과 결혼은 여성에게도 남성에게도 결코 바람직하지 않다. 결혼 이외의 가능성이 차단된 과거의 여성들에게는 엄앵란식의 인내와 자기억제의 희생은 미덕으로 존경받을 수 있었을 것이다. 하지만 평등을 지향하는 요즘 신세대 여성들은 엄앵란식의 인내를 결코 미덕으로 여기지 않을 것이다. 그녀들은 케케묵은 구시대적 가치관이라고 배척할 것이 틀림없다.

2. 가사노동의 정체

 부엌데기란 누구인가? 부엌에서 일하는 사람을 비하시켜 일컫는 단어이다. 부엌에서 일하는 사람은 바로 여성이며, 흔히 남자들이 자기 아내를 비하시켜 우리집 부엌데기라고 부르는데, 이런 인격모독적이고 차별적인 언어를 여성 스스로 아무 거리낌없이 무슨 애칭이라도 되는 양 사용하다니……. 이 표현 속에는 여성의 일터는 가정이며, 특히 '부엌'이라는 구체적 공간을 통해서 무보수로 가사노동을 제공하는 사람이라는 차별적 역할관이 내포되어 있다. 그럼에도 작가의 부엌데기에 대한 사랑과 찬양은 끝이 없다.

> 주부가 집에서 하는 일은 지극히 평범한 일이다. 그러면서 누군가 꼭 해야 할 일이기도 하다. 밥하고 설거지 하고, 쓸고 닦고, 물건 정리하고, 빨래하고, 수다 떨고…. 집안에서 하루 종일 일해도 별로 한 것 없어 보이지만 반나절만 집을 비우면 금방 표시가 나는 일이 주부의 일이다.
> 말하자면, 주부는 무보수로 일하고 지극히 평범한 일을 하지만 바로 그 평범한 일이 우리 삶에 가장 소중한 부분을 차지하고 있다. 보람과 행복을 느끼는가 아닌가는 살림살이를 세상에서 가장 생산적이며 보람있는 일로 여기느냐, 아니면 할 수밖에 없다고 여기느냐에 달려 있다.
> ―「아내들이여, 부엌으로 돌아오라」에서

 가사노동의 평범성, 일상성, 반복성, 무보수성을 작가도 충분히 인식하고 있다. 또한 작가도 지적하고 있듯이 가사노동은 무보수로 행해야 할 뿐만 아니라 평범하고 반복적이며, 지극히 일상적인 일이다. 그럼에도 불구하고 없어서는 안될 중요한 일이며, 가치있는 일이다. 지금껏 가사노동은 사적인 영역에서 일어나는 사적인 일로 취급받아 왔고, 여성에게만 부과되어 왔다. 그리고 그로 인해 가사노동은 제대로 평가받지 못했다. 따라서 가사노동의 가치는 객관적으로 분명히 인정되어야 한다. 그러나 그 가치는 주부 자신의 주관적 평가인 스스로 보람과 행복을 느끼느냐 아니냐에 따라 좌우되어지는 것은 아니다. 아니 보람과 행복을 느끼느냐의 여부도 개인의 주관적 평가 속에서 이루어지는 것이 아니다. 가사노동에 대한 사회적 평가와 객관적 가치인정이 이루어질 때 주관적 보람과 행복도 느낄 수 있다. 1995년 북경여성대회에 보고된 UNDP의 보고서에 의하면 여성의 가사노동이 전 세계 경제생산의 70%를 차지하며, 값으로 환산하면 16조$이라는 것이다. 1993년 우리나라 통계청의 조사자료에 기초하여 주부의 가사노동을 통한 국가경제에의 기여도가 조사된 바 있다. 우리나라를 움직이는 총 751억 4천만 시간 중에 가사노동이 차지하는 비율은 40.7%이며, 여기에 사회적 노동을 합치면 여성의 경제적 기여도는 62.4%에 달한다고 한다. 이는 남성보다 여성이 13% 정도 더 많이 노동하고 있다는 의미이며, 여성이 남성보다 국가경제의 기여도가 높다는 의미이다.

   가사노동의 국가사회적 기여도가 높다는 객관적 평가가 전제된다고 하더라도 그 일을 여성이 전담해야 할 이유는 없다. 즉 여성을 가사노동에 얽매이도록 이분법적으로 분업화된 성차별적인 구조를 정당화해야 할 이유는 없다는 것이다. 남녀를 공(公)과 사

(私)로 구분하는 이분적이고 성차별적인 구조에 대한 분석이 없는 한 가사노동에 대한 신성시와 미화는 여성을 남성 지배하의 전업주부로 묶어두거나 취업여성의 노동력을 저임금으로 부리며, 동시에 가사노동의 이중부담을 떠안기는 논리로 이용될 수밖에 없는 것이다. 즉 가사노동이 아무리 가치있는 일일지라도 여성이 이를 전담하며, 부엌에만 얽매여 살아야 할 이유는 없다는 것이다. 하이디 I. 하트만(Hartman)은 모든 계급의 여성들이 남성들을 위한 가사노동을 수행한다는 점에서 가부장적 권력에 종속되어 있다고 주장한 바 있다. 또한 마르크스와 엥겔스는 발전된 자본주의 체제에서, 가정주부가 수행하는 가사노동은 그가 속한 가정의 남성 가장에게는 사사로운 서비스인 동시에 사회 전체에 대해서는 무보수로 봉사하는 경제적 행위이기도 하다. 현대사회에 존재하고 있는 개별 가족은 노예상태와 같은 아내의 가사노동에 기반하고 있으며, 현대사회는 이러한 개별가족이 한 개의 분자들로 뭉쳐진 하나의 더 큰 집합체이다라고 결론내린 바 있다.

가정을 여성의 영역으로 이상화 성역화 하는 것은 결국은 사회적 활동을 하는 여성들까지도 집으로 돌아와 자녀양육과 가사노동을 전담해야 한다는 논리로 확대되며, 비인간적 슈퍼우먼을 요구하기에 이른다. 그래서 전여옥은 이러한 현실에 반기를 들며 '슈퍼우먼은 없다'고 선언했던 것이다. 그녀는 직장일과 집안일을 동시에 완벽하게 해내겠다는 포부를 가진 여성들을 향해 '슈퍼우먼'이란 허울 좋은 이름 아래 또다른 희생을 강요하는 허위의식에 속지 말 것을 당부한다.

이 변화하고 있는 시대에 세계가 알아주는 훌륭한 인적 자원이라고 할 수 있는 한국여성들을 밥 세끼를 짓게 하기 위해 가정에 매어두는 일은 비경제적이자 시대를 거꾸로 가는 일이다. 마찬가지로 맞벌이 가정에서 아이들이 엄마에게 아침, 저녁밥상을 요구하는 것은 이기적인 일이다.

일단 많은 직장 여성들이 먼저 스스로의 의식을 깨달아야 한다. 또, 슈퍼우먼이란 허구에 속아 자신을 하대하는 일을 절대로 해서는 안된다. 슈퍼우먼이 될 생각은 아예 하지도 말자. 그리고 집안의 어수선함이나 싱크대에 산더미처럼 쌓여 있는 설거지감을 보면서 '나의 일'이라고 생각해서는 절대로 안된다. 가족 모두의 일이고, 나의 몫도 일부 있다고 생각하면 된다. 그리고 돈 버는 일에 자부심을 갖자.

—전여옥의 「슈퍼우먼은 없다」에서

또한 김명숙은 『나쁜 여자가 성공한다』에서 가사노동을 전업으로 하는 '프로주부'란 말이 되지 않는다라고 주장한다. 그리고 여성이 가사노동 전담에서 벗어나 직업을 가져야 하는 이유를 "일을 통해 독립적이고 주체적인 인간이 되고 고유한 인생을 만들어 나가며 생을 풍요롭게 하는 사회적 관계를 엮어갈 수 있기 때문이다."라고 말한다. 이런 차원에서 본다면 전체 여성의 반 이상이 투신하고 있는 가사노동이란 가치있는 일이라고 보가 어렵다는 것이다.

남의 뒷바라지가 속성인 일이 자기인생의 형성을 보장하기란 불가능하며 따라서 성취감도 없을 뿐더러 사회적 접촉도 단절되어 있기 때문이다. 게다가 독립성이나 주체성의 문제에 이르면 상황은 더 한심해진다. 가사경영인라면 일에 상당하는 보수를 받아야 하는데 그 돈은 누구에게서 나오는가? 현재 우리 사회의 체제로는 돈이 나올 곳이라고는 남편의 주머니 단 한 곳밖에는 없다. 그렇게 된다면 아내와 남편 사이는 바로 고용주와

피고용인이 되는 셈이니 이는 여성이 직업을 통해서 이루려는 남편과의 동등한 관계수립에 정면으로 배치되는 결과가 아닐 수 없다. 직업인이 됨으로써 더욱 남편에게 종속되는 모순적인 상황이 연출되는 셈이다.
―김명숙의 「프로주부가 말이 안되는 이유」에서

김명숙은 프로주부가 하는 가사노동이란 일의 성취감도 없고 사회적으로 단절되며, 독립성과 주체성이 부재하는 인생을 만들 뿐으로, 프로주부란 말이 안된다는 것이다. 따라서 주부인 가사경영인은 실업자의식을 가져야 한다고 주장한다. 실업자의식을 투철하게 가져야만 일할 권리를 찾을 수 있다는 것이다.

취업의사가 있는 가사경영인들은 무엇보다도 실업자의식으로 무장해야 한다는 것이다. '주부도 직업'이라는 자기합리적이고 기만적인, 혹은 자포자기적인 주장은 이제 우리 사회에서 사라져야 마땅하며 대신 헌법에도 보장된 일할 권리와 인간의 존엄한 가치에 바탕한 실업자의식이 가사경영인들의 머리 속에 깊이 뿌리를 내려야 한다.
당신은 실업자다. 그러므로 실업자의식을 가지자!
실업자 의식이란 무엇일까? 그것은 일할 권리에 대한 투철한 인식이며 일을 찾으려는 치열한 노력이다. 만약 당신이 더 이상 집안에 퍼저버리고 앉아 인생을 녹슬게 하고 싶지 않다면, 당신의 고유한 생을 찾아나서고 싶다면 출구가 쉽게 발견되지 않는다는 이유 하나로 그냥 포기하거나 체념하지 말고 소매 걷어붙이고 일을 찾기 위한 장정에 나서자.
―김명숙의 「당신은 약하지만 여성은 강하다」에서

김명숙이 주장하듯이 가사노동이 전적으로 가치가 없는 일은 아니며, 성차별 해소 또한 여성의 사회적 경제활동을 통해서만 극복될 수 있는 사안은 아닐 것이다. 다만 가사노동을 무보수로 여성에게 전담시킴으로써 낮은 사회적 평가를 하고 있는 자본주의 하의 분업체계가 문제이다. 여성의 사회적 경제활동에의 참여 확대, 가사노동의 무보수성에 대한 대안 제시, 가사노동의 여성전담과 낮은 사회적 평가를 개선하는 일 등이 오늘의 여성이 안아야 할 종합적 과제인 것이다.

여성을 가사노동자로 묶어놓는 성역할관은 결코 미화되어서도 신비화되어서도 안된다. 더욱이 여성의 사랑, 인격적 성숙 운운하는 차별적 현실에 대한 순응을 요구하는 허위의식에 의해서 정당화되어서도 안된다. 그리고 여성이 가사노동을 전담하는 것이 가족에 대한 헌신이요, 사랑이라고 인식하는 것이야말로 잘못된 가치관이다. 그가 현명한 여성이라면 가족 구성원 모두에게 가사기술을 가르쳐서 가사참여를 통해 가족 구성원이 된 보람을 함께 느끼도록 만들어야 하리라. 그리고 그것이 가족 구성원의 독립과 자율과 성장을 돕는 길임을 인식해야 한다. 평등은 추상적인 구호를 통해서 실현되는 것이 아니라 가정 속에서 청소나 설거지를 나누어서 하는 일상적인 작은 실천으로부터 구현되는 구체적 개념이다. 평등이 가정에서부터 실천될 수 있도록 만드는 것도 오늘을 살아가는 현명한 여성이 담당해야 할 임무인 것이다. 가족 속에서의 불평등은 가족이란 소집단에서 끝나지 않는다. 그것이 바로 사회적 불평등의 재생산으로 연결되기 때문이다.

오늘의 여성과 사회는 변화하고 있다. 요즘의 젊은 여성들은 직업은 필수고, 결혼은 선택이라고 여길 만큼 사회적 경제적 활동 속에서 자아를 실현하고자 하는 욕구가 강렬하다. 사회적 경제활동에의 참여는 건강한 인간으로서 당연히 누려야 할 권리이자 책임이기도 하다. 이러한 욕구를 어떻게 사회가 수용할 것인가가 이 사회의 과제이다. 가사노동의 분담은 물론이며, 여성의 사회적 노동에 가해지는 성차별을 어떻게 극복하여 남녀고용평등을 실현하고 명실상부한 평등사회를 구현하느냐가 목표가 될 수 있을 뿐 부엌, 즉 가정으로의 복귀가 미래를 살아갈 젊은 여성의 삶의 목표가 될 수는 없다. 그것은 어디까지나 삶의 모든 가능성이 차단된 차별적 사회에서 어쩔 수 없이 살아야 했던 기성세대가 과거 속으로 안고 가야 할 구시대적 삶의 양식에 불과하다.

현대는 다양성의 시대이다. 왕성한 사회적 활동으로 인생의 의미를 구현하는 여성도 있을 수 있고, 가사노동만을 전담하며 조용히 가정에서 삶을 실현할 수도 있을 것이다. 어떻게 본다면 그것은 어디까지나 개인적 취향에 따라 결정되어져야 할 문제처럼 보인다. 그러나 과연 그럴까? 적어도 앞으로의 우리 사회에서 요구되는 평균적인 여성상은 아내, 어머니, 며느리로서의 역할만이 존재하는 여성이 아니라 사회적 일에나 가정의 일에나 남성과 똑같이 책임지고 참여하는 인간상일 것이다. 즉 직업을 통해서 열심히 자아를 실현하며, 동시에 가정적인 역할도 남성과 함께 분담해 나감으로써 사회와 가정을 현명하게 공존시키는 여성상이다. 사회적 노동을 남성에게만 전담시키는 것이 부당해 보이듯이 가정에서 이루어지는 가사노동을 여성에게만 부담지우는 일 마찬가지로 부당하다. 따라서 부엌이 여성이 존재해야 할 유일한 공간이 될 필요는 없다. 전업주부를 개인적 취향에 따라 선택할 수도 있을 것이다. 그러나 그러한 삶의 방식이 개인적 취향을 넘어서서 밖에서 땀흘리며 열심히 일하고 있는 여성을 향해 부엌으로 돌아오라고 찬물을 끼얹는다든지, 미래를 살아갈 딸에게도 권장해야 할 삶의 형태는 결코 아닌 것이다.

3. 희생과 사랑의 허구성

과거에 가정은 여성의 영역이었다. 다음 세대를 낳아 양육하고 교육시키는 것은 여성의 신성한 의무였으며, 바깥일, 직장생활에 지친 남성을 쉬게 하고 그들이 다음날 일할 수 있는 재충전의 에너지를 공급하는 것이 여성과 가정이 맡아야 할 의무였다. 남성중심사회는 가정을 그 구성원의 인성을 계발하고, 그들의 신체적 정신적 욕구를 채워주는 마지막 보루라며 모든 사회생활과 단절된 영역이라 고립시켜 놓고 온갖 말로 미화해 왔다. 그리고 그 가정 속의 여성은 항시 애정을 품고 온화하고 포용력 있는 모습에다 자기희생을 당연한 덕목으로 기대해왔다.

> 남편이 바라는 아내의 모습이란 항상 편해 더 없이 좋기만 한 아내, 부드럽고 그윽한 미소로 남편을 감싸주는 아내, 잘못을 탓하지 않는 넉넉한 가슴을 가진 아내, 아낌없이 자신을 헌신하는 아내일 것이다. 자신을 희생하면서도 그걸 희생으로 느끼지 않는 참다운 자비의 품일 것이다.
> ─조양희의 「여자와 북어가 닮은 점」에서

이 사회는 여성의 헌신과 희생에 대한 인내에서 더 나아가 "너그럽고 자상한 엄마의 모습"으로 자발적으로 웃으면서 받아들일 것을 요구해 왔다. 모성이란 A. 리치(Rich)에 의하면 실로 다양한 사회, 정치체계 속에서 남성지배를 정당화하는 열쇠다. 여성은 무엇보다도 모성의 쇠사슬에서 자유로와질 수 있어야 새로운 문화 조직을 기대할 수 있다고 했다. 존 스튜어트 밀이 『여성의 예속』에서 탁월한 분석을 한 바 있듯이 남성중심사회는 여성들의 예속을 정당화하고, 거기에 자발적인 사랑까지를 더 요구하는 철저성을 보인다.

> 사회적·자연적인 원인들이 합세하여 여성들이 남성의 권력에 집단적으로 저항하는 것을 불가능하게 만든다. 여성들은 다른 모든 예속계급과는 너무나 다른 처지에 있기 때문에, 그들의 주인은 그들에게 실제적 봉사 이상의 것을 원한다. 남성은 단지 여성의 복종만을 원하는 것이 아니라, 그들의 감성도 원한다. 극단적으로 야수적인 남성을 제외한 모든 남성은 그들과 가장 가까이 결합되어 있는 여성이 강요된 노예가 아니라 자발적인 노예이기를, 단순한 노예가 아니라 총아이기를 바란다. 그러므로 그들은 여성의 마음을 노예화하기 위해서 무엇이든 한다. 다른 모든 노예의 주인들은 노예의 복종을 유지하기 위하여 공포- 주인에의 공포나 종교에의 공포-를 이용한다. 그러나 여성의 주인은 단순한 복종 이상의 것을 원하기 때문에 그들의 목적을 달성하기 위해 교육에 전력하였다. 모든 여성은 아주 어려서부터 그들의 이상적인 성격은 남성의 것과는 정반대되는 것, 즉 자기의지나 자기통제에 의한 자기지배가 아니라 복종과 타인의 지배에 순종하는 것이라는 신념에 길들여진다. 현재의 모든 도덕규범은 타인을 위해 사는 것, 철저히 자기를 부정하는 것, 애정 이외의 삶을 살지 않는 것이 여성의 의무이며 그것이 바로 여성의 본성이라고 말한다. 여성들은 애정이란 그들에게 유일하게 허용된 것으로서 곧 그들과 관련된 남성들에의, 또는 그들과 남편 사이의 부가적이고 무효화될 수 없는 유대를 형성하는 자녀에의 애정을 말한다.
> ─존 스튜어트 밀의 『여성의 예속』(이대출판부)에서

밀의 지적처럼 조양희는 여성의 희생과 거기에다 자발적 헌신을 찬양하는 예속의 철저성을 보여준다. 낸시 초도로우(Nancy Chodorow)는 「모성, 남성의 지배, 자본주의」라는 글에서 가정에서의 여성의 일과 모성으로서의 역할은, 화폐단위의 교환영역 밖에 존재하고, 화폐단위의 용어로는 측정될 수 없기 때문에 평가절하된다. 그리고 사랑이라고 하는 것이 아마 가치있는 것이긴 할 테지만 그것은 오직 평가절하된 무력한 영역 안에서만 가치있는 것으로 평가된다고 했다. 「여자와 북어가 닮은 점」이란 글은 마음이 노예화된 여성, 남성중심사회가 여성을 길들여온 대로 자기비하와 부정, 자발적인 애정에 사로잡힌 여성상을 '북어'에 비유하면서 여성으로서의 성숙이니 절제와 희생의 미덕이니 하여 찬양하고 미화하는 작가의 남성중심 이데올로기에 철저히 길들여지고 내면화된 모습을 유감없이 보여주고 있다.

    결혼을 해보니, '시집 살이, 남편 살이, 아이들 살이'에 천덕꾸러기처럼 이리 치이고 저리 짓밟혀서 '나'라는 개인의 인격은 오간 데가 없다. 북어처럼 매맞아 시달리는 신세가 여자의 결혼생활이다. 그런데도 많은 여자들이 매맞듯 맞이하는 결혼생활에서 행복의 끈을 붙잡으려 하는 이유는 무엇일까.

    '맞아야 한다'는 말 뒤의 '제 맛이 난다'는 말은 또 무슨 의미일까. 그것은 아마도 시댁과 남편과 아이들에게 시달려서 북어처럼 곤죽이 되었을 때에 비로소 한 여자로서 성숙된다는 의미일 것이다.

    시집살이를 안한 며느리는 경망스럽고, 남편의 시달림을 받아보지 않은 여자는 남자의 겉과 속의 차이를 알지 못한다. 남자를 아는 여자라야 내면의 생채기 안에 매력이 쌓여서 진주 같은 여자가 된다.

  또 아이들에게 시달려 보지 않고 참교육 운운한다면 그것은 거짓이다… 자식을 낳고 기르면서 청소년으로, 어른으로 만드는 과정 속에 우러난 것이 진정한 교육이다. 알뜰한 어머니 품에서 정성껏 교육받은 아이들이야말로 사회의 밑거름이 될 수 있다. 결국 북어처럼 맞고 살아온 여자의 삶이 진국이며 참으로 아름답게 빛나게 된다.

─「여자와 북어가 닮은 점」에서

  철저한 자기부정과 인간으로서의 인격마저 실종되는 시집살이와 매맞듯이 맞이하는 결혼생활을 통해서 여성이 행복의 끈을 붙잡으려 한 것은 그것이 여자로서의 성숙을 가져다 주기 때문이 아니다. 인간으로서의 모든 가능성을 차단한 채 과거사회가 여성에게 허용한 삶이 바로 그것밖에 없었기 때문에 선택의 여지도 없이 억지로 그렇게 살아왔을 뿐이다. 그것은 어디까지나 억압적이고 여성통제적인 남성지배사회의 산물일 뿐 결코 바람직한 삶의 양태가 아니었다. 조양희는 고된 시집살이를 통해서, 남편과 아이들로부터의 시달림을 통해서 여성이 인간적으로 성숙된다고 주장했다. 인생의 시련이 인간을 성숙되게 만드는 측면을 전적으로 부정하지는 않겠다. 하지만 시련을 극복한 진주 같은 인간은 아주 드물며, 시련을 극복하지 못한 대다수의 보통 사람들은 인간성이 파탄되고 황폐화된다. 그녀의 말대로 고된 시집살이를 통해서 인격적 성숙이 이루어지는 것이 사실이라면 현재 많은 가정주부들, 특히 가사에만 전념하는 전업주부들이 그토록 많이 겪고 있는 주부 우울증은 어떻게 설명될 수 있을 것인가?
  가사노동의 무보수성, 반복성, 낮는 사회적 평가, 사회적 고립, 끝없는 비인간화를 요구하는 타인지향적 삶이 결국 여성의 우울증을 유발한다. 여성으로 하여금 독립적 인격체임을 부정하게 만들고 끝없이 타인지향적 삶을 살도록 내모는 삶의 양태, 그리고 경제적으로 남성에게 의존해야 하는 의존성 등이 심리적 무력감과 갈등을 유발한다는 것은 새삼 이야기할 필요조차 없다. 그리고 인간적 성숙 운운하는데, 성숙이 필요하다면 여성만이 아니라 남성이나 아이들도 똑같이 성숙을 도모하여야 한다. 이 사회는 여성만이, 특히 가정주부만이 고된 시집살이를 통해서 인간적으로 성숙할 것을 요구하며, 나머지 사람들은 미성숙 상태에 그대로 방치하여도 좋다는 것인가. 그 결과는 무엇이란 말인가. 가정 안에서 여성은 정신적 육체적으로 무기력해지고, 우울증에 시달리는 병적 상태에 놓이게 되며, 반면에 남성은 공격, 지배, 폭력을 일상화하는 남성천국으로 가정을 구조화시키게 된다. 가정 폭력, 즉 매맞는 아내의 문제도 한 개인 남성의 폭력성에서 기인하는 것이 아니라 결국은 이러한 성차별적인 가족관과 남성의 폭력을 구조적으로 허용하는 가부장제의 통제수단을 통해서 만들어진 산물임을 인식해야 한다. 그런데도 작가는 남성지배적 사회의 교묘한 여성통제 이데올로기의 허구성을 인식하지 못하고 희생의 가치를 미화시키는 데서 한 걸음도 나아가지 못한다.

그러나 조양희는 주부라는 역할이 끝없는 자기희생과 헌신을 요구하는 것이며, 그로 인한 회의와 갈등이 있음을 그 스스로가 인정할 때도 있다. 그녀가 정상적으로 사고하고 느낄 줄 아는 인간이라면 이러한 회의를 가지는 것은 매우 자연스럽고 당연한 일이다.

> 스스로 선택한 결혼이란 성소(聖召)에 대하여 나 역시 회의를 느낄 때가 있다. 이 길은 나를 완전히 버리라고 요구하고 있

기 때문이다.
　　(중략)
　탈없는 가정의 영광 뒤에는 부서지고 으깨어진 주부의 값진 희생이 숨겨져 있다. 한 가정이 무사한 까닭은 부엌데기의 고된 마음이 저리도록 녹아 있다.
　　　　　　　　　　　—「이 책을 읽는 이에게」에서

　조양희가 주장하듯이 가정이 정말 여성이 정체성을 실현할 수 있는 성스러운 장소라면 그 당사자인 여성이 주부로서의 삶에 대해 회의하고 갈등을 느껴야 할 필요는 없을 것이다. 그리고 그곳은 일방적으로 여성의 희생을 요구하며, 여성의 희생 위에서 영광을 추구해서는 안될 것이다. 아내의 일방적 희생과 봉사를 요구하는 가부장적 가족관은 당연히 바뀌어져야 한다.
　그런데 조양희는 가족이란 공동체를 위한다는 명분하에 여성의 희생을 당연시하며, 나아가 여성은 그 희생을 기꺼히 희생을 감수해야 한다고 주장한다. 자신이 경험하는 나날의 실존적 삶에 가해져 오는 회의와 갈등의 근원적 문제점이 무엇이며, 희생과 헌신을 요구하는 여성의 역할로부터 벗어나기 위한 현실 개혁을 꿈꾸기는커녕 결혼과 가족에 대해 회의를 느낄지라도 그러한 여성의 희생이 있어야만 가정의 영광과 무사가 있기 때문에 주부의 희생과 고생은 가족의 영광이라는 가치 속에서 당연시되어야 한다고 현실순응적 가치관을 나타내고 있다.
　누군가의 일방적 희생의 터전 위에 이룩한 영광이라면 민주사회에서 그 영광과 희생은 당연히 재고되어야 한다. 가족이란 공동체를 통해서 같이하는 고생, 같이하는 영광으로 변화되어야지, 타인의 특히 주부의 일방적 희생 위에서 이루어지는 남편과 아이들만의 영광은 그 영광이 아무리 값진 것이라고 하더라도 한 사람의 희생을 딛고 이루어진 비인간적이고 비민주적 영광이란 점에서 이미 기본적 가치성을 상실하고 있다. 가족은 구성원 각자의 인격을 존중하며, 가정내의 역할 배분에도 공평해야 한다. 이러한 공평성의 원리가 전제된 가운데 진정한 사랑도 가능해질 것이다.

조양희는 여성의 일방적 희생을 요구하는 결혼에 대해 회의를 나타내면서도 이러한 현실을 변화시키기 위한 방안을 모색하기보다는 여자의 희생을 가족에 대한 사랑이란 이름하에 당연시하며 현실순응적 결론을 내리고 만다. 그것도 전업주부를 자기비하적으로 나타내는 '부엌데기 사랑'이라는 시대착오적인 개념을 가지고....... . 부엌데기 사랑이란 남성우월 이데올로기의 다른 이름이 아니고 무엇인가?

게다가 작가가 요구하는 여성관이란 아예 인간적 차원이 아니다. "자신을 희생하면서도 그걸 희생으로 느끼지 않는 참다운 자비의 품일 것이다."라니, 아예 그 경지는 종교적 성인의 차원이지 인간으로서는 결코 도달할 수 없으며, 그것이 여성에겐 자기부정과 남성에겐 인격적 미성숙을 초래한다는 점에서 결코 도달해서는 안되는 경지인 것이다.

4. 어머니의 자녀교육 전담 무엇이 문제인가.

아이들의 도시락 싸는 일을 최대의 보람으로 여기는 여자, 도시락에 어머니의 사랑이 가득 담긴 편지까지 끼워넣어 매일매일 자녀에 대한 어머니의 사랑을 확인시키는 데 철저한 여자, 아직도 아이들이 자신의 인생에서 전부라고 당당히 말할 수 있는 여자가 바로 조양희이다. 필자는 급식이 채 되지 않는 신도시 학교로 전학한 초등학생 아들의 도시락을 싸기 위해 아침에 하던 운동시간을 부득이 바꾸어야만 했다. "언제부터 급식을 시작한다니?" 하고 가끔씩 짜증스럽게 물으며, 나의 아이에 대한 사랑이 부족한가, 인격이 성숙되지 못했나, 이기적인가를 자문해 보기도 한다.

아이들은 부모에게 있어 기쁨이요, 희망이며, 사랑이라는 사실까지 부정하지는 않겠다. 그렇다고 하여 아이들이 어떻게 어머니의 삶에서 전부가 될 수가 있는가? 삶의 전부일 수도 없고, 삶의 전부가 되어서도 안된다. 물론 문학적인 과장이 섞인 표현이라고 치부할 수도 있지만 책의 전면에 흐르고 있는 가치관은 그녀의 말이 단순한 수사학적 표현이 아님을 웅변한다.

> 세 아이가 태어났을 때는 '기쁨, 희망, 사랑'이었는데 엄마의 울타리 안에서 커가는 동안 이렇듯 달라졌다. 물건에 대한 애착심, 현실을 잊어버리게 하는 오락게임, 과잉 사랑이 가져온 나쁜 버릇이 나로 하여금 주눅들게 한다. 하지만 세 아이는 나에게 여전히 기쁨이요 희망이며 사랑으로, 내 삶의 전부이다.
> ―「세 아이는 '기쁨, 희망, 사랑'」에서

『부엌데기 사랑』에서 여성은 자녀교육 전담자로 묘사되며, 여성의 인생은 자녀에 대한 헌신을 통해서 대리실현된다는 가치관을 나타낸다. 독립된 삶이 부정된 채 남편과 아이들을 통한 대리실현의 삶만이 허여된 여성들이 왜곡된 교육열과 출세지향주의로 치닫는 문제점을 이 사회는 수없이 지적해왔다. 자녀들이 어머니의 손에 의해서만 교육된다면 이들은 매우 제한된 경험만을 하게 될 것이다. 이 사회가 초등학교 여교사의 숫적 증가를 우려하는 논리로 접근해본다면 남자아이들의 여성화를 초래할 수도 있으며, 아버지 모델이 부재하는 남자아이들의 인성 역시 걱정되지 않을 수 없다. 즉 현대의 이상적인 인성유형으로 여겨지는 양성적 인간이 되기보다는 기능주의 심리학자 파슨즈가 구분했듯 표현적 여성, 도구적 남성으로 유형화되기 쉬운 것이다.

신프로이트학파의 심리학자인 낸시 초도로우는 모녀관계, 부자관계의 대상관계형성의 차이에 주목하는 이론을 폈다. 즉 딸은 어머니가 항시 집에 있으므로 해서 정서적 친밀감을 어머니와 나눌 수 있다. 반면에 아들은 자신의 모델인 아버지의 빈번한 부재로 인해서 대화를 충분히 나눌 수 있는 대상이 없으며, 대화가 이루어진다고 하더라도 사무적이고 딱딱한 내용이 되고 만다는 것이다. 이와 같은 어린 시절의 상이한 경험이 여자는 남과의 친밀감을 강조하고 감정적이며 표현적인 인성을 획득하도록, 남자는 사무적이고 냉정한 도구적 인성을 획득하도록 만든다는 것이다. 한편 디너슈타인은 여아는 어머니가 동일시의 대상이기에 어머니의 영향 속에서 머무는 데 반감을 느끼지 않는 반면, 남아는 어머니가 동일시의 대상이 아니므로 어머니를 거부해야 되고, 이와 같은 무의식적 거부나 저항의식이 성인이 된 후 타인의 지배, 특히 여성에 대한 지배와 거부로 반전되어 나타난다고 했다. 그리고 남성의 강한 성적 소유의식, 성행위와 감정의 분리, 공격성과 파괴적 특성 등도 유아기의 모자관계의 경험으로부터 발생한다고 보았다. 두 학자 모두 양육의 남녀공유와 남녀가 동시에 모성을 발휘할 수 있는 양성인을 대안으로 내세웠다. 현대사회에선 남성이든 여성이든 남성성과 여성성의 한 측면만이 발달되고 강조된 인성은 바람직스럽지 못한 것으로 간주된다. 남성성과 여성성의 긍정적 측면을 조화시킨 양성적 인간이야말로 이상적 인간형인 것이다.

그런데 이것이 어머니의 양육독점으로 깨어진다면 정말 큰 문제가 아닐 수 없다. 자신의 독립적 삶이 부재하는 여성은 이 책에서 작가 자신도 털어놓고 있듯이 자녀에 대한 과잉집착과 과잉보호와 같은 불건강한 태도를 나타낼 수 있다. 그것이 유발하는 치맛바람과 같은 역기능적인 사회적 문제성은 새삼 지적할 필요도 없으며, 자녀에 대한 과잉집착은 자녀에게도 심리적 부담감을 주게 된다. 과잉집착은 과잉보호로 표현되며, 과잉보호는 자녀에게 반발심을 일으키며, 자녀를 심리적 성숙도가 낮은 미성숙한 인간으로 만들 수 있다. 지나친 보호는 자녀들을 자신에 대한 통제력이 낮으며, 정서적으로 불안정한 자기중심적 인간으로 만들기 쉬운 것이다.

이 책에서 사랑이란 이름으로 포장된 작가의 가족에 대한 과잉보호는 잠시의 외출에서마저 그 자신을 편안하지 않은 상태로 만든다

> 요즘에는 외출할 때마다 입을 옷 걱정보다는 돌아오는 시간을 맞추는 게 더 걱정이다. 아이들이 집에 돌아와 엄마가 없거나 남편이 귀가하여 아내가 없을 때 어떤 기분인가를 알기 때문이다.
>
> 언젠가는 아이들이 아무 연락 없이 늦게 돌아왔을 때 무척 걱정했고, 남편이 평소와 달리 늦게 귀가했을 때 속상했기 때문이다.
>
> 어느 작가는 주부의 외출을 '황홀한 나들이'라고 표현했지만 내 경우에는 결코 화려하지 않다. 아니 내가 결코 '나'만이 아님을 확인받는 시간이다. 만일 내가 사고라도 당하면 남편과 아이들에게 얼마나 충격을 줄까? 주부의 바깥 나들이는 가족과의

연결고리를 더욱 강렬하게 조이는 계기가 되지 않을까 싶다.
—「주부가 외출하는 날이면」에서

　잠시의 외출마저 부자유스런 구속된 삶을 그는 가족에 대한 사랑이라 미화한다. 정말 가족들은 귀가 후에 주부의 부재에 대해서 속상하고 걱정스럽기만 할까? 모처럼 어머니(아내)가 없는 시간에 남은 가족들은 모처럼 해방감을 느끼며, 서툴지만 같이 요리를 만들어 먹거나 외식을 하면서 그들만의 즐거운 시간을 보내며 유대를 다질 수도 있다는 점을 왜 작가는 상상조차 하지 않을까? 또한 아무 연락없이 돌아오지 않는 가족을 염려하는 것과 일이 있어 언제 돌아온다고 약속된 주부의 외출을 동일한 것으로 비교할 성질은 아니다. 이 점에서 조양희는 아예 반드시 주부는 집에만 있어야 한다는 강박관념과 밖에 나가면 사고를 당할지도 모른다는 피해의식에 사로잡혀 있는 정서불안증 환자로까지 비춰진다. 전업주부라고 하더라도 밖에서 일이 있을 수 있음을 주부 자신과 가족 모두가 인정해야 한다. 주인을 모신 하녀처럼 항시 가족 앞에 대기하며 무기력하게 고립되어 있는 주부의 모습이 사랑이란 이름으로 미화될 수는 없다. 공적 사회에 대한 참여가 전혀 없이 사회와 단절된 주부의 모습은 아름다워 보이는 것이 아니라 무기력해 보인다. 직업을 통해서 사회에 참여하고 있지 않은 주부일수록 사회와 단절되지 않도록 사회적 일에 어떤 방식으로든 참여해야 한다. 그것은 사회단체활동이나 봉사활동 또는 지역사회나 아파트의 주부활동, 자녀의 학교에 참여하는 학부모활동, 여가선용을 통한 취미 살리기 등 다양한 형태의 참여가 있을 수 있다. 아리스토텔레스의 지적이 없더라도 인간은 사회적 동물임을 부정할 사람은 아무도 없다. 사회적 존재로서 자신에게 맞는 사회적 관계의 형성은 건강한 삶의 유지에 반드시 필요하며, 전업주부를 둔 남편(자녀)은 아내(어머니)의 사회적 참여를 권장하여 아내(어머니)가 가정이란 좁은 울타리를 벗어나 넓은 시야를 갖고 세계와 인간을 바라보며, 자기계발에도 적극적인 건강한 삶을 영위할 수 있도록 도와야 한다.

그리고 조양희는 사랑이란 추상명사로 진실을 호도하기보다는 모성은 구속이고 억압이고 굴레는 아닌지 스스로에게, 또는 사회를 향해 질문해 볼 수 있어야 한다. 남편과 아이들은 매일같이 출근하고 등교하며 자아실현을 도모하고 있는데, 여성은 잠시의 외출에서마저 부자유스러운 존재가 되어야 하는 이유는 무엇인가? 가족 속에서 여성은 대등한가 하는 근원적 질문을 그녀는 진지하게 던져볼 수 있어야 한다. 여성으로 하여금 공적 사회적 참여를 차단하여 2등시민으로 소외시키고 사회적 무능력자를 만드는 가부장제 이데올로기의 지배적 속성을 통찰해야만 한다. 남편과 아이들이 매일 직장으로 출근하고 학교로 등교하는데, 잠시의 외출마저 부자유스럽다니, 그것은 존엄성을 지닌 독립적 인간이 살아가야 할 삶의 모습은 결코 아닌 것이다.

21세기를 불과 몇 년 앞두고 있는 마당에 조양희는 미래의 사회를 살아야 할 딸에게 과연 미래지향적 교육을 시키고 있는가? 그녀의 딸은 "난, 엄마처럼 살고 싶어"라고 한다는데…… .

몇 달 전, 모 방송국에 큰 딸과 함께 출연했었다.
사회자가 딸에게 엄마의 사는 모습을 어떻게 생각하느냐고 물었다. 나는 딸애가 엄마처럼 구질구질하게 사는 모습은 싫다고 대답할 줄 알았는데, 의외로 분명했다. 엄마처럼 옛것을 소중히 여기고 면 행주를 사용하며, '도시락 편지'를 쓰고 가정이 우주라고 생각하며 살고 싶다는 것이다.
　엄마가 진실하게 살고 있다면 그 과정이 조금은 서툴고 모자란다고 해도 아이들은 엄마의 모습에서 자신의 미래를 그린다는 것을 다시한번 확인케 해준 계기였다.
―「난, 엄마처럼 살고 싶어」에서

　자신의 삶을 자녀로부터 인정받는다는 것은 무엇보다 기쁜 일일 것이다. 그리고 그녀가 실천하고 있는 전통을 소중히 여긴다든지, 환경운동을 생활 속에서 실천한다든지, 가족을 사랑한다든지 하는 것은 본받을만한 소중한 것이라고 생각한다. 하지만 가정이 우주라고 생각한다든지 전업주부로 살고 있는 어머니의 모습에서 딸이 자신의 미래를 그린다는 것은 기꺼웁고 기뻐해야 할 일이 아니라고 생각된다. 기성세대인 어머니는 자신이 살아온 사회와 미래에 딸이 살아갈 사회의 변화와 차이를 분명히 인식해야 한다. 사회구조는 급속하게 변화하고 있다. 자신의 시대에는 전업주부에서 보람을 느끼며 사는 삶이 가능할 수 있었지만 더 이상 미래의 세대인 딸에겐 그러한 삶이 가능하지 않다는 것을 직시하고, 어머니 세대의 전통적 역할을 계승시킬 것이 아니라 미래사회에 맞는 가치관과 역할의식을 갖도록 딸을 교육해야 함에도 그러한 차이를 인식하려는 노력은커녕 자신의 딸마저 자신처럼 살겠다는 말에 그저 감격하는 나르시시즘에 빠진 모성상을 보여준다. 그 자신이 그토록 염려하는 자녀교육과 사랑에 대한 모성의 맹목성을 확인하기에 충분한 모습이라 하지 않을 수 없다.

5. 주부 우울증 그리고 취업여성에 대한 적대감

그토록 작가 자신이 미화해마지 않은 주부의 삶은 작가 스스로에게도 빈번하게 허전함과 공허감을 안겨준다. 결코 사랑이란 추상명사로써 채워지지 않는 허전함과 공허감은 무엇으로부터 발생되는 것일까?

> 나를 위해 아침식탁을 준비해주는 사람이 없다는 게 허전하다. 이 시험을 견뎌 내야 하는 시련의 순간이 공연히 밉다. 사랑만으로 결혼생활이 무난할 줄 알았는데, 그 사랑은 어디로 갔는지 세월이 흐를수록 해야 할 일만 늘어간다.
> ―「우울하면 아이들 방에 간다」에서

최근 인기리에 방영되었던 드라마 『애인』에서 냉정한 성격의 일중독자 남편을 둔 여경이 따뜻하게 여성을 배려할 줄 아는 다정한 남성 운오에게 사랑의 감정을 느끼는 것을 많은 여성들은 달콤하게 지켜보았다. 그런데 남성들의 반응은 달랐다. 언제부터 우리나라 여자들이 사랑타령이냐고 밥을 굶어보아야 정신을 차린다는 둥 원색적인 적대감을 드러내는 것을 수차례나 들었다. 그렇다. 밥을 먹고 살게 되었기 때문에 문제다. 밥을 먹여주는 것으로 남성의 역할을 다했다고 생각한다면 그건 시대착오다. 60년대라면 식욕을 해결시켜주는 것만으로도 남편은 존경을 받을 수 있었다. 그런데 식욕이 해결되고 나면 그 다음의 욕구실현을 기대하는 것은 지극히 자연스러운 일이다. 현대의 핵가족은 부부간의 사랑이 부재하면 지탱되기 어렵다. 주부들이 허전함과 공허감에 시달리는 동안 그녀의 남편들은 어디에서 무엇을 하고 있는가? 아내에게 자녀교육과 가사노동을 모두 떠맡기고 남성들은 대체 무엇을 하고 있는가? 오로지 직장과 사회적 성취에만 매진해온 한국남성은 세계에서 가장 스트레스를 많이 받아 사십대의 사망율이 세계최고를 기록하고 있다. 게다가 요즘은 사십대의 명예퇴직이 줄이 잇고 있으니 어느날 갑자기 직장에서도 가정에서도 등을 떠밀려 갈 곳을 잃고 방황하게 된다. 가정이란 꽃밭은 여성의 일방적인 사랑과 희생으로 가꾸어지는 것이 아니라 가족 구성원 모두의 노력에 의해서라야 제대로 유지될 수 있다.

주부를 자신의 절대적인 정체감으로 인식하며, 독립적 인간으로서의 자아실현이 없이 가족에 끝없이 봉사하는 타인지향적 삶에서 깨어나지 못하는 한 주부 우울증은 결코 치유될 수 없다. 베티 프리단이 그의 저서 『여성의 신비』에서도 진단했듯이 여성이 있어야 할 곳은 가정이며, 가족에 대한 봉사에서 행복을 찾아야 한다는 이데올로기인 여성의 신비(feminine mystique)에 사로잡혀 있는 한 가정주부들이 앓고 있는 '이름을 지을 수 없는 병'은 사라지지 않을 것이다. 그리고 그 병은 개인적인 것이 아니라 집단적인 병으로, 가정내에 격리된 타인지향적인 삶에서 자아를 박탈당하도록 구조화했으면서도 거기서 자아를 찾도록 규정지워진 가부장적 사회구조의 산물임은 말할 필요도 없다.

따라서 그녀가 우울증과 갈등을 벗어나기 위해 해야 할 첫번째 일은 현실을 솔직히 인정하는 자세일 것이다. 그리고 다음으로는 문제의 분석을 바로 할 수 있어야 한다. 그녀가 진정 의식있는 작가라면 사랑과 평화로 미화해온 이면의 공허감, 박탈감, 분노, 좌절을 드러내는 데에 좀더 솔직해져야 한다. 주부 우울증은 헌신과 희생을 미화한다고 하여 사라지거나 사랑이라는 이름으로 결코 치유될 수 없다. 억압적인 결혼제도 속에서 사회적 자아를 박탈당하고 자신의 욕망을 끝없이 억제하며 타인의 욕구를 충족시키기 위해 희생만을 강요당하는 한, 여성통제의 가족구조와 사회구조를 개혁하지 않는 한 우울증은 사라지지 않을 것이다. 그녀가 우울증에 시달릴 때, 모성과 가족에 작용되고 있는 남성중심 이데올로기에 의문을 제기하며, 그 허구성을 명확히 분석할 수 있어야 했다. 그리고 그 권력구조를 변화시켜 평등한 사회를 건설하려는 노력을 기울여야 했다.

그런데 작가는 이러한 노력을 하기보다는 일하는 여성, 취업주부에 대한 적대감을 통해서 우울증에서 벗어나고자 한다.

> 때로는 비 내리는 창가를 내다보며 공허한 마음을 달랠 때도 있을 것이다. 하지만 주부로서의 자존심과 어머니로서의 긍지만은 잃지 않고 있다. 초라한 모습으로 자신이 갖고 있는 것을 다 내어 주는 아내의 자리를 여왕 못지 않게 여기면서 소중히 지키고 있다. 주부는 '홀로서기'가 아니라 가족과 함께 서고자 노력할 때 아름답게 보여지는 법이다.
> 흔히 매스컴에서는 사회적으로 성공했다고 생각되는 일부 여자들이 이런저런 사유로 이혼을 하고 '홀로서기'를 한 것을 대단한 일인양 추켜 세운다. 부엌에 박혀 있는 주부는 마치 능력이 없어서 그 자리를 지키고 있는 것처럼 착각을 일으키게 만든다. 어쩌면 매스컴의 선전에 휘말려서 흔들리는 주부도 나올 지경이다. 물론 그런 사람은 우리 사회에 많지 않을 것이다.
> 21세기를 바라보는 문턱에서, 능력있는 여자라면 당연히 가정을 뛰쳐나와야 하는 것으로 생각하는 사람들이 있다.
> ―「비를 맞고 싶은 주부들에게」에서

이 글에서 작가는 전업주부의 공허감을 사회적으로 성공한 여자에 대한 적대감으로 상쇄하고자 한다. 그 심리적 기저를 전혀 이해하지 못하는 것은 아니지만 사회적으로 성공한 여성에 대해 아무리 적대감을 많이 가진다고 하여도 공허감은 결코 사라지지 않는다. 어떤 의미에서 볼 때에 그나마 오늘날 여성의 지위가 이만큼이라도 개선된 것은 각종 편견과 성차별적 상황 속에서도 저임금을 감수하며 꿋꿋이 사회적 노동을 해온 여성들이 이루어낸 성취라고 할 수 있다. 그런데 이들을 향한 적대감이라니, 여성의 적은 여성이라고 외치는 남성들의 낡은 구호를 확인시켜주기에 충분하다. 또한 자신의 주부로서의 삶을 개혁하겠다는 의식을 가지기는커녕 취업한 여성, 사회적으로 성공한 여성에 대한 적대감을 통해서 우울증을 해소하고자 하는 것은 넌센스이다. 이야말로 남성우월주의에 사로잡힌 남성들이 가장 바라는 바일 것이다. 여성 스스로 남성들이 주장하는 가치를 내면화하여 부엌데기를 찬양하고 남성과 대등하게 일하는 직업을 가진 여성에게 적의를 드러내는 것은 남성으로서는 '불감청이언정 고소원'이 아닐까?

이름모를 공허감과 상실감에 시달려야 하는 주부 우울증의 극복은 그녀들의 열등감을 자극하는, 사회적으로 성공한 여성에 대한 적대감으로는 해결되지 않는다. 그리고 사회적으로 성공한 여성은 이혼한 여성으로 가정적으로 불행할 것이란 편견을 신뢰한다고 해서 해결될 것도 아니다. 다만 그것은 타인지향적 삶을 벗어나 사회 속에서 자아를 실현하겠다는 개인의 의식 변화를 통해서 대안이 모색될 수 있다. 물론 성차별적인 사회구조와 남녀를 공사로 구분하는 자본주의하의 분업체계, 그리고 가사노동을 여성에게만 부담지우는 가족구조를 그대로 둔 채 여성이 사회참여를 한다고 해서 모든 문제가 해결되지는 않을 것이다. 하지만 우선은 사회로부터 고립된 삶을 벗어나야만 어떤 가능성이든 모색될 수 있다. 그리고 여성의 변화된 가치관을 사회 속에서 실현될 수 있도록 여성에게 불리한 각종의 규정과 제도를 개선하는 일에도 관심을 가져야 할 것이다.

그리고 이혼에 대한 작가의 태도에 대해서 말해보자. 필자는 남성중심의 가족제도를 신봉하는 이 사회의 매스컴이 이혼에 대해서 찬양하는 듯한 태도를 취하는 것을 한번도 접해보지 못했다. 또한 사회적으로 성공한 여자는 반드시 이혼한 여자라는 이상한 고정관념과 흑백논리적 가치관도 문제지만 정말 이혼할 수밖에 없었던 불행한 결혼생활에서 벗어난 여성에 대한 작가의 태도가 바람직한 것인지 생각해볼 필요가 있다. 이혼한 여자를 용납할 수 없는 사회야말로 가정이라는 남성중심의 격리된 영역에 여성을 구속하며, 폭력 등 각종의 비인간화를 정당화하고 있음을 인식해야 한다. 또한 이혼을 결심하기까지의 여러 비인간적 난관과 이혼의 과정에서 겪는 숱한 정신적 고통, 그리고 이 사회에서 이혼한 여성들이 겪어야 하는 각종의 질시와 차별과 손해를 감수하고서 그 여성이 홀로서기에 성공했다면 이는 칭찬받아 마땅하다. 이혼을 권장할 일은 아니지만 무조건적으로 이혼에 대해 부정적 관념을 가지기보다는 이혼이 보다 용이한 사회가 되도록 이 사회는 이혼에 대해서 보다 개방적 태도를 취할 필요가 있다.

그리고 "부엌에 있는 주부는 능력이 없어서 그 자리를 지키고 있는 것처럼 착각을 일으키게 만든다"라고 전업주부도 능력이 있는 인간임을 선언하고 있는데, 옳은 이야기다. 그런데 능력이 있다면 당연히 그 능력을 가족이라는 폐쇄적인 소집단만을 위해서가 아니라 사회를 향해서 환원해야 하며, 그 능력을 타인지향적 삶을 위해서만이 아니라 그 자신의 개인적 발전과 공존할 수 있도록 삶을 변화시켜야 하는 것이 21세기를 불과 몇 년 앞둔 이 시대에 맞는 여성관이다. 문제는 그 능력을 가정 속에 사장하도록 만드는 성차별적인 사회구조와 개인이 겪어야 할 박탈감과 소외감, 그리고 그로 인한 사회발전의 정체를 문제삼아야 한다. 여성의 능력을 가사노동에 묶어두고서는 요즘 국가적 목표로 외쳐지고 있는 세계화를 성취할 수 없다. 치열한 국제경쟁에서 결코 앞설 수 없다. 그 자신 작가로서 열심히 자기표현과 자아실현을 도모하면서 사회적으로 자아실현을 이루는 성공한 여성들을 향한 적대감은 뭔가 자연스럽지 못하다.

욕망의 대상에서 삶의 주체로
―영화 「뮤리엘의 웨딩」, 「코르셋」

손 화 숙

1. 머리말

흔히 영화의 여주인공은 뇌쇄적인 미모로 관객을 매혹시킨다. 이는 영화의 상업적, 심미적 효과를 위한 것으로, 관객의 시선을 여성의 삶과 인식보다는 외면적인 것으로 향하게 만든다. 특히 대중영화일수록 스타 시스템에 의존하는 경향이 강하며, 영화 속의 여성은 시선의 대상으로 간주되어 고정된 이미지를 형성하게 된다. 이리하여 여성의 삶과 인식이 왜곡되는 부정적인 결과를 낳게 되며, 궁극적으로 남성중심적 가치를 창출하는 데 기여한다. 외모가 추한 여성은 혐오스러운 역할이나 부수적인 역할을 맡는 것이 일반적이고 당연한 현상으로 받아들여지고 있으며, 외모와 역할 및 성격의 상관관계는 고착화되어 있다. 이럴 경우 삶의 진실은 은폐되고, 관객의 여성에 대한 취향이나 인식은 획일화되기 마련이다. 또한 관객들은 외적인 미와 내면적 깊이를 동일시하거나, 내면은 중요하지 않은 것으로 인식하게 된다. 문제는 이러한 여성의 역할과 이미지가 사회 속에서의 여성의 역할과 이미지를 반영한 것이라는 데 있다. 이러한 현상이 만연한 이유는 영화 속의 시선을 남성이 독점하고 있기 때문이다. 영화 연출가, 제작자, 시나리오 작가 등 대부분의 영화 종사자들이 남성이며, 여성의 가치와 역할은 그들의 시선에 의해 결정되어 왔다. 영화의 제작에서 완성까지 여성은 철저하게 배제되며, 여성은 남성(관객과 배우)의 욕망의 대상으로 존재한다. 여성은 남성의 시선에 의해서만 정체성을 가질 수 있으며, 자신과 세계를 스스로 바라보는 것이 아니라 바라봄을 당하는 존재인 것이다. 따라서 여성의 이미지는 가부장적 가치를 재생산하는 허구적인 여성상에 불과하다.

 영화의 상업성과 에로티즘은 여성상을 왜곡시키고 미에 대한 기준을 획일화하였으며, 그 기준으로부터 벗어난 사람들에게 열등감을 부추기는 등 부정적인 기능을 하여왔다. 체중감량의 열풍이 사회 문제가 된 것도 이와 전혀 무관하지 않다. 매스 미디어에 의해 제시된 미의 기준은 대다수의 여성들이 도달하여야 할 이상적인 기준으로 절대화되었고, 여성들은 타인의 시선에 의해 보여지는 모습을 추구하거나 획일화된 미적 기준에 스스로를 끼워맞추기 위하여 무모하게 체중감량을 시도하는 것이다. 그러나 이러한 행위는 스스로를 몰개성적인 존재로 전락시키는 것에 불과하며, 외적인 아름다움을 제외한 다른 미덕들은 중요하지 않은 것으로 여기게 된다. 이처럼 왜곡된 여성의 이미지는 남성들에게 혹은 여성들에게 여성에 대한 환상을 심어주거나, 여성의 자각을 억압하는 기제로 작용하여 온 것이 사실이다.

본고에서 다루고자 하는 영화 「뮤리엘의 웨딩」과 「코르셋」은 획일화된 미적 기준을 절대적인 가치라고 생각하고 자기 환멸에 빠진 여성들이 남성의 시선에서 벗어나는 과정을 그리고 있다. 이 영화에서는 영화적 관습에서 벗어나 이례적으로 전혀 아름답지 않은 여성이 주인공으로 등장한다. 여성의 시각에서 여성의 삶을 조명한 페미니즘 영화에 속하는 것이지만, 미에 대한 사회적 편견과 이로 인해 자기 환멸감에 빠진 여성이 몇 차례의 좌절을 극복하고 진정한 자아를 되찾는다는 내용을 다루고 있어 특이하다. 최근 페미니즘에 대한 사회적 관심이 고조되고, 이에 따라 수준 높은 여성 영화가 수입 상영되었다. 「전사의 후예」, 「델마와 루이스」, 「피고인」, 「내 책상 위의 천사」, 「피아노」 등의 영화는 여성과 관련된 사회적인 문제를 다루고 있거나 여성의 내면세계를 여성의 시각에서 접근한 영화들이다. 우리 나라에서도 「그대가 단지 여자라는 이유만으로」, 「두 여자 이야기」와 같은 여성 영화가 다수 제작되었다. 본고에서 「뮤리엘의 웨딩」과 「코르셋」을 분석의 대상으로 선택한 이유는 이 영화들이 멜로드라마 작법에 충실하면서도 여성 문제에 재치있게 접근하고 있기 때문이다. 주제가 심각하다거나 저항적인 색채를 띠지 않으면서도 일상생활에서 겪게 되는 여성의 미에 대한 사회적 편견과 왜곡된 시각을 폭로하고 있다. 두 작품 모두 해피 엔딩으로 처리되었으며, 시종일관 가볍고 경쾌한 분위기를 유지하고 있어 대중들이 부담을 갖지 않고 친숙하게 감상할 수 있도록 하고 있다. 즉, 대중영화이면서도 오락성에 함몰되지 않고 여성과 관련된 사회 문제를 적절하게 제기하고 있는 점이 이 영화의 강점이다.

2. 허위욕망의 극복과 우정의 의미

「뮤리엘의 웨딩」은 P J 호간이 각본을 쓰고 감독하여 만든 영화이다. 토니 콜레트와 레이첼 그리피스의 연기가 돋보이는 영화로, 1994년 호주 영화제에서 11개 부문에 노미네이트되었고, 여우주연상, 여우조연상, 제작상, 음향상을 수상하였다. 그해 박스 오피스 1위를 차지하였으며, 이듬해 우리 나라에 수입 상영되어 좋은 반응을 얻은 바 있다.

이 영화는 결혼과 성공에 대한 환상을 쫓던 여성이 삶의 진정한 가치를 자각하는 과정을 그리고 있다. 여주인공 뮤리엘은 주근깨 가득한 얼굴과 뚱뚱한 몸매, 세련되지 못한 행동과 옷차림 때문에 친구들이나 아버지로부터 인정을 받지 못하고 있다. 그녀는 전문대학을 졸업했지만 직장을 구하지 못했고, 하루 종일 방에 틀어박혀 아바 음악을 듣는다. 또한 고등학교 동창들과 어울리고 싶어하지만, 언제나 무시당한다. 결혼도 하고 성공도 해서 친구들과 다를 바가 없다는 사실을 보여주기로 결심한 그녀는 대도시 시드니에서 마리엘로 새로운 인생을 살아간다. 유명한 수영선수와 정략결혼을 하게 된 그녀는 친구와 아버지로부터 인정을 받게 되지만, 그것이 거짓된 삶이었음을 깨닫고 다시 예전의 뮤리엘로 돌아간다는 내용이다.

영화는 뮤리엘이 추구하는 욕망과 욕망의 좌절, 가치관의 변화를 축으로 하여 진행되며, 그녀가 열망하는 결혼과 성공은 내적인 필요에 의해서 추구된 것이 아니라 외부에 의해 강요된 허위욕망이었음을 자각하는 것으로 끝맺고 있다. 뮤리엘은 호주의 포포이즈 스팟이라는 소도시에 살고 있다. 뮤리엘의 방 벽에는 행복한 신부들의 사진과 한때 최고의 인기를 누리던 아바 그룹의 사진이 빽빽하게 붙어있다. 못생긴 외모 때문에 결혼을 할 수 없을 것이라는 열등감에 사로잡힌 뮤리엘은 아바 그룹을 동경한다. 아바의 행복한 결혼생활과 대중적인 인기는 그녀가 추구하는 최상의 가치이다. 스펜스 백작 딸의 결혼식 예복 공개 장면을 넋을 잃고 바라보는 모습에서 화려한 결혼이 그녀에게는 얼마나 절대적인 가치를 지니는지를 알 수 있다. "어떤 남자라도 이런 아름다운 신부가 걸어온다면 행복할 것"이라는 아나운서의 멘트는 뮤리엘을 환상세계로 빠져들게 한다.

영화의 전편을 흐르는 경쾌한 멜로디의 아바 음악은 영화의 분위기와 주제를 밝고 가볍게 만드는 데 한몫한다. 다소 과장되어 있는 뮤리엘의 불행은 배경음악으로 인해 희극적이고 가볍게 처리된다. 영화의 첫 장면은 공중으로 높이 치솟은 부케를 서로 잡으려는 처녀들의 손이 화면을 가득 채우고 있다. 이 장면을 슬로 모션으로 처리하여 처녀들이 갖고 있는 결혼에 대한 기대감을 표현하고 있다. 부케는 결혼할 가능성이라고는 전혀 없어 보이는 뮤리엘의 손에 떨어지고, 뮤리엘은 좋아서 어쩔 줄을 모른다. 친구들은 불만에 가득찬 표정으로 부케를 쉐럴에게 줄 것을 요구한다. 다행히 쉐럴이 약혼자와 헤어진 상태여서 부케는 뮤리엘의 차지가 되었지만, 이 사건을 계기로 뮤리엘은 결혼을 하여 친구들과 다를 바 없다는 사실을 보여주겠다는 은밀한 욕망을 키우게 된다.

뮤리엘이 결혼과 성공에 대한 환상을 갖도록 자극을 주는 인물은 아버지와 고등학교 동창인 타냐 무리이다. 아버지 빌은 전문대학을 졸업하고도 타자 하나 제대로 치지 못하는 딸이 몹시 못마땅하며, 그녀를 항상 무용지물이라고 비난한다. 더욱이 그녀는 결혼식에 입고 갈 옷을 가게에서 훔치가 하면, 디드리에게 전해줄 백지수표를 유용하기까지 한다. 항상 풀이 죽은 그녀의 표정과 도벽은 극도의 정서 불안 상태를 나타낸다. 그녀의 열등감은 완고한 아버지에 의해 더욱 심각해진 상태이고, 그럴수록 타냐 무리를 동경하는 마음은 강렬해진다. 빌은 시의원직을 이용하여 뇌물을 받는가 하면, 공공연하게 정부 디드리와 사귀고 있는 부도덕한 인간으로 나온다. 그는 가정의 문제가 자신의 성공을 가로막는 가장 큰 장애물이라고 생각하며, 가족들에게 불만을 터뜨린다. 항상 자식들에게 완고하고 강압적으로 대하기 때문에, 아이들은 아버지의 사랑이 결핍된 상태이다. 비정상적인 가정에서 자란 아이들은 한결같이 비만이거나 게으르며, TV보기에 빠져있다. 빌의 말처럼 실제로 그들은 스스로를 무용지물이라고 생각하고 무력하게 살아간다. 빌에게는 가족이나 사랑보다는 경제적, 정치적 이해관계가 우선이다. 주지사 선거를 앞두고 뇌물수수사건이 터지자, 큰딸의 가출사건을 방송에 공개하여 유권자들의 동정심을 얻으려고 한다. 또한 경제적으로 궁핍해지자 뮤리엘을 교육시키느라고 들인 돈을 들먹이는가 하면, 백지수표를 갚아달라고 요구하기도 한다. 빌은 주지사 선거에서 선전을 하였으나, 여러 가지 악재가 겹쳐 불과 14표 차이로 패배하고 만다. 아내의 도벽을 핑계로 이혼을 하지만, 아내가 자살하자 정부 디드리는 자녀 양육문제가 해결되지 않는 한 결혼할 수 없다고 떠나버린다. 그리하여 결국에는 실업수당으로 살아가야 하는 비참한 신세가 되고 만다.

한편 타냐 무리는 아름다운 외모를 지니고 있으며, 방탕한 생활을 즐긴다. 이들의 방탕함은 도가 지나쳐서 종종 상식을 벗어난다. 니콜은 타냐의 결혼식에 참석하여 대담하게도 타냐의 신랑 축과 정사를 벌인다. 나중에 타냐는 니콜에게 복수하기 위해 니콜의 신랑과도 즐겼노라고 노골적으로 이야기한다. 결혼식 피로연이 끝난 후, 타냐는 신랑 축의 바람기에 실망하고 신혼여행 티켓을 환불하여 친구들과 함께 하비스코스 섬으로 여행을 떠나기로 결정한다. 뮤리엘은 자신도 함께 동행하고 싶다고 청하지만 친구들은 냉정하게 거절한다. 뮤리엘이 90년대인 지금 70년대 음악을 듣고 있으며, 옷차림새와 머리 모양이 촌스럽기 때문에 함께 가는 것은 창피한 일이라고 말한다. 심지어 뮤리엘의 얼굴에 쥬스를 끼얹으며, "꺼져버려, 이 정신병자야"라고 큰 소리로 모욕을 주기까지 한다. 뮤리엘은 친구들에게 경멸을 당할수록 그들과 어울리고 싶은 욕망은 한층 강렬해지고, 디드리에게 전해줄 백지수표를 유용하여 하비스코스 섬으로 여행을 떠나기에 이른다. 그곳에서 고등학교 친구 론다를 만나게 되고, 이때부터 그녀의 인생은 새로운 전환기를 맞게 된다. 론다는 포포이즈 스팟을 떠올리면 언제나 불쾌하다고 말한다. 그녀 역시 고등학교 시절 타냐 무리로부터 따돌림을 당했으며, 그들에 대해 좋지 않은 기억을 갖고 있다. 론다는 의도적으로 니콜과 축의 불륜 관계를 타냐에게 폭로하여, 싸움이 일어나도록 만든다. 장기 자랑 대회에서 론다와 뮤리엘이 부른 아바의 'Waterloo'는 압권이다. 아바로 분장한 뮤리엘이 둔중한 몸으로 추는 율동은 희극적이지만, 그녀의 흥겨운 모습에 관중들은 열광한다. 이처럼 일반적인 미의 기준에서 벗어난 것이라 할지라도 얼마든지 쾌락을 제공해줄 수 있는 것이다. 뮤리엘과 론다는 여행을 함께 즐기면서 우정이 깊어지게 되고, 서로를 이해하게 된다.

뮤리엘은 론다가 자신의 삶을 변화시켰다고 말하지만, 그것은 진정한 의미의 변화는 아니다. 그녀의 성취욕구는 오히려 더욱 강해졌으며, 타냐 무리에 대한 열등감은 여전히 남아 있다.

집으로 돌아온 뮤리엘은 아버지에게 백지수표를 쓴 사실이 들통난 것을 알고, 그대로 집을 나와 론다가 있는 시드니로 간다. 시드니에서 뮤리엘은 비디오 가게 점원으로 취직한다. 그녀는 대형건물 주차 관리인으로 일하는 청년 브라이스를 사귀게 되지만, 상류계층의 화려한 결혼을 선망하고 있기 때문에 순수한 사랑 따위에는 관심이 없다. 아버지 빌이 텔레비전 인터뷰에서 뮤리엘을 찾는 방송을 하자, 당황한 뮤리엘은 자신의 이름이 마리엘이라고 고쳐 말하고 이제부터 마리엘로 살아가기로 작정한다.

뮤리엘은 아버지의 사고방식과 태도에 대하여 강한 반감을 가지고 있으며, 자신이 무용지물이 아니라는 사실을 보여주고 결혼을 하여 성공할 것을 꿈꾼다. 그녀는 시드니 시내를 돌아다니며, 웨딩드레스 판매장의 모든 드레스를 입어봄으로써 일종의 대리충족을 느낀다. 점원들에게 자신은 행복한 신부이지만, 어머니나 언니가 혼수 상태여서 드레스를 입은 모습을 보여줄 수 없는 것이 안타깝다고 거짓말한다. 이렇게 하여 앨범에는 웨딩드레스를 입은 사진으로 가득 채워진다.

한편 론다는 해병들과 파티를 즐기던 중 쓰러지게 되고, 병원에서 골수암 판정을 받는다. 두 차례에 걸친 수술에도 불구하고 다리를 쓸 수 없게 된 론다는 휠체어에 의지하여 뮤리엘의 도움으로 살아간다. 론다는 우연히 침대 밑에 숨겨진 앨범을 발견하게 되고, 뮤리엘이 자신을 버리고 약혼자 팀 심즈와 결혼하려 한다고 판단한다. 재활원으로 가던 중 웨딩드레스를 입고 있는 뮤리엘을 발견하게 되는 론다와, 드레스를 입고 행복해하는 뮤리엘의 모습을 교차편집하여 보여준다. 론다가 추궁을 하자, 뮤리엘은 팀 심즈와의 약혼은 거짓으로 꾸며낸 이야기일 뿐이라고 말하면서, "내가 결혼하면 내 인생은 새롭게 변할 거야. 포포이즈 스팟에서는 나를 쳐다보는 사람도 없었어. 뚱뚱하고 쓸모없는 그녀가 싫어. 왜 나는 결혼할 수 없는 거지?"라고 울부짖는다. 그녀는 여전히 결혼만 하면 모든 것이 좋아질 것이라는 환상에서 벗어나지 못하고 있다.

뮤리엘은 『독신생활』이라는 잡지의 구인란을 뒤적이다가 자신의 욕망을 실현할 기회를 찾게 된다. 남아프리카 출신 수영 선수에게 위장결혼을 해주는 조건으로 만 불을 받기로 한 것이다. 수영 선수 데이빗은 남아프리카 내란으로 올림픽에 참가할 수 없게 되자, 국적을 바꾸어서라도 대회에 참가하여 금메달을 따려고 한다. 데이빗의 코치가 뮤리엘에게 거짓말을 잘하느냐고 묻자 해보겠노라고 대답한다. 이미 시드니에서 마리엘로 살아가는 삶은 거짓으로 점철되어 있으며, 거짓말을 하는 것은 그녀에게 전혀 문제가 되지 않는다. 데이빗은 유명한 수영선수이기 때문에 언론사의 인터뷰가 쇄도하였으며, 둘은 사랑에 빠진 것처럼 위장한다.

뮤리엘은 론다를 버리고 데이빗과 결혼한다. 즉, 우정보다 성공을 택한 것이다. 결혼식은 포포이즈 스팟 전주민이 참석하여 성대하게 치르진다. 뮤리엘을 수치스럽게 여기던 포포이즈 스팟의 친구들은 이제 그녀를 자랑스러워 한다. 기자들에게 자신들이 뮤리엘의 가장 절친한 친구라고 소개하고는, 하비스코스 섬에서의 추억을 들려준다. 아바의 음악 'I do, I do, I do, I do, I do'가 흐르는 가운데, 당당하게 식장에 입장하는 그녀의 뒤에는 아버지 빌에게 버림받은 어머니와, 순수한 마음을 가진 청년 브라이스, 휠체어에 의지한 론다가 앉아 있다. 물론 뮤리엘의 시선에는 이들이 들어오지 않는다. 그녀는 오랜만에 아바의 'Dancing Queen'을 들으며, 스스로의 꿈이 실현되는 것에 대한 행복감에 취해 있다.

뮤리엘은 타냐 무리나 아버지로부터 모욕을 받을수록 결혼과 성공에 대한 집착이 강해짐을 알 수 있다. 그녀에게는 사랑이나 우정은 아무런 가치가 없으며, 외면적인 화려한 성공만이 절대적인 가치로 다가온다. 뮤리엘에게는 아버지에 대하여 증오와 흠모의 감정이 교차하고 있다. 그 모순된 감정은 아버지에게서 벗어나려 하면 할수록 더욱 아버지를 닮도록 만든다. 그녀는 아버지를 피하여 포포이즈 스팟을 떠나 시드니로 왔지만, 허위욕망에 사로잡혀 있는 한 근본적으로 아버지로부터 벗어날 수 없다. 포포이즈 스팟에서 그녀는 자신감이 없고 주눅이 들어 있었지만, 시드니에서는 성취욕구가 강해진 점만이 달라졌을 뿐이다. 그러한 모습은 정치적 출세를 위하여 가족을 희생시킨 아버지 빌과 다를 바 없다.

또한 뮤리엘은 스스로의 욕망을 성취하는 데 몰두하여 주변의 인물에 대하여 전혀 배려하지 않는 이기적인 모습을 보여준다. 결혼식날 어머니가 딸에게 줄 선물을 들고 찾아왔지만, 너무 들뜬 나머지 뮤리엘은 어머니를 보지 못한다. 결국 뮤리엘의 결혼식과 어머니의 장례식은 아버지와 뮤리엘이 닮은꼴임을 잘 드러낸다. 결혼식 날 뮤리엘이 타나 무리가 자신에게 스스로 기어왔다는 사실에 대하여 우쭐대는 행동이나, 아버지 빌이 자신의 권위를 과시하기 위하여 장례식 날 전직 국무총리에게서 텔렉스가 온 것처럼 꾸미는 일을 두고 볼 때, 둘은 과시욕과 출세욕에 지배된 인간형이라는 점에서 닮은꼴이다. 결국에는 자신이 그토록 벗어나고자 했던 아버지와 닮은꼴이었음을 자각하는 계기는 어머니의 죽음과 론다의 우정에 의해서이다.

어머니는 남편과 자식을 위하여 희생하면서 살아온, 가부장제 사회에서의 전형적인 어머니상이다. 빌은 언제나 아내에게 명령을 하고 위압적인 태도를 취한다. 차를 갖다달라는 빌의 요구에 무표정하게 대응하는 모습에서 자신의 삶을 상실한 여성의 모습이 잘 나타난다. 찻잔이 전자렌지의 원판 위를 돌고 있는 모습을 클로즈업하여, 그녀의 무기력한 삶을 상징적으로 보여준다. 어머니는 아버지와 자식들에게 헌신적이었지만, 이들로부터 버림을 받는다. 뮤리엘이 백지수표를 유용하였을 때에도 끝까지 딸을 신뢰하였으며, 집을 나간 딸의 장래를 걱정하였다. 또한 뮤리엘이 결혼으로 성공하게 되자, 누구보다 이를 자랑스러워 하였고, 뮤리엘과 관련된 신문기사들을 정성스럽게 스크랩하여 모아두기도 하였다. 그녀는 슈퍼마켓에서 계산을 하지 않은 채 슬립퍼를 신고 나오다가 발각되고, 이를 빌미로 남편은 완전히 집을 떠난다. 극도의 신경쇠약 증세를 보이던 어머니는 끝내 자살하고 만다. 남편은 가족의 비사가 외부에 공개되는 것을 꺼려하여 심장마비로 사망했다고 속인다.

한편, 론다는 뮤리엘의 동반자로서 그녀가 열등감에서 벗어나도록 도와주는 조력자의 역할을 한다. 그녀는 주중에는 세탁소 점원으로 일하면서, 주말이면 파티에 참석하여 방탕한 생활을 즐기곤 한다. 그녀는 뮤리엘에 대하여 어떠한 편견도 갖지 않고 우정으로 대하였으나, 뮤리엘은 처음부터 론다에게 거짓말을 한다. 시드니에 와서도 경찰관인 약혼자 팀 심즈가 자신을 너무나 사랑하여 죽일지도 모른다고 능청스럽게 둘러댄다. 불행히도 론다는 골수암에 걸리고 더 이상 자유롭고 방탕한 생활을 할 수 없게 된다. 뮤리엘은 론다에게 "나는 옛날 방 안에서 하루 종일 아바의 음악을 들었다. 시드니로 와서 널 만나고 나서 아바 음악을 들은 적이 없다. 널 만난 후 나는 근사해졌다."고 말할 정도이다. 그러나 뮤리엘은 불구의 몸이 된 친구를 버리고 데이빗과 결혼을 한다. 론다는 하는 수 없이 고향으로 돌아와 홀어머니와 함께 생활한다. 친구의 배신 때문에 절망한 론다는 뮤리엘의 행동이 위선으로 가득 차 있다고 비난한다. 결혼식 날, 뮤리엘이 이제는 타냐 무리와 자신은 다를 것이 없다는 것을 보여주었노라고 의기양양해 하자, "네 말대로 넌 딴사람이 되었어. 마리엘, 넌 정말 밥맛이다. 넌 뮤리엘의 반푼어치도 못돼."라고 말한다. 뮤리엘은 허위욕망에 사로잡혀 그녀를 아끼고 사랑하는 이들의 진정을 받아들이지 못한다. 선망의 대상으로부터 끊임없이 조롱당하고 비참하게 되면서도 그들과 닮고 싶어한다. 아버지가 그녀를 쓸모없는 식충이라고 욕을 하거나, 타냐가 무시할수록 뮤리엘은 선망의 대상으로부터 자신이 멀어지고 있다고 판단하여 더욱 불안해하고 집착을 하며, 그들을 절대화, 이상화시킨다.

결국 그녀가 우정과 사랑의 진정한 가치를 자각하게 되기까지, 포포이즈 스팟에서 하비스코스 섬으로, 시드니로, 그리고 포포이즈 스팟에서의 결혼식과 다시 시드니로의 긴 방황을 한다. 포포이즈 스팟은 론다나 뮤리엘에게 특별한 의미를 갖는 공간인데, 그곳은 타인들로부터 늘 무시당하였고 영혼이 상처받은 곳이다. 뮤리엘이 마리엘의 거짓된 삶을 청산하고 새로운 뮤리엘로서의 정체성을 되찾기까지 어머니의 사랑과 론다의 우정은 큰 힘을 발휘하였다. 뮤리엘은 데이빗과의 정략결혼을 끝내고, 포포이즈 스팟으로 다시 돌아온다. 아버지 빌에게 백지수표로 썼던 금액 가운데 일부를 갚아주고는, 다시는 아이들에게 쓸모없는 인간이라 말하지 말라고 경고한다. 마지막으로 홀어머니와 생활하는 론다를 찾아가 자기와 함께 떠날 것을 권한다. 뮤리엘은 자신이 그토록 선망하였던 타냐 무리에게 욕설을 하고는 떠난다. 화가 난 타냐는 아름답고 결혼도 한 자기에게 어떻게 그런 말을 할 수 있느냐면서 분노하지만, 뮤리엘에게 미모나 결혼은 더 이상 가치있는 것이 되지 못한다. 론다와 뮤리엘은 "포포이즈 스팟, 안녕"이라고 외치며, 그곳으로부터 완전히 결별한다. 뮤리엘에서 마리엘로, 다시 뮤리엘로의 변신을 거쳐 진정한 자기애를 회복한 것이다.

3. 정체성 회복과 사랑 플롯

1995년에 제작된 「코르셋」은 청룡영화제에서 신인여우상을 수상한 바 있다. 이 영화는 여주인공 공개 오디션에서부터 사회적인 관심을 촉발시켰으며, 체중감량의 열풍이 사회 문제화된 시점에 영화화되어서 언론의 초점이 되기도 하였다. 전체적인 내용은 속옷회사 디자이너로 일하고 있는 공선주라는 여성이 비만한 몸매 때문에 겪게 되는 사회적인 편견과 부당한 대우를 그리고 있다. 그녀는 디자이너로서 뛰어난 능력을 발휘함에도 불구하고, 외모가 디자이너로는 적합하지 못하다는 이유로 부당한 대우를 받는다. 한 잡지사에서 공선주를 인터뷰하고 그 기사를 사진과 함께 잡지에 싣는다. 이를 본 문 이사는 공선주의 사진이 잡지에 실린 것은 회사의 이미지를 실추시킨 일이라며 노골적으로 불만을 표시한다. 엘리베이터에서 정원 초과가 되면 모든 사람의 시선이 공선주에게 향하며, 대학 다닐 때 학점이 좋으면 독한년이라는 소리를 들어야 했다. 크리스마스날 거리를 돌아다니면, 사람들은 그렇지 않아도 복잡한 거리에 뚱보들까지 나와서 더욱 혼잡해졌다고

불평을 한다. 시장 조사를 위하여 백화점 판매 현장을 둘러보던 중 공선주가 고객에게 자신이 직접 디자인한 속옷이라고 이야기하자 고객은 그냥 가버릴 정도이다. 이처럼 여성의 능력을 외모와 관련시키는 풍조는 여성 사이에도 만연해 있다. 공선주가 비만한 몸매 때문에 겪는 불편함은 자신으로부터 오는 것이 아니라 외부의 편견과 몰이해 때문이다.

영화의 전체적인 분위기는 상당히 희극적이다. 문 이사나 한상우의 친구, 죠스를 찾는 손님 등은 작품 속에서 희극적인 기능을 톡톡히 하고 있다. 뚱뚱한 여성의 비애를 다루되, 재치있게 접근하고 있는 것이다. 때로는 공선주의 얼굴이 클로즈업되어 관객에게 작은 소리로 속삭이기도 한다. 이러한 기법은 관객들이 여주인공에게 친근감을 느끼게 되고, 공선주가 겪는 부당함에 대해 공감할 수 있도록 유도하고 있다.

이 영화는 두 가지의 갈등으로 이루어져 있다. 하나는 사회적 편견과의 충돌이다. 공선주는 매스 미디어에 의하여 제시된 미의 기준으로부터 상당히 벗어나 있다. 이와 같은 사실은 그녀에게 열등감을 부추기며, 체중감량을 감행하도록 만든다. 그녀가 처한 상황과 사람들의 편견은 과장되어 있고 희극적이기는 하지만, 엄연한 현실이기도 하다. 다른 하나는 진실한 사랑을 찾는 과정이다. 공선주 역시 외모가 수려한 강 과장에게 매력을 느끼지만, 요리사라는 직업을 가진 한상우에게서 참된 사랑을 찾는다는 내용이다. 외면적인 화려함보다는 진실성을 택한다는 내용은 상투적인 멜로드라마의 구성을 따른 것이지만, 공선주 스스로도 편견에 사로잡혀 있었으며 이로부터 벗어나 자기정체성을 회복하는 과정이 서로 맞물려 있다는 점에서 짜임새를 갖추고 있다.

여기서는 두 가지의 대립되는 인간형이 등장한다. 강 과장과 장수인은 사회에서 이상적으로 요구하는 조건을 두루 갖추었지만, 비인간적이라는 결함을 가지고 있다. 반면 공선주와 한상우는 사회적 지위나 신체적인 조건에서 다소 뒤떨어지지만, 진실한 인간형이다. 그 중 강 과장은 공선주를 설레이게 하는가 하면 절망에 빠뜨리기도 하는 인물이다. 잡지의 인터뷰 기사를 읽은 문 이사는

"잡지를 뒤적이며 기사를 보는 사람이 어디 있냐, 왜 뚱선주가 잡지에 나왔냐"면서 많은 사람들 앞에서 모욕을 준다. 이 말을 들은 강 과장은 공선주가 독특하며, 개성이 있는 디자이너라고 말한다. 강 과장은 멋진 외모와 세련된 매너로 회사 내에서 뭇여성들이 흠모하는 존재이다. 이러한 강 과장이 공선주에게 데이트를 신청한다. 공선주는 "특별히 예쁘지도 않고, 재능이 있는 것도 아니고, 돈이 많은 것도 아닌 누가 봐도 평범한 여자"인 자신을 선택한 이유를 묻는다. 강 과장은 스테이크의 맛을 더하는 독특한 향신료에 비유하여, 공선주만의 독특한 매력이 있다고 말한다. 그녀는 그의 답변을 외면적이거나 물질적인 기준으로 평가하지 않고, 그녀의 개성을 인정해준 것이라고 제멋대로 해석을 한다. 공선주라는 여성은 강 과장에게 있어서 숱한 여성 편력의 일부에 불과하지만, 공선주는 자신을 있는 그대로 사랑해주는 남자라고 착각한다. 공선주의 절친한 친구인 차미숙은 그녀의 사랑에 대하여 우려를 표하지만, 그녀는 아랑곳하지 않는다.

공선주와 강 과장은 여관에 가게 되고, 공선주는 일부러 스카프를 흘리고는 그것을 핑계로 여관에서 빠져나간다. 스스로에게 "사랑은 천천히 아주 안타깝게 무르익어 가는 거야"라고 위안을 하지만, 사실은 몸매에 대한 열등감 때문이었음을 그녀 자신도 잘 알고 있다. 그녀는 언니에게 형부와 잘 때 뚱뚱한 몸 때문에 부끄럽지 않았느냐고 묻기도 한다. 자신의 몸매에 문제가 있다고 판단한 공선주는 체중감량을 하기로 결심한다. 음식을 절제하고 식후에는 풍선 불기를 한다. 날씬하게 보이기 위하여 코르셋을 입고 허리를 조른다. 그러나 강 과장은 이내 공선주에게서 싫증을 느끼고 일을 핑계대며 멀리한다. 몸매를 가꾸기 위한 필사적인 노력에도 불구하고 강 과장은 점점 냉담해진다.

  이러한 때에 공선주에게는 경쟁자가 나타난다. 40년 전통의 주식회사 대영은 신흥회사인 캐논에 의해 시장점유율을 추격당하고 만다. 경영 위기를 타개하기 위하여 캐논에서 유능한 디자이너 장수인을 스카웃해오게 되는데, 장수인은 여러 가지 면에서 공선주와 대조적이다. 그녀는 야심만만하고 자신감에 차 있으며, 안하무인이다. 주식회사 대영의 수석 디자이너, 외국 유학, 장수인 독자 브랜드 개발라는 당찬 계획을 가진 그녀는 외모도 빼어나게 아름답다. 장수인의 등장으로 공선주의 회사 내의 입지는 더욱 곤란해지고, 그녀의 열등감은 가중된다. 화려한 외모와 뛰어난 능력, 출세를 위하여 어떠한 일이라도 한다는 도전적인 자세는 동료 직원들에게는 거부감을 주지만, 문 이사나 강 과장의 호감을 싸기에 충분하다. 장수인의 등장으로 인해 공선주는 위기에 처하지만, 자신을 사랑하는 사람이 곁에 있다는 사실에 위안을 삼고 지낸다. 장수인의 제안으로 회사에서는 인센티브 제도를 도입하기로 하고, 신상품 개발에 박차를 가한다. 기획회의에서 장수인의 안건과 공선주의 안건이 대결하게 되자, 공선주는 은근히 강 과장이 자신의 편을 들어주리라 기대한다. 그러나 그녀의 기대와는 정반대로 강 과장은 장수인의 안건을 높이 평가하면서 "이렇게 괜찮은 나에게 눈길 한 번 안주는 데 매력을 느낀다"는 말까지 덧붙인다. 장수인이 코르셋과 정조대의 부활을 주장하면서 공선주 역시 지금 코르셋을 입고 있을 것이라고 사람들 앞에서 모욕을 준다. 장수인은 '예쁜 여자에게 안 넘어갈 남자 없다'는 논리를 펴면서, 철저하게 남성중심적 가치관을 대변하고 있다. 그의 태도와 사고방식은 여성에 대한 편견에 사로잡힌 문 이사에게는 긍정적으로 평가된다.

그녀는 남성중심적 사회에서 생존하는 법을 터득한 인물이며, 그 속에서 출세하기 위하여 인간적인 가치를 희생시킨다.

반면, 공선주는 사랑의 열정 때문에 행복해하기도 하고 고통받기도 하는 극히 평범한 여자이다. 자신에게 냉정하게 대하는 강 과장에게 끝까지 기대를 갖는 순진한 면을 보이기도 한다. 강 과장이 크리스마스를 함께 보내자고 한 약속을 진심이라고 믿고는, 그날을 고대하며 기다린다. 설레이는 마음으로 백화점에서 그에게 어울릴 만한 넥타이를 고른 후, 전화를 건다. 하지만 강 과장은 이미 선약이 있다고 말한다. 크리스마스를 혼자 보내게 된 공선주는 일식집 요리사를 찾아가서 하루동안 자기와 있어달라고 부탁한다. 공선주는 뚱보이기 때문에 겪어야 했던 여러 가지 부당한 대우를 넋두리처럼 늘어놓는다. 그녀는 이 세상에서 흔적도 없이 사라져버리고 싶은 심정이며, 강 과장의 사랑 없이는 살 수 없다고 하소연한다. 한상우는 자신은 왼손잡이인데, 왼손잡이가 회 뜨는 것을 본 적이 있느냐고 묻는다. 그는 자신이 왼손잡이이기 때문에 겪는 여러 가지 불편함을 이야기한 후, 이제는 결함을 극복하고 최고의 고수가 되었다고 말한다. 한상우는 눈길을 걸으면서, "내가 저기에서 걸어왔는데, 왜 나는 여기에만 있는가. 저기에는 발자국만 있고, 왜 나는 없는가. 저기 있던 내가 나인가, 여기 있는 내가 나인가."라는 철학적인 질문을 던진다. "나는 다른 곳에 있는 것이 아니라 지금 이 순간에 있다. 중요한 것은 지금 이 순간을 잘 사는 것이다"라고 결론을 내리면서, 자신을 사랑할 것을 충고한다. 포장마차에서 술을 마시던 공선주는 강 과장이 다른 여자와 함께 있다는 사실을 알아차린다. 다음날 강 과장의 아파트로 찾아가서는 수석 디자이너 자리가 장수인에게 넘어간 것은 참을 수 있지만, 강 과장이 자신에게 냉담하게 대하는 것은 견딜 수 없다고 말한다. 공선주의 돌발적인 행동을 몹시 의아하게 생각하는 강 과장은 "선주 씨를 사랑한 적이 없으며, 어느 누구도 사랑하지 않는다. 그냥 그 순간을 즐길 뿐이다"라고 말한다. 그는 자신의 행위를 나비 채집가에 비유하여 설명한다. 나비 채집가에게 어느 날 특이하게 생긴 나비가 날아온다면, 그 사람은 당연히 그 나비를 잡을 것이라는 이야기이다. 결국 공선주는 채집가의 호기심을 자극하는 특이한 체형을 가진 여자에 불과했던 것이다. 강 과장과 한상우는 똑같이 순간이 중요하다고 말하지만, 결론은 판이하다. 한상우는 휴머니스트임에 비하여 강 과장은 쾌락주의자인 것이다. 공선주는 자신을 사랑한다고 믿었던 강 과장의 냉대함에 절망하지만, 이를 계기로 새롭게 태어나게 된다.

강 과장의 태도에 충격을 받은 공선주는 깊은 잠에 빠진다. 꿈속에서 비가 내리는 숲 속을 헤매는 자아를 발견한다. 어린 소녀의 공선주가 공포와 추위에 떨자, 어디선가 어머니의 음성이 들려온다. 사면이 거울로 된 방에 전라가 된 공선주는 자신의 몸을 사랑하라는 어머니의 음성을 듣는다. "가만히 들여다 봐, 부끄러워하지 말고. 네가 한 번도 봐주지 않고 쓰다듬어 주지 않는데 누가 널 사랑해주겠니. 네가 너 자신을 사랑한다면, 아무도 널 망가뜨리지 못해."하고 말한다. 꿈은 사회적 편견과 부당한 대우로 상처받은 영혼이 치유되는 하나의 장치로 기능한다. 깊은 잠에서 깨어난 공선주는 있는 그대로의 자신이 아름답다는 사실을 자각한다.

표면적으로 보면 공선주는 경쟁자인 장수인에게 일과 사랑에 있어서 패배한다. 수석 디자이너 자리를 빼앗겼으며, 크리스마스를 강 과장과 함께 보낸 사람은 장수인이다. 그러나 공선주는 장수인과의 대결에서 패배함으로써 삶의 가치를 발견하게 되고, 진정한 승리자가 된다. 그녀는 경쟁만을 강요하는 회사와 타인을 배려하지 않는 인간들과 결별하고 자신만의 독자적인 삶을 살아가기로 한다. 이전의 위축되어 있던 모습이라고는 찾아볼 수 없으며, 자신감 넘치고 밝은 표정의 공선주로 변모한다. 회사에 사표를 내고 친구 차미숙과 함께 속옷 점포를 개업한다. 그녀는 패션쇼를 기획하는데, 팔등신의 미녀만이 모델이 된 것이 아니라 주변에서 흔히 볼 수 있는 여성들을 기용했다는 점에서 파격적이다. 공선주는 패션쇼에 한상우를 초대하고 이것이 인연이 되어 결혼을 하게 된다. 마지막 결혼식 장면에서 공선주는 관객에게 "속옷만 입은 결혼식을 상상해보라"며 장난스러운 표정으로 속삭인다. 상상은 스틸 사진으로 고정되는데, 이 장면을 통하여 외모에 대한 편견은 허위의식으로부터 나온 것으로, 허위의식에서 벗어나 자기애를 회복하는 것을 코믹하게 보여준다.

4. 맺음말

「뮤리엘의 웨딩」과 「코르셋」은 사회적으로 획일화된 미적 기준에는 자격 미달인 두 여성이 열등감과 자괴감에서 탈피하여 정체성을 회복하고, 자아를 사랑하기까지의 과정을 그린 영화이다. 외모에 대한 열등감을 가진 두 인물은 각기 자신이 아닌 다른 누군가로 살아가기를 갈망한다. 뮤리엘은 대도시 시드니에 와서 마리엘로 개명하고, 결혼을 통해서 성공할 것을 꿈꾼다. 공선주는 강과장의 사랑을 얻기 위하여 무리하게 체중을 감량하려고 한다. 이들은 현재의 자신과는 다른 새로운 존재로 태어나기를 갈망하지만, 그들이 원하였던 것은 외부에 의해 강요된 허위욕망이라는 사실을 자각하고 있는 그대로의 자신을 사랑하게 된다.

　대부분의 영화에서 여주인공은 매혹적인 아름다움을 지니거나 누구에게나 호감을 주는 존재였던 데 비하여, 이 영화에서는 전혀 그렇지 못한 배우들이 주연을 맡았다. 주근깨 가득한 얼굴로 촌스럽게 웃는 표정의 뮤리엘과 코르셋으로 허리를 한껏 졸랐지만 아줌마 소리를 들어야 하는 공선주의 모습은 관객들에게 오히려 친근감을 준다. 외양만을 두고 볼 때, 부수적이거나 희극적인 역할을 맡았을 법한 인물들이 주인공이 되어 여성의 외모에 대한 현실적인 편견들과 대항한다. 매스 미디어의 조작으로 많은 여성들이 완벽한 미모를 동경하게 되고, 스스로에 대하여 모멸감에 빠지고 있는 현실에서, 이 두 편의 영화는 그러한 미에 대한 동경이나 아름다워지고자 하는 욕망은 남성적 시선에 의해 결정된 것에 불과하다는 사실을 보여준다. 뮤리엘과 공선주에게 가해지는 부당함은 남성중심적 가치관의 산물이며, 그들이 갖고 있는 진정한 가치들은 외면당한다. 이들은 나름대로 현실과 대응하고 있는데, 뮤리엘은 결혼으로 성공할 것을 꿈꾸며 공선주는 뚱보에 대한 부당한 대우를 강 과장의 사랑으로 극복할 수 있으리라는 환상을 갖고 있다. 이들은 자신의 외모에 대하여 극도의 환멸감을 가지고 있으며, 이 때문에 많은 상처를 입는다. 열등감에서 벗어나고 자기애를 회복하기까지 친구들의 역할은 지대하다. 「뮤리엘의 웨딩」이 위선적인 결혼생활을 청산하고 우정을 선택하였다면, 「코르셋」은 결혼으로 끝맺고 있다. 이와 같은 차이는 각기 문화적 특수성을 반영한 것이라 할 수 있다. 중요한 것은 기존의 영화에서 여성의 가치와 미덕이 남성의 일방적인 시선에 의해 결정되고 여주인공의 극중 역할이 욕망의 대상으로서만 존재하였던 데서 탈피하여, 여성의 가치와 미덕을 여성 스스로의 시선에 의해 결정하게 되었다는 점이다. 뮤리엘과 공선주는 내적인 필요와 욕망에 의해서 자신의 삶을 바라보게 된 것이다.

홀로 서기와 여성의 정체성
―이영란의 「즐거운 이혼」

김 영 희

1. 연극과 여성

현대 한국 사회에서 여성의 문제란 무엇을 의미하는가? 그것이 담고 있는 문자적인 의미란 무엇이며 사회적인 의미란 무엇을 의미하는가? 한 사회에서 여성이 가지고 있는 역할은 남성의 그것만큼이나 다양하다. 그러나 이 다양한 역할 속에서 여성 고유의 역할은 보다 몇 개로 한정되는데 이를테면 딸로서, 엄마로서, 아내로서의 역할을 들 수가 있다. 그러나 문제는 우리가 믿고 있는 이 고유의 역할이라고 하는 것이 항상 오해를 받거나 왜곡되어 그 역할이 한 쪽 방향으로 규정되어 나타난 결과란 사실이다. 왜냐하면 이 때 한쪽 방향이란 바로 남성들의 지배 이데올로기가 생산해낸 편파적인 시각을 말하는 것이기 때문이다.

이런 이유로 항상 여성의 문제는 남성들의 지배이데올로기가 가진 허위성과 편견과 이기심을 그 공격의 대상으로 삼을 수밖에 없게 된다. 따라서 근본적으로 페미니즘은 여성을 남성에 비해 열등한 존재로 생각하는 배타적인 성의 이분법적 구분이 아니라 한 인간으로서의 여성의 입지를 확인시키고자 한다는 점에서 왜곡된 현실에 대해 변혁과 저항의 정신을 깊이 품고 있게 된다.

이러한 페미니즘 사상은 부정적 현실에 대한 직접적이고 구체적인 저항과 변혁 정신을 담고 있다는 점에서 바로 극장르가 가진 고유한 성격과 상통한다. 극장르는 그 어떤 예술 장르보다도 사회적인 문제를 직접적으로 초점화하기에 효과적이다. 집단적인 관객에게 배우가 직접적인 목소리로 이야기할 때 극은 직접성과 구체성이 확보되면서 현실적 문제에 대한 공론의 장으로 전개된

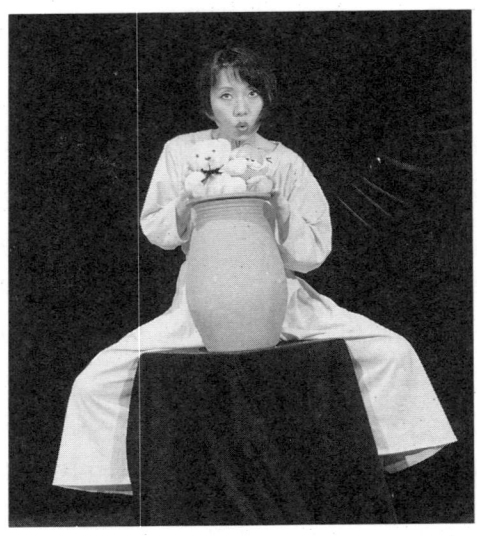

다. 그 때 극적 진실은 현실적 모순이 갖는 부조리와 억압을 자연 폭로하게 되는데 그 결과 극은 저항성과 실천성을 본질적 성격으로 가지게 되는 것이다. 아마도 이런 이유 때문에 연극은 인류 역사상 가장 사회적이고 정치적인 장르로 기능했을 것이다.(특히 요즘같이 영상예술의 지배적인 힘 속에서 연극의 존재와 그 의미를 생각해 볼 때, 이 점

은 퍽 의미심장한 부분이다) 연극의 이런 직접적이고 현장성이 강한 성격 때문에 페미니즘 사상은 쉽게 연극과 결부될 수 있었고 페미니즘 사상의 주제에 부응하는 예술 장르가 되었다고 볼 수 있다.

하지만 이러한 연극적 특성에도 불구하고 연극사 전체를 통해 봤을 때 여성의 문제가 보다 진지하게 초점화되어 나타난 것은 그리 흔하지 않다. 현대 연극에서 여성에 대한 문제가 보다 대중적으로 거론된 것은 아무래도 헨리 입센의 「인형의 집」이 아닌가 싶다. 19세기 이 연극이 공연된 뒤 유럽의 많은 여성들은 작품 속의 노라를 기억했고 그녀를 편안하게 감싸준, 그래서 어떤 일도 주체적으로 생각할 필요가 없이 남편이 알아서 다 해줬던, 남편이 군림하는 집, 바로 '인형의 집' 문을 박차고 나가는 노라의 의연한 모습에 충격을 받았다. 연극이 대중에게 주는 사회적 파장을 쉽게 확인할 수 있는 좋은 보기라 할 수 있을 것이다.

그러나 무엇보다 연극에서 여성의 문제가 보다 본격적으로 대두되기 시작한 것은 1960년대 전후, 특히 미국의 실험극 운동과 궤를 같이 하는 시기가 된다. 1960년대 유럽을 중심으로 일어난 페미니즘의 정신은 미국으로 건너오면서, 1950년대의 냉전논리를 극복하고 나타난 흑인운동의 등장과 여성해방 운동, 그리고 소수민족의 정당한 권리 주장 등의 전면화에 힘입어 운동적인 측면이 더욱 강조되고 변화되기 시작한다. 하지만 페미니즘 연극 공연이 1960년대에 등장하는 실험극과 출발을 같이 하긴 하지만 행위와 주체자와 관객이 주로 여성이라는 면에서 아방가르드 예술이 지니는 일반적인 특성, 즉 부정과 변혁의 정신 위에 여성 연극의 특이한 요소를 발전시키며 내용과 형식에 있어 다양한 작품을 창조해 왔다고 볼 수가 있다.

하지만 여기서 우리가 경계해야 할 것은 페미니즘 운동을 남성 지배 이데올로기에 대한 맹목적인 거부로써 여성의 권력 찾기 쯤으로 오해하는 것이다. 그것은 또다시 한 쪽의 성만을 부각시킴으로써 나머지 한 쪽을 은폐시키는 순환논리와 다르지 않기 때문이다. 따라서 여성 운동이라고 하는 것은 남성 지배 이데올로기에 대한 거부로서만이 의미가 있는 것이 아니라 남성 중심으로 이끌어 온 정치적 사회적 분위기 속의 여성을 한 인간으로서 당당히 서게 하는 데에 그 의미가 있다. 즉 남성적 권위 사회 속에서 여성이 한 인간으로서 대접받지 못했던 모든 사회적 모순과 오류를 재인식하고 그것에 대한 구체적이고도 현실적 거부의 모든 행위, 즉 여성이란 이름으로 제 권리를 찾아 나가는 인간 해방 운동이란 점을 잊지 말아야 한다는 점이다.

현대 연극은 극작가, 연출가, 무대 감독, 배우에 이르기까지 남성의 전유물처럼 생각되어 왔던 연극의 중심이 여성으로 옮겨오는 듯한 느낌이다. 무엇보다 우리나라의 경우 연극에서 중요한 요소인 관객이 여성이 상대적으로 많다는 점은 연극에서 여성의 문제가 보다 심화되어 본격적으로 다루어져야 할 또 하나의 동기가 되고 있다. 이러한 가운데 최근 국내에서 볼 수 있는 페미니즘 연극으로 (창작극의 경우에만 한정시켜 보면) 이영란의 「자기만의 방」, 「다시 서는 방」, 「즐거운 이혼」, 윤명숙의 「어머니 날 낳으시고」, 김윤미 「결혼한 여자, 결혼 안 한 여자」, 「여자는 무엇으로 사는가」, 「그 여자의 소설」, 공지영의 「무소의 뿔처럼 혼자서 가라」 등을 지적할 수 있겠는데 이것들은 이른바 여성 문제를 전면에 부각시키고 있다는 점에서 의의가 있다. 이 작품들을 여성 연극이라 부를 수 있는 이유는 첫째, 여성들이 주인공으로 등장하고 있다는 것과 둘째, 여성의 사회적 문제를 다루고 있다는 점, 그리고 무엇보다도 이 연극을 보는 관객으로 하여금 여성에 대한 고정적인 관념으로부터 탈피를 시도하고 있다는 점을 들 수가 있다.

이 중에서 이영란의 「즐거운 이혼」에 나타난 페미니즘 연극적인 특성과 오늘날의 여성의 문제에 대한 문제를 생각해 보도록 하자.

2. 「즐거운 이혼」의 열린 무대

「즐거운 이혼」(1996)은 「자기만의 방」(1992), 「다시 서는 방」(1995)에 이은 이영란의 세번째 모노 드라마로서 여성의 결혼과 이혼에 대한 문제를, 특별히 이혼에 대한 여성의 태도와 사회적 시각에 초점을 맞춰 다루고 있는 연극이다.

우선 이 연극은 무대 형식적인 측면에서 색다른 연극이었다고 할 수가 있다. 전체적으로 봤을 때 이 연극은 시종일관 관객의 관심과 의견을 물어보거나 문제의 정점으로 유도해 나가기 위해 토크 쇼 형식에 기대어 극을 진행하고 있다. 그래서 이 연극은 토크 쇼 형식을 갖춘 연극이기도 하고 연극 형식을 갖춘 토크 쇼이기도 하다라는 인상을 받는다. 이것의 중요한 의미는 무대와 객석의 물리적인 관계를 지양하고 극장이라는 공간을 일상적이고 사회적인 공간으로 환원하기 위함이다. 따라서 이 극은 무대 위의 배우가 등장인물의 역할에 완전히 동화된 채 완벽하게 재현된 세상의 축소판인 무대에서 극적 이데올로기를 끊임없이 그리고 은근히 관객에게 주입시키려 하는 사실주의 연극과 다르다. 이 극에서 배우의 눈과 몸은 한 방향으로만 노출되어 있지 않고 우리의 일상처럼 다초점화되어 있다. 이와 더불어 관객이 방금 극장에 입장할 때 그러했던 것처럼 배우 또한 극장 입구로부터 입장하며 자신이 왔음을 알리는 등장 방법은 무대 위에서 등장하고 무대 위에서 퇴장하는 전통적인 연극과는 분명히 다른 의미를 가진다. 이런 이유 때문에 관객은 무대 위에서 벌어지고 있는 일들에 대해 일방적인 극적 환상을 경험한다거나 마치 빠르게 지나가는 만화경을 보듯이 무대 위 사건에 대해 방관자의 입장을 가지거나 하지 않는다.

이영란「즐거운 이혼」에서 보여주는 열린 무대는 관객을 향한 열어둠을 넘어서 세상을 향해 열어둠이다. 곧 이영란이 이야기하고 싶고 주장하고 싶은 얘기는 연극을 관람하러 온 소수의 관객에게만 향하고 있는 것은 아니다. 그것은 세상을 향해, 세상이란 무대에서 불안해 하는 다수의 관객을 향한 것이다. 그러나 엄밀히 말하자면 그 세상이 남성 중심으로 움직이고 있다는 점에서 불안해 하는 관객은 여성이기가 쉽다. 따라서 이영란의「즐거운 이혼」은 여성 중심의 연극이 될 수밖에 없다. 남성 중심의 지배 이데올로기가 만들어 놓은 세상의 불안한 여성을 향해, 그리고 여성이기 이전의 한 인간을 위해 연극 무대를 진지한 토론과 모색의 장으로 전환시키고자 하는 것이다.

배우 이영란은 연극이 진행되는 동안 마치 사회자처럼 관객에게 끊임없이 질문을 한다. 예를 들면 남성답다와 여성답다란 무엇인가? 당신의 결혼관은 무엇이며 나아가 이혼관은 무엇인가? 이혼의 주된 이유는 무엇인가? 세상에서 가장 오해를 많이 받고 사는 동물은 무엇인가? 그때마다 관객은 각자의 생각을 즉흥적으로 이야기를 함으로써 우리 사회가 가지고 있는 여자에 대한 잘못된 인식과 이혼에 대한 그릇된 편견을 인식하게 되는 것이다. 연극이 진행되는 동안 관객 스스로 이혼에 대한 문제를 생각해 보게 하거나 적어도 이혼에 대한 기존 우리 사회의 보편적인 인식에 편견이 있을지도 모른다는 의혹을 가지도록 유도한다. 따라서 이영란의 「즐거운 이혼」의 무대는 제3의 삶을 모방한 완제품으로서의 무대가 아니라 관객의 참여로 마저 채워 나가야할 '구멍 뚫린 텍스트'이다. 이 때 관객의 참여가 가지는 의미가 사회의 모순에 대해 진지하게 생각을 정리하고 문제 해결을 모색해 본다는 점에서 「즐거운 이혼」의 무대는 또다시 공론의 장이 된다.

이와 같이 페미니즘 연극은 갈등의 얽힘이 제시되고 해결되는 과정에서 질서의 원리에 의해 하나의 단일한 목소리를 내는 기존 사실주의극에 대해 거부의 몸짓이 강력하다. 탈중심주의라는 포스트모더니즘과의 관련성 속에서 심화된 페미니즘 연극은 관객의 참여에 의해 보다 그 성격이 구체화되고 강화되는 점이 있는데, 그것은 곧 집단적으로 대본이 만들어짐에 따라 공연시마다 연극이 변형됨으로써 완결된 세계가 아니라 언제나 열려 있는 세계와 정신을 지향하고, 또 극 속에서 관객 스스로 하여금 자신을 개인으로서, 공동체로서 재구상해 볼 수 있는 용기를 갖도록 유도함으로써 다성적인 목소리를 내고 경청하는 가운데 다원적 민주의식을 기르도록 한다는 점이다.

3. 열린 구조의 자유로움

희곡의 구조와 극적 정신의 밀접한 상관성을 두고 볼 때, 다시 말하면 현실을 어떻게 바라보는가에 따라서 희곡의 구조가 달라진다는 점을 생각해 볼 때, 연극이 어떤 구조를 선택하고 있는가 하는 점은 그 연극이 가진 극적 이데올로기를 이해하는데 중요한 기준이 될 수가 있다. 그런데 이영란의 「즐거운 이혼」은 열린 무대일 뿐만 아니라 희곡의 구조 또한 열린 구조이다.

전체 극의 구조는 세 부분으로 구성되어 있다. 관객을 향해 질문을 하거나 관객을 무대 위로 끌어 들여 주제에 접근해 나가는 토크 쇼 부분과 이혼을 하는 가장 주된 두 가지 이유를 극적 상황으로 보여주는 부분, 이영란이 춤을 추는 부분이 그러하다. 먼저 토크 쇼 형식의 앞부분은 전체 이야기를 이끌어 가기 위한, 혹은 주제 전달을 용이하게 하기 위한 방법으로 관객과의 대화를 통하여 전체 극의 분위기를 잡아 나가거나 문제를 제기하는 부분이다. 그 다음 이어지는 두 개의 극적 상황은 여자가 이혼을 하는 주된 이유로, 남자의 폭력과 바람을 피우는 경우를 연출하여 보여주는 부분인데, 이영란이 사회자가 아니라 극적 상황의 등장인물로 변신하여 실제 연기를 하는 부분이다. 그리고 연극 중에 중요한 한 부분은 이영란과 두 명의 무용수가 춤을 추는 장면이다. 음악과 몸짓 언어만을 보여주는 이 장면은 매우 비유적인 부분으로 전체 극의 주제를 환기하는 상징적인 부분이다. 그것은 여성을 남성에 대비하여 열등한 존재로 추락시키는 것이 아니라 여성 그 자체가 이미 한 인간으로서 생각할 줄 알고 직관할 줄 아는 독립적인 한 인간임을 온 몸으로 조용히 그리고 열정적으로 보여주는 장면이라고 할 수가 있다.

그런데 극 속에서 이 세 부분의 장면은 실제로 어떤 연관성을 가진 유기적인 구조로 엮어져 있지 않다. 하나하나를 떼어 놓거나 순서를 바꾸어도 전체 주제를 전달하는 데 별로 문제가 없다. 그리하여 이영란의 「즐거운 이혼」은 열린 구조를 선택함으로써 그 주제마저 열린 의식을 갖도록 하는 것이다. 이 점은 무엇보다 사실주의극이 잘 짜여진 연극, 즉 닫혀진 희곡의 구조를 취함으로써 고정화된 주제를 가지게 되는 한계를 벗어나기 위한 것으로 이해된다. 사실주의극의 닫혀진 희곡 구조는 어떤 원인에 대한 갈등의 해결이 논리적이고 필연적으로 진행됨으로써 그 자체가 완결된 세계를 지향하고 있다. 이 세계는 그 자체가 어떤 것도 부족함이 없이 꽉 짜여 있는 세계이기 때문에 체제 안정을 지향한다. 그래서 그런 극을 생산하는 당사자나 극을 감상하는 소비자는 어떤 부족함이나 저항 등을 느끼지 못하고 순응과 안주만을 무의식 중에 수용할 뿐이다. 따라서 사실주의극의 닫혀진 희곡의 구조는 연극 속에 숨겨져 있는 지배 이데올로기를 주입시키는 데에 효과적이다.

　그러나 이영란 「즐거운 이혼」의 열린 구조는 장면의 자립성 및 독자성을 보여주고 또한 독립된 상황을 제시할 뿐 어떤 극적 이데올로기도 일방적으로 주입시키지 않음으로써 자유롭게, 제기된 문제에 대해 이성적으로 생각해 보고 극적 상황을 자신의 문제로 귀결시켜 적극적으로 견해를 개진시켜 나가도록 유도하고 있다. 이러한 점에서 이번 극의 열린 구조는 관객으로 하여금 극적 상황에 수동적으로 종속되는 것을 거부하고 연극의 무대를 통하여 사회적인 문제점, 곧 지배 이데올로기의 잘못된 점을 폭로하고 개혁하기를 요구한다는 점에서 체제 비판적인 성격을 지니고 있다. 이런 점은 페미니즘 연극의 경우, 초기에는 사실주의극의 형식 안에서 여성의 문제를 다루다 후기로 넘어올수록 비사실주의극적인 구조를 선택하여 남성 중심의 사회가 가진 모순에 대항하고 남성과 여성이 함께 살아가는 미래에 대한 모색의 목소리를 담아 보는 사례와 잘 일치하여 그 전범성을 엿보게 한다. 아울러 페미니즘 연극에서 플롯에 대한 경시는 연극을 배우의 대사에 의존해 진행하도록 하는데 페미니즘 연극에 모노드라마적인 성격이 많은 것도 이런 이유 때문일 것이다.

　따라서 이영란의 「즐거운 이혼」은 작품 해설에도 밝혀져 있듯이 이혼이라는 결코 가볍지 않은 주제를 무겁지도 가볍지도 않게 다루고 있으며 관객 스스로가 자유롭게 판단하고 자유롭게 주장하도록 어느 정도 계산하고 어느 정도 열어두고 있다는 점에서 예외적인 작품이다. 기존 남성이 만들어 놓는 제도와 사회적 편견을 냉철하게 거부하는 점에서, 또 연극의 구조 또한 질서의 원리를 중요하게 생각하는 기존 연극의 틀에서 벗어나 있다는 점에서

이 연극은 형식과 내용 모두가 자유로운 정신을 추구하고 있는 것으로 볼 수가 있다.

4. 여성의 홀로 서기

그럼 도대체 이영란의 「즐거운 이혼」은 무엇을 말하려는 것일까? 무엇을 의도하기 위한 것인가? 그것은 이혼을 장려하기 위한 연극인가? 그래서 모든 이 땅의 결혼한 여성들이 이혼에 대하여 보다 적극적인 사고로 전환하기를 주장하는 연극인가? 어떻게 이혼이 즐거울 수 있는 것인가? 만약 그렇다면 어떻게 하면 즐거운 이혼을 할 수 있는 것인가? 그것은 바람직한 것인가?

현대 산업 사회에서 다양한 변화 중 아무래도 가장 괄목할 만한 것으로 여성의 사회적 위치와 역할에 대한 변화를 손꼽을 수가 있다. 「인형의 집」에서 노라가 세상을 향해 그녀의 보금자리(?)를 박차고 나왔듯이 현대 여성은 더이상 집안의 업무만을 그녀들이 할 수 있는 고유 영역으로 생각하지 않고 사회 구석구석으로 몰려 나왔다. 교육의 기회가 증대되고 서서히 의식이 변화되기 시작한 그녀들에게 여성은 더 이상 남성의 장식물로만 존재할 수가 없었던 것이며 당당하게 스스로를 생각하고 주장하는 한 인간 개체로서 의미를 지니게 되었던 것이다. 게다가 산업화된 사회는 그 덩치가 거대화되면서 여성 인력을 요구하게 되는 사회적 상황으로 바뀌게 됨에 따라 자연스럽게 여성의 사회 진출이 용이해지게 된 것이다. 이제 여성의 생활 범주는 부엌과 거실로부터 공장과 사무실로 옮겨지게 되고, 아내와 어머니로서의 역할에만 한정되던 것이 한 사회의 구성원과 조직원으로서의 역할로 확대, 변모하게 된 것이다. 이런 과정 속에서 여성은 자의식적인 인간으로 변화하게 되고 주체적 존재에 대한 자각적인 인식의 물결은 자연스럽게 불평등 속의 결혼에 대해 심각한 의문을 제기하게 되었고 그 결과 이혼율은 점차 증가되는 추세에 이르게 되었다. 나는 이러한 현상을 꼭 부정적으로 볼 필요는 없다고 생각한다. 남성 위주의 결혼관에 대한 문제 제기로서 이혼이 돌출된다면 그것은 하나의 올바른 남녀의 결합을 찾아가는 과정의 자연스런 모색으로 보여지기 때문이다. 여성들이 문제삼고 있는 이혼이라는 것이 대체로 남녀 자체의 성적 결별을 의미하는 것이 아니라 보다 자유스럽고 평등한 관계 속의 새로운 남녀의 결합으로 이어짐을 볼 때 이를 뒷받침해준다. 때문에 이영란이 보여주고자 하는 '즐거운 이혼'이라는 것은 바로 여성의 홀로서기가 시작되었다는 신호탄으로 해석해도 무방하다는 것이다. 그 점에서 최근 몇 년 간 이혼의 고령화 현상마저 보여 3-40대 이혼 현상도 흔히 볼 수 있는 일이 된 것은 보다 인간적 삶을 누리겠다는 의식 있는 여성층이 많아진 것으로 풀이할 수도 있겠다.

그런데 이영란의 「즐거운 이혼」에서는 두 개의 극적 상황을 통해 이혼의 문제를 보여주게 된다. 정확히 말하자면 그 두 개의 극적 상황은 이혼을 하지 못하고 행복하지 못한 결혼을 계속 유지해야 하는 여성의 모순된 상황을 제시하고 있다. 첫번째의 극적 상황은 '영자의 이야기'로 뚜렷한 결혼관이 없었던 어린 시절에 남편을 만나 결혼을 하고 남편으로부터 상습적으로 폭행을 당하면서도 특별히 문제나 위기의식을 느끼지 못하고 그럭저럭 살아가는 여자의 이야기다. 짧은 상황을 통해 보여지는 이 장면은 관객에게 문제를 제기시키는 장면으로 그 자체가 완결적인 구성을 갖고 있지는 못하고 있다. 하지만 남편으로부터 폭행을 당하면서도 남편의 다분히 순간적이고 잠시 위기를 벗어나고자 하는 사탕발림의 말에 현혹되어 자신이 처한 문제를 잊어버리는 어리석은 여자의 모습을 보여준다. 두 번째 극적 상황은 '영산댁의 이야기'로 남편이 다른 여자와 외도를 한다는 사실을 알게 된 영산댁이 하소연하는 내용이 주된 이야기다.

최근 이혼의 주된 원인이 두 사람 사이의 성격 차이라고 알려져 있는데 비해 이영란의 「즐거운 이혼」 속에 제시된 두 개의 극적 상황은 남편의 폭력과 외도를 보여줌으로써 훨씬 구체적이고 현실적인 측면에서 그 원인을 보여 주고 있다. 그러나 두 개의 극적 상황 모두가 두 사람이 이혼하는 부분까지는 보여주지 않고 갈등하는 부분만을 보여주고 있는데, 이것은 어떤 결론을 미리 힘주어 이야기하고자 함이 아니라 이런 상황을 보여줌으로써 관객들에게 불평등한 인간 관계를 인지하게 하고 이러한 상황 속에서 어떻게 대처해 나가야 할 것인지를 관객 스스로 생각해 보도록 하려는 의도를 가지고 있는 것이다. 말하자면 거울과 같은 역할을 하고 있는 것이다. 혹시 그 거울 속에 나의 모습은 없는 것인지, 그 거울 속에 비춰진 모습이 그대로 잘 반영된 것인지, 비뚤어져 있다면 얼마나 비뚤어져 있는 것인지를 볼 수 있는 거울과 같은 기능 말이다. 그 거울 보기가 때론 곤혹스럽고 곤란하다 할지라도 우리는 제 자신의 모습을 투영해 봐야한다.

과거 가부장제 유교적 질서가 강하게 작용하던 조선시대, 여자에게 이혼은 바로 소박의 개념과 일치했다. 그 당시 여자라면 반드시 지켜야 할 일곱 가지 규범, 이른바 칠거지악(1. 시부모에게 순종하지 아니하는 것 2. 자식을 못 낳는 것 3. 행실이 음탕한 것 4. 질투하는 것 5. 나쁜 병이 있는 것 6. 말썽이 많은 것 7. 도둑질 하는 것)이 있어 여기에 한 개라도 해당되는 것이 있으면 시집에서 쫓겨 나가야만 했다. 그리하여 조선시대 여성에게 소박이라고 하는 것은 남은 인생을 포기하고 살아가야 하는 것으로 치명적인 사건이 되는 것이다.

조선 시대의 남녀 관계는 사회적 관습 속에 이미 불평등 구조가 상존하고 있는 것이어서 이혼의 문제 또한 왜곡돼 있는 것은 어쩌면 당연할지 모르겠다. 그러나 현대 여성에게 이혼은 평등한 남녀 두 사람의 문제임에도 불구하고 이혼한 여자는 이혼한 남자보다도 상대적으로 더 위축되고 사회적인 수모와 멸시를 감수하고 있다. 이는 아직까지 우리 사회가 가부장제 문화의 틀에서 자유롭지 못함을 드러내는 일이며, 조선시대 여성이 가진 전통적인 소박의 정서가 현대까지 남아 있는 반증이라 할 수 있겠다.

5. 여성의 정체성 찾기

"본래 인간은
자유롭고 창조적이며 용맹하고,
직관과 이상이 펄펄 살아
용솟음치고, 그래서
사랑도 죽음도
두려워 하지 않았다." (「즐거운 이혼」 중에서)

이영란의 「즐거운 이혼」에서 가장 주제가 비유적으로 표현된 부분은 이영란이 두 명의 무용수와 함께 춤을 추는 장면이다. 여기서 이영란을 포함한 세 명의 배우는 무대 전체를 가로지르며 환상적인 분위기를 연출하며 춤을 춘다. 대사에 의존한 다른 장면과 달리 이 장면은 말이 아닌 몸짓으로 극적 의미를 전달하는 부분으로서 지시적인 말이 가진 한계를 벗어나 보다 함축적이고 다

양한 진동으로 관객에게 다가가는 부분이라고 할 수가 있다. 그리하여 관객 스스로에게, 연극이 진행되면서 제기된 여성 자신에 대한 문제와 여성에 대한 사회적인 편견 등 연극이 시작되면서 깔아둔 문제에 대해 보다 진지하게 생각해 보기를 요구한다. 그 문제에 대한 판단은 춤이 가진 자유로움처럼 사회적인 관습과 제약에서 벗어나 보다 진지하고 자유롭게 여성 자신에 대한 입장을 정리해 보기를 요구하는 것이다. 따라서 앞서 제기된 장면에 비해 극적 이완이 나타난 부분이라고 할 수가 없다.

그리하여 「즐거운 이혼」의 춤 장면은 이제까지 끌어온 주제를 보다 확실하게 드러낸 부분으로 남성과 대비된 여성의 개념과 역할, 사회적 관습이 만들어 둔 여성성, 남성과는 상대적으로 이혼

의 문제에 있어 특별히 사회적 질타를 받아야 되는 여성에 대한 사회적 편견, 이러한 모순에 당당하게 맞서지 못하는 여성의 나약함과 수동적인 태도 등을 여성 자신에게 스스로 검증해 보기를 요구하는 문제로 던져준다. 그 속에서 원래 여성은 자유롭고 주체적이며 능동적인 인간이었음을, 그리하여 스스로의 직관과 이성에 따라 실천할 줄 아는 용맹을 가진 인간임을 온 몸으로 표현하려 하는 것이다. 여성의 홀로 서기가 반 쪽이라는 인식과 그에 따라 이혼하기를 두렵게 만드는 것, 더 나아가 용감함보다는 나약함이 여성성으로 인식하고 주변의 시선에 항상 연연해하고 수동적으로 행동하는 것이 여성의 실체라고 생각하게 만드는 것은 남성 중심의 사회가 만들어 놓은 허상임을 똑바로 직시할 것을 주장하는 것이다.

동·서양을 막론하고 신화나 전설 그리고 동화에 나타나는 여성은 항상 왜곡되어 나타나 있다. 여성은 인간으로서 직관과 이성을 가지지 못하고 항상 남자의 부속물처럼 등장하였다. 질투에 눈 먼 헤라, 유혹에 빠져 실수를 하고야 마는 판도라, 멋진 왕자를 만나기 위해서는 100년 동안이든 잠을 자고 있어야 하는 잠자는 숲 속의 공주 혹은 백설 공주, 왕자와의 사랑을 위해서는 목소리까지 잃어야 했던 인어공주. 이 모든 여자 주인공은 또한 모두 한결같이 예쁘다. 그래서 예로부터 여자는 예뻐야했고 착해야 했으며 거기다 인내심까지 강해야 했다. 만약 여기에 벗어나거나 위반되는 행동을 한 여자는 여러 가지 사회적인 질타를 받아야 했던 것이다.

그런데 사회적 관습과 규범에서 벗어나는 중요한 사항 중 하나가 이혼이다. 특히 산업화 사회에 접어들면서 늘어난 여성의 이혼에 대한 문제는 그 인식이 많이 변했다고는 하지만 아직까지 남성 중심의 이기심이 이 땅의 많은 여성들을 움추리게 하고 있다. 지금 어떤 모습으로 어떻게 살아가든지 그녀는 바로 그녀일 뿐이다. 그 어떤 것으로도 그 사실이 달라질 수는 없는 것이다. 그녀는 바로 여성이라는 인간일 뿐이기 때문이다.

6. 결론을 대신하여

1993년 4월, 비로소 나는 한 아이의 엄마가 되었다. 그 후 몇 개월이 지난 그 해 7월경 우연히 육교를 지나가다 한 아이를 업고 노래로 돈을 구걸하는 한 여자를 봤다. 그녀도 한 아이의 엄마였다. 우리 아이와 비슷하게 세상에 나온 듯한 그녀의 아이는 뜨거운 초여름의 햇볕 아래서 그을린 채 목이 터져라 울고 있었다.

1996년 11월, 사은행사로 떠들썩한 백화점 앞 육교 위, 터져 나갈 듯한 쇼핑백을 두 손에 들고 지나가는 사람들 행렬 사이로 아이를 안고 노래를 부르며 앉아 있는 맹인을 보았다. 네다섯 쯤 되어 보이는 아이는 지쳐 잠들어 있었는데 그 순간 나는 그들이 3년 전 7월에 내게 모습을 나타내었던 사람들임을 직감했다. 우리 아이가 내게 기쁨과 평화를 주며 쑥쑥 큰 사이 그 아이도 그렇게 엄마의 등으로 감출 수 없을 만큼 다리가 길고 팔이 길어 이제 엄마의 무릎 위에 앉아 자고 있는 것이었다. 구슬피 들려오는 앞 못 보는 엄마가 부르는 지나간 유행가는 그 아이의 꿈 속에서도 그렇게 슬프기만 할까?

정말이지 육교 위의 그들을 위해 이 겨울이 더디 오기를 바래본다.

1996년 11월 22일의 일기다. 이영란의 연극을 보고 돌아오는 길에서 본 이야기다. 나는 그 연극을 보고 오늘날 우리 사회의 여성의 문제가 왜 그리 굴곡되었는가를 곰곰히 생각하고 있었다. 그러다 맹인 여성과 그에 딸린 아이를 봤을 때 굴곡은 현실화되면서 질곡의 문제로 다가왔다. 내가 그들을 위해 겨울이 더디 오기를 비는 동정적 감정으로는 그들의 겨울은 극복되지 않을 것이다. 그녀가 비록 맹인 여성으로서 우리 사회에서 정상적 삶을 영위하기 힘들 것이라는 점은 예상하지 못하는 바는 아니나 저렇게 소비적 욕망은 풍성한 데도 기생적 삶을 살지 않으면 안 되게끔 내모는 그 무엇이 우리 사회에 존재하지 않을까 하는 의구심이 들었던 것이다. 정말 여성은 저렇게 구걸하며 살지 않으면 안 되는가? 이 말이 분명 잘못 됐음을 알고 있다. 기생적 삶을 사는 것이 어디 여자뿐이랴! 거지나 악사가 다 여성만은 아닐 터인데도 나에게 여성이 유독 주체적 자립성을 잃고 기생적 삶을 살고 있구나 하는 강박관념 같은 것이 드는 것은 아무래도 이영란의 연극이 가지는 의미에 너무 매몰됐기 때문일 것으로 보인다.

　그렇지만 극단적인 저 여인을 대상으로 하지 않더라도 우리 현실 속에 스며든 여성의 정체성 상실과 왜곡된 모습은 심각하다 하지 않을 수 없다. 무엇으로 그러한 억압과 굴레로부터 여성을 자유롭게 할 수 있을까? 감상은 물론 금물이다. 그러나 일기 속의 나의 모습이 어쩌면 오늘날 여성의 문제를 바라보는 나의 본질적 시각일지 모른다. 즉 현실 속의 여성 문제에 대해 우리는 너무 심정적이거나 과장적 반응으로 객관적 인식과 행동 방식을 갖추고 있지 못하다. 아직까지 우리의 현실 대응 방식은 미약하기 짝이 없다. 다만 이제부터 현실 속에서 발생되는 고통과 억압에 대해

내심으로 삭이기보다 밖으로 그 아픔을 드러내고 공론화함으로써 근원적 치유방식을 찾아가는 것이 필요하리라는 생각이다. 따라서 이 글은 그러한 굴곡된 여성의 모습에서 온전한 인간으로서의 정체성을 찾아가자는 시론적 글로 기능했으면 좋겠다. 그 노력 끝에 우리 여성의 참된 자아의 실현이 있을 것을 기대하면서 말이다.

정념과 효 이념의 대립으로서의 역사
―윤정선의 「호동」

손 화 숙

1. 머리말

 우리의 희곡사를 살펴보면 여성의 시각이나 여성의 목소리가 배제되어 왔음을 쉽게 확인할 수 있다. 극작가의 대부분이 남성이었고, 연극 제작 과정 역시 남성에 의해 주도되었기 때문이다. 이는 세계적이고 보편적인 현상으로 하나의 견고한 연극적 전통으로 자리잡고 있다. 최근 여성 극작가들의 진출이 활발해짐에 따라 남성의 일방적인 시각에서 벗어나 여성의 삶과 인식을 여성의 시각에서 다룬 작품들이 많이 발표되었다. 여성 극작가의 경우 극언어가 섬세하고 일상적인 언어를 정확하게 구사하는 장점이 있지만, 체험의 폭이 사적인 영역으로 제한되어 있다는 한계가 있다. 대체로 결혼과 이혼을 둘러싼 가정 내의 갈등이나, 가족이나 친구와 관련된 일상적인 일들이 작품의 주된 제재로 다루어지고 있다. 물론 여성의 역할을 새롭게 창조하고, 여성의 시각에서 재구성된 무대를 체험할 기회를 확대하였다는 점에서 높이 평가할 만하다. 그러나 가정에서의 여성의 역할이 중시될수록 정치나 경제와 같은 공적인 삶으로부터 배제되어 왔던 역사적 사실을 고려할 때, 개인적이고 일상적인 소재를 다룬 희곡은 남성중심적인 문화 속에서 잃어버린 여성의 목소리를 되찾기에는 역부족임을 알 수 있다.

공적인 영역에서의 여성의 소외는 그 연원이 깊다. 여성의 역할은 사적인 영역으로 한정되고, 무대 위의 여성은 가부장적 가치를 재현하면서 남성성의 대립물로 인식되어 왔다. 극단적인 부드러움, 모성애, 헌신적 사랑과 같은 수많은 수식어들은 남성의 시선에 의해 부여된 것들이다. 여성이 극작 활동과 무대작업에 참여할 기회는 근원적으로 차단되어 있었고, 심지어 여성의 배역도 여장남우에 의해 연기되었다. 이로 인해 무대 위에 재현된 여성의 이미지는 남성의 이상적인 이미지들과 대립되는 개념들로 구성되었다. 결국 여성성은 남성에 의해 부과된 허구적이고 가공적인 개념에 불과하다. 역사와 정치 영역에서의 여성의 부재는 그 정도가 심각하며, 역사란 남성중심의 대결구도로 인식되었다. 따라서 역사나 역사를 반영한 설화 가운데 여성의 역할이 중시되었던 예는 거의 찾아볼 수 없다. 최근 페미니즘에 대한 논의가 활발해지면서, 역사 속에서 잃어버린 여성의 역할과 목소리를 되찾고자 하는 움직임이 일고 있다.

극작가 윤정선은 먼 과거의 일을 무대화하면서, 과거 속으로 함몰된 여성에게 새로운 역할과 성격을 부여하고 있어서 주목된다.

그녀의 작품 속에 등장하는 여성들은 사적인 영역에 제한되지 않고, 남성사회의 모순과 위선을 폭로하고 비극적 삶을 마치는 것이 특징이다.『윤정선 희곡집』(청하, 1988)에 수록된 4편의 작품 가운데 3편이 역사와 설화를 중심 소재로 삼고 있으며, 대표작「호동」은 호동설화에서 왕비의 역할에 주목하여, 낙랑국의 멸망을 왕비의 계략에 의한 것으로 재구성하였다. 황진의 생애를 재구성한「자유혼」은 허위적 도덕률에 얽매인 조선 시대 양반들의 위선을 폭로하고 있다.「피리소리」는「나무꾼과 선녀」설화를 변형시켜, 진정한 사랑을 곁에 두고도 환영을 좇는 인간의 어리석음을 보여준다. 특히,「호동」은 인간의 본성과 관련시켜 설화를 재해석하였고, 왕비의 성격을 다면적이고 생동감있게 꾸며놓았다. 왕비는 남성성과 여성성을 동시에 가진 양면적 인물로 설정되어 있으며, 그녀의 지략은 국가간의 역학관계를 역전시키고 낙랑국의 패망을 가져올 정도로 강력한 힘을 발휘한다. 본고에서는 왕비의 성격과 역할을 새롭게 창조해낸 측면에 주목하면서, 이를 통하여 남성적 세계의 허위성이 어떻게 드러나는가를 살펴보고자 한다.

2. 열정적 사랑과 희생적 사랑의 대립

「호동」은『문학사상』(1986. 10, 11)의 신인발굴작품으로 문예회관 대극장에서「나는 어이 돌이 되지 못하고」라는 제목으로 공연된 바 있다.『삼국사기』에 수록된 호동설화를 새롭게 해석하여, 설화 속에서의 여성의 역할을 재조명하였다. 호동설화는 정치적 이해관계에 의하여 희생된 개인의 비극을 다루고 있다. 남녀간의 사랑과 부자간의 윤리 문제가 동시에 제기되고 있으며, 짧은 이야기 속에 비극이 다면적으로 얽혀 있다. 낙랑국은 고구려와 화친하려 하다가 도리어 패망하였으며, 호동은 인간의 도리를 저버리고 부왕의 정복욕이 성취되도록 낙랑공주의 사랑을 이용한다. 낙랑공주의 비극은 참혹하기 이를 데 없으며, 결국에는 호동마저 자살한다. 호동설화는 많은 작가들에게 상상력의 원천이 되었으며, 여러 차례에 걸쳐 새롭게 재창작되었다. 유치진의 「자명고」는 낙랑과 고구려의 싸움을 통하여 외세 배격을 간접적으로 주장하고 있으며, 박재서는 「호동왕자와 낙랑공주」에서 낙랑국 최린과 고구려 대무신왕의 관계를 희극적으로 재구성하여 위정자들의 위선을 풍자하고 있다. 최인훈은 「둥둥 낙랑둥」에서 짝패로서의 왕비와 낙랑공주를 부각시켰다. 윤정선의 「호동」은 기왕의 작품들과는 다른 독특한 시각에서 접근하고 있다.

역사서에서는 태자 해명의 이야기와 호동왕자의 이야기를 들어 부자지간의 도리를 다하지 못한 것을 비판하고 있다. 아버지의 잘못을 간언하지 않은 것은 효에 어긋나는 것이라 하였는데, 이는 효의 의미가 시대에 따라 변천하였음을 보여준다. 역사서는 유교적 가치관에 입각하여 진정한 효도란 무엇이지에 대해 제기하고 있다. 따라서 자식으로서의 도리만을 언급하였을 뿐, 낙랑공주의 비극적 삶에 대해서는 주목하지 않았다. 효도는 애정보다 앞서는 것이며, 여성의 희생은 중요하지 않은 것으로 보는 남성중심적 시각을 여실히 드러내고 있다. 윤정선의 「호동」에서는 극의 중심인물을 왕비로 설정하여 여성의 시각에서 설화를 새롭게 해석하고 있다.

「호동」의 갈등구조는 가족간의 갈등에 있으며, 정치적 이해관계도 가족의 문제로 풀어나간다. 비극의 원인은 가족간의 관계가 혼란스러운 데 있는데, 왕비는 호동의 어머니이지만 매혹적인 여인일 수 있으며, 호동은 왕비가 연정을 품은 남성이지만 왕비의 친아들 해우왕자의 적수이기도 하다. 설화만을 두고 볼 때, 호동의 비극은 정치적 이해관계에서 비롯된 참상이지만, 작가는 여기에 왕비의 성격과 역할을 부각시켜 사랑과 복수의 플롯을 첨가하였

다. 극의 갈등은 왕비의 음모와 계략에 전적으로 의존하고 있다. 왕비의 성격은 양아들에게 연정을 품은 '페드라'와 질투와 복수의 화신 '메디아'를 연상시킨다.

　서막과 종막을 포함하여 전체 7막으로 이루어진 이 극은 연대기적 시간 구성을 따르고 있다. 왕비의 처소가 중심 공간으로 설정되어 있으며, 모든 음모와 계략은 이곳에서 진행된다. 극의 시작은 왕비가 해우왕자를 출산한 시점에서부터 시작된다. 미치광이 점술사는 갓 태어난 왕자를 안고 기뻐하는 왕비에게 '사랑의 독이 목마른 피를 부르게 되리라'는 불길한 예언을 한다. 그의 예언은 앞으로 일어날 비극을 암시하는 역할을 하고 있다. 설화에 의하면 계모인 왕비가 호동을 경계하여 거짓 간언을 고하였고, 호동은 어

머니의 악행이 세상에 드러나고 아버지에게 근심을 끼치는 것은 불효라고 판단하고 스스로 누명을 쓰고 자결한 것으로 되어있다. 극에서 왕비는 권력욕과 정욕을 동시에 지닌 현실적인 인물로 나온다. 그녀는 어린 왕자 해우가 왕위를 계승하기에는 나이가 너무 어리고 왕이 호동을 각별하게 사랑하는 데 대하여 불안해 한다.

    왕비 : (다시 부드러운 어조로) 그런데 호동이 이즈음 들어 내게
          소홀한 듯하지? 혹시 해우에 대한 시샘이 아닐까?
    유모 : 마마, 한갓 점장이의 일로 너무 심약해지신 듯하옵니다.
    왕비 : 그래도.... 왕의 자리란 그런 게 아니거든.... 우리 해우가
          너무 어리니 걱정이 아니될 수 있어야지. 아무래도 내가
          호동을 가까이 살피는 것이 좋겠어. 지금까진 너무 멀리
          하려고만 들었더니.....

왕비는 차비의 소생인 호동에게 왕권을 빼앗길 것을 경계하면서도, 호동에 대한 애정을 억제할 수가 없다. '여인의 피를 통하여 위대한 사랑을 할 수 있다'는 유모의 말을 듣고는 '숨은 사랑을 해본 적이 있는가'라고 묻는 왕비의 모습에서 주체할 수 없는 열정에 사로잡힌 면을 엿볼 수 있다. 이처럼 왕비는 권력욕과 정욕의 모순된 욕망 사이에서 갈등하고 있으며, 이 둘을 조화롭게 극복하지 못하여 엄청난 비극을 야기한다. 비극의 원인은 호동과의 관계가 어머니이면서도 어머니가 아니라는 데 있다. 왕비는 호동을 유혹하기 위하여 자신의 처소로 불러들이는가 하면, 비단띠를 선물하기도 한다. 왕비의 호의에 부담을 느낀 호동은 득유와 함께 옥저 지방으로 여행을 떠난다. 그곳에서 낙랑왕을 만나게 되고, 공주와의 혼인을 약조한다. 왕비는 혼사 소식을 듣고 질투에 사로잡혀서, 이들의 사랑을 방해하고자 계략을 꾸민다. 왕에게 낙랑국

을 멸하는 것이 평생의 숙원이었음을 상기시키고 이번이 절호의 기회라고 말한다. 왕은 이미 사돈관계를 맺은 나라를 급습하는 것은 인륜에 어긋나는 처사이며, 낙랑국에는 적병이 쳐들어오면 저절로 울리는 신이한 고각이 있어 전쟁은 승산이 없고 화친이 실리적이라고 본다. 왕비는 호동이 낙랑국의 동정을 자세히 살피고 왔을 것이며, 낙랑공주를 시켜 고각을 부수게 하면 될 것이라고 한다. 또한 호동의 효성과 충성심을 시험할 수 있으며, 적국의 며느리가 고구려에 충성을 바칠 수 있는지를 알아볼 수 있는 기회라고 간한다.

왕비는 극의 초반부에는 권력욕과 정욕 사이에서 갈등을 겪고 있었으나, 공주와의 혼사를 계기로 정욕이 권력욕을 압도하게 된다. 혼사 소식을 들은 후부터 왕비는 호동을 취할 수 없을 것이라는 불안감에 시달리고, 공주에 대한 질투와 복수심에 사로잡힌다. 호동과의 사랑을 성취하는 데 가장 큰 장애물이 낙랑공주라고 생각하고, 그녀를 제거하고자 음모를 꾸민다. 그녀는 호동과 공주의 성향을 꿰뚫어 보고, 이를 교묘하게 이용한다. 호동은 남성적 성향인 권력욕을 갖고 있으나, 차비의 소생이기 때문에 그 뜻을 펼칠 수가 없다. 왕비는 이러한 약점을 이용하여, 부왕의 대업을 도모하고 사사로운 정은 포기하라고 권한다. 호동은 아버지 세계의 질서를 열망하고 있으며, 그 열망은 효의 이념으로 나타난다.

> 왕비 : 무엇을 그리 괴로와하시오? 사랑하는 여인의 나라가 내 나라보다 소중하다는 건가요? 공주에게 눈물을 흘리게 하고·· 싶지 않다는 것이겠지요? 고구려의 백성이야 어떻든, 부왕의 대업이야 어떻든, 공주의 마음이 아플 일만은 하고 싶지 않다.... 그런 것인가요?

호동 : .... 아니옵니다.....
왕비 : 그런 것이 아니라면 무엇이 걱정이오? 제 나라가 망하였
다고 왕자비가 되지 말란 법은 없소. 왕자에겐 효도도 하
면서 지어미에게 의리를 지킬 수도 있는 길이 있는 것이
오. 왕자가 차마 출정길에 오르기 싫다면 그것도 가능하오

결국 호동은 왕비의 뜻대로 대의를 위하여 소의를 저버리기로 결정한다. 부왕의 생명을 보호하는 것이 사사로운 사랑보다 앞서는 것이라는 효의 이념을 내세우고 있으나, 실은 권력욕에 다름 아니다. 또한 왕비는 낙랑공주가 지아비를 위하여 낙랑국과 부모를 배반할 것이라는 사실을 잘 알고 있다. 공주는 여성적인 성향이 강하여 사사로운 정에 따라 행동할 것이라고 판단하였다. 결국 왕비는 두 남녀에게 내재된 남성성과 여성성이라는 대립적인 성향을 간파하고 있었기 때문에 성공할 수 있었다. 호동에게는 효를 들어 부부간의 사사로운 정을 버리도록 하였으며, 왕의 정복욕을 자극하여 낙랑국을 급습하도록 설득한다.

호동을 연모한다는 점에서 낙랑공주와 왕비는 서로에게 연적이다. 그러나 이들이 사랑을 구하는 방식이 전혀 다르기 때문에 극적인 재미를 더해준다. 낙랑공주는 호동에 대한 순수한 사랑을 간직하고 있으며, 그를 위해 자신의 목숨마저 희생할 정도로 헌신적이다. 왕비는 사랑을 구하기 위하여 끊임없이 유혹하고 방해자를 음해한다. 즉, 낙랑공주가 숭고한 사랑의 화신이라면, 왕비는 열정적이고 악마적인 사랑의 화신이다. 왕비는 남성적인 정복욕과 여성적인 정욕을 동시에 갖고 있다는 점에서 양성적 존재이다. 그녀는 호동이 속한 남성적 세계와 낙랑공주가 속한 여성적 세계의 중간에 위치한다. 대체로 여성은 가정이라는 사적인 영역 안에 제

한되어 있으며, 정치나 경제와 같은 공적인 삶으로부터 소외되어 있다. 여성의 사회적 경제적 지위는 상속인, 즉 아들이 있을 때에만 보장받을 수 있으므로 극히 불안정하였다. 왕비는 늦게나마 해우왕자를 얻게 되어 기뻐하지만, 왕과 백성의 사랑을 한몸에 받고 있는 호동이 어린 해우에게는 매우 위험한 존재임을 잘 알고 있다. 그러나 왕비의 비극은 아들의 적수인 호동에게 은밀한 연정을 품었다는 데 있다. 호동의 존재는 왕비에게는 금단의 영역에 속하기 때문에 더욱 매혹적으로 다가온다. 낙랑성을 함락하였다는 전령의 소식을 듣고 공주의 운명에 대하여 연민을 느끼기도 하지만, 호동이 낙랑공주의 죽음을 슬퍼하여 식음을 전폐하였다고 하자, 공주에 대한 연민의 감정은 증오로 바뀌며 왕자에 대한 집착은 더욱 강해진다.

> 왕비 : 낙랑공주? 흥! 양심의 가책도, 애도도, 이처럼 과장되어서는 안돼. 우린 죽은 세계를 위해 있는 것이 아니야. 우리가 있는 것은 산 세계를 위해서야. 나는 살아 있고, 왕자 또한 터질 듯한 젊음 속에 살아 있다. 그가 나의 것이 되지 못한 것은 내가 그의 것이 되지 못한 때문.... 그로 하여금 나를 가지게 할 거야. 송두리째! 이 몸을, 이 마음을, 모두! 모두! 그는 저항하지 못해.... 못해! 나는 두렵지 않아... 이토록 오랜 세월, 아! 괴로와만 하며 보내야 했던 긴 세월 이 모든 것을 미리 용서하고 있어!
> 　그렇다. 산 공주에게 호동을 빼앗길 수 없던 내가 아닌가? 죽은 공주에게 그를 빼앗기고 있을 순 없다. 그에게서 공주의 망령을 쫓아 버려야 해. 왕자가 아주 병들어 버리기 전에, 어서 쫓아야 해. 내가 쫓아 버릴 거야! .... 내가 할 거야!

왕비는 시녀들에게 말미를 주어 고향으로 보내고, 호동을 침소로 불러들여 유혹하려 한다. 왕비는 슬픔에 잠긴 호동에게 '국가의 위업을 이루기 위해서는 누군가의 희생이 필요하며, 작은 희생에 가슴 아파하기보다는 큰 일의 성취에 보람을 느끼는 것이 장부의 기개'라고 말한다. 그것이 바로 역사라는 것이다. 호동은 역사를 위하여 인간을 외면한 처사는 옳은 일일 수 없다고 자책한다. 왕비는 적국의 공주의 죽음을 애도하면서, 호동에 대한 욕망으로 죽어가는 자신에게는 무심한 것을 질책하며, 호동을 노골적으로 유혹한다. 호동은 그제서야 낙랑국 정벌이 왕비의 계략에 의한 것이었음을 깨닫고, 자신으로 하여금 인륜을 저버린 죄를 범하게 한 것을 증오하면서 침소를 뛰쳐나간다. 왕비는 호동의 행위를 자신에 대한 모욕이라고 생각하며, 복수심에 사로잡힌다. 승전하고 돌아온 왕에게 호동이 자신을 유혹하려 한다고 간언하여 호동을 곤경에 처하게 만든다. 왕비는 찢어진 옷과 비단띠 등을 증거물로 제시하여 호동의 부정함을 증명한다. 왕비의 열정은 희생적이고 헌신적인 사랑이 아니라 욕정에 불타는 일종의 소유욕이었고, 이러한 점에서 공주의 사랑과 대비된다. 호동은 자신의 무고함을 해명하려 하지 않고 효의 이념을 내세워 자결하고, 왕비 역시 실성하는 것으로 끝맺고 있다.

왕비에게 있어서 호동은 매혹적인 남성이자 적수로 존재하였던 반면, 낙랑공주에게는 사랑의 대상으로서만 존재한다. 낙랑공주는 2막에서 잠깐 나오며, 낙랑국과 관련된 사건들은 대사를 통하여 간접적으로 전달된다. 공주의 사랑은 공적인 삶보다는 사적인 삶에 의해 지배되는 여성적 세계의 질서를 보여준다. 낙랑공주에게 있어서 사랑은 절대적이어서 부모에 대한 도리와 백성에 대한 책임을 능가한다. 그녀는 주저하지 않고 낙랑국의 신물인 자명고를 찢으며, 고구려 병사들을 낙랑성으로 인도하기까지 한다.

> 공주 : 이 한 몸 탓으로 죄없는 백성들은 왕자님의 칼날에 스러져 가야만 한다. 내가 내 사랑에게 팔아넘긴 그 숱한 목숨들의 아낙들과 어린것들이 나를 원망하여 통곡을 할 테지.... 왕자님은 내 부모를 조금도 다치지 않으리라 약속하셨지만, 그것은 도리어 용서받을 수 없는 공주를 더욱 비천한 인간으로 만들 뿐.....
> 아아! 나를 그토록 사랑하시는 아버지가 망국의 비통을 안고 무참히 쓰러지실 것을 나는 보아야만 한다. 그 곁에서 미쳐버리실 불쌍한 어머니..... 그럼에도, 그럼에도, 내게 무엇보다 귀한 것은 오직 하나, 왕자님뿐이라니.... 나는 그의 손가락 하나라도 잘리우는 것을 못 보아 하리라.... 오! 무도한 사랑이여!

사랑에 지배당한 공주는 낙랑국 백성과 부모의 신의를 배반한다. 공주에게는 효나 충성과 같은 남성적 세계의 이념과 질서보다는 개인적인 사랑이 절대적인 가치를 지니고 있다. 무기고가 어디에 있는지 관심조차 갖지 않고 살았던 공주는 호동의 목숨을 구하기 위하여 뿔피리와 북의 가죽을 자르는 대범함을 보여준다. 고각만을 믿고 무방비 상태로 있던 낙랑국 병사들은 고구려 병사들에 의해 궤멸당하고 만다. 공주는 왕 앞에 나아가 배은망덕을 벌하라고 사죄한다. 낙랑왕은 '내 배암의 새끼를 기르되, 기린의 새끼를 키우듯 하였고나. 원통하다. 내 나라의 멸망을 이 몸에서 난 자식이 불러왔으니, 나는 손에 자식의 피를 묻힌 비통한 아비가 되어 조상들 앞에 죄인으로 자복하겠다'면서 공주를 베어죽인다. 낙랑국의 참상은 고구려의 권력을 둘러싼 가족 내의 암투에서 비롯된 것이었으나, 「호동」에서는 사랑과 질투로부터 연유된 것으로 꾸며서 비극적인 사랑 이야기로 변형시켜 놓았다.

왕비는 역사서에서는 미미한 존재였으나 극작 과정에서 지성과 영혼을 가진 존재로 태어나며, 호동은 인륜을 범하는 열정에서 벗어나려 하였으나 운명의 덫에 걸려 죽음을 맞게 되는 전형적인 비극의 주인공으로 변모한다. 이리하여 호동설화의 개별적인 역사적 사실을 윤리적 덕목과 감성적 본능 사이에서 갈등하는 인간의 보편적이고 본질적인 문제로 승화시켰다.

3. 효 이념의 허위성

호동설화는 일반적으로 해명태자가 이웃나라 황룡국과 불화를 일으킨 것 때문에 불효의 죄를 풀라고 부왕이 칼을 보내자 스스로 창에 몸을 날려 자결한 이야기와 함께 논의된다. 호동의 숙부인 해명태자의 죽음은 부왕의 완고함과 과오로 인해 무고하게 죽었다는 점에서 호동의 죽음과 유사하다. 「호동」에서도 둘은 숙명적으로 얽혀 있음을 꿈을 통하여 암시하고 있다. 해명태자의 꿈은 호동이 스스로 해명태자와 자신을 동일시하고 있으며, 해명태자의 예를 효를 실행한 전범으로 받아들이고 있음을 보여주는 극적인 장치이다. 해명태자는 부왕에 대한 단심을 입증하고 만대에 걸쳐 불효자로 낙인찍히는 것을 피하기 위하여 자결하라는 부왕의 명을 그대로 따른다. 이때 부자간의 정이나 생존의 본능은 효의 이념에 의해 완전히 부정된다. 「호동」에서의 남성들은 이념에 의해 지배되므로, 그들의 개성이 자유롭게 발현되지 못하는 부자유스러운 존재이다. 부왕은 왕비의 간언을 그대로 믿고 호동의 무례함에 진노하여 결국에는 아들을 죽음으로 몰고 간다. 또한 호동은 불충과 불효를 범하지 않으려고, 스스로의 목숨을 끊는다. 결국 이들은 자연스러운 욕망이나 본능을 효의 이념으로 부정함으로써 과오를 범하였으며, 비극적 운명에 지배당한다.

호동의 효에 대한 생각은 득유와의 대화에서 잘 나타난다. 1막에서 호동은 해명태자의 혼령이 꿈에 나타난 이야기를 들려준다. 이미 호동은 자신의 운명과 해명태자의 운명이 깊은 연관성을 갖고 있음을 직감하고 있다.

> 호동 : 태자께선 자신 속에 자라나는 태아 같은 세계보다 더 사랑하려 한 것이 있어. 현존하는 아버지 세계의 질서였네. 그 큰 희생으로라도 아버지의 사랑을 사고 싶어한 마음…. 어떤 선택이 강요될 때에 사람은 자신의 진정한 가치관을 깨닫게 되지. 무엇인가를 완전히 제 것으로 하려면 우린 어떤 엄청난 것으로 값을 치루지 않으면 아니되네. 주저하지 아니한 죽음으로써 영겁 속에 누명을 쓰고 신음할 뻔한 자식의 순정을 숙부님은 영원히 당신 것으로 하셨어.
> 득유 : 그러나 그것이 진정한 효였을까요? 생각해 보십시오. 사람들은 두고두고 명왕께서 아까운 아들을 죽인 것을 탓할 것입니다. 젊은 혈기를 버리고 아버지의 진노를 누그러뜨리며 죽음만은 피하여 갔더라면 만대에 남을 대왕의 실수를 막고, 그 오명을 방비할 수 있었을 것입니다.

이처럼 해명태자의 자결 행위를 두고 효, 불효의 해석이 서로 다르다. 득유는 유교적인 입장에서 부왕의 역사적 과오를 바로잡지 못한 것은 효라고 볼 수 없다고 한다. 반면, 호동은 큰 희생을 무릅쓰고라도 아버지 세계의 질서에 편입되고자 한 해명태자의 열망을 높이 평가한다. 위의 대화에서 호동이 누명을 쓰고 죽음을 택하는 근거가 장황하게 설명되고 있는 셈이다. 왕가의 왕위계승을 둘러싼 쟁투를 두고 볼 때, 실제로 호동은 왕에게 효성을 증거하여 보이고, 차비의 소생이라도 왕위를 승계받을 자격이 충분함을 보여주고자 하였을 것이고, 왕비는 어린 해우왕자를 제치고 호동으로 태자를 삼을까봐 그를 제거할 음모를 꾸민 것으로 추정해 볼 수 있다. 호동은 낙랑공주의 사랑을 이용하여 왕에게 인정을 받으려 하였으나, 결국 왕비의 계략에 패배하고 말았다. 호동에게는 부권을 중심으로 한 남성적 질서가 절대적인 세계였고, 차비의 소생이라는 출생의 결함을 극단적인 충정을 보여줌으로써 극복하고자 한 점에서는 설화와 희곡에서 일치하는 부분이다. 후대의 역사서에서는 호동의 행위를 효의 이념을 근거로 들어 비판하였고, 「호동」에서는 이념과 정념 사이에서 번민한 비극적 인물로 변형시켜 놓았다. 그러나 호동의 비극적 운명은 인륜을 앞세워 인간의 자유로운 감성을 억누르는 남성적 세계의 한 단면을 보여주는 부분이라 하겠다.

　호동은 수려한 외모와 풍채를 지니고 있으며, 부왕에 대한 효심이 지극한 인물로 형상화되어 있다. 그는 자신에게 부과된 유교적인 덕목으로부터 결코 자유롭지 못하였으며, 이로 인해 비극적인 죽음을 맞게 된다. 설화에 의하면, 왕비가 호동을 음해하자, "내가 만약 그 일을 해명하면 어머니의 악행을 드러내고 왕에게 근심을 끼쳐서 어찌 효도라고 할 수 있겠는가"라고 말하면서 스스로 칼에 엎어져 죽었다. 설화에서는 도덕적인 인물로 전해져 오고 있으나, 면밀히 읽어보면 그 역시 권력욕에 사로잡힌 인물임을 알 수 있다. 부왕의 대업을 성취시키고 그에게 인정받기 위하여 한 여인의 사랑을 이용한 것은 역사적 대의를 위한 것이었다고 하더라도 합리화될 수 없다. 이 작품에서 호동은 우유부단하고 사색적인 인물로 나온다. 그는 왕비에 대해 애정을 품고 있었으므로, 낙랑공주와의 결혼을 서두른 것으로 되어 있다. 낙랑공주의 죽음을 전해 듣고는 식음을 전폐하고 괴로워 하지만, 순간적으로 왕비의 유혹에 넘어가기도 한다. 따라서 낙랑공주의 진정은 왕비와 호동의 불륜적 사랑에 의해 희생된 셈이다. 호동이 궁지에 몰리자 득유는 왕자의 무고함을 보이고 사특한 원비를 벌하게 하라고 간언한다. 득유는 일련의 사건을 왕비의 권력욕에서 비롯되었으며, 권력을 둘러싼 정치적 암투의 결과라고 해석한 것이다. 그러나 호동은 정치적 논리 이면에 감추어진 애증의 논리가 결정적이었다는 사실을 인식하고 있다.

   호동 : 그렇다네. 나는 음란하였어.... 아마도 나는 원비마마를 연모하여 왔었네... 사랑은 아닐지 몰라... 그것은 하나의 매혹이었지! 나름으론 무진히 애도 썼네. 증오를 하려고도 해 보았고 피하려 들기도 하였었네. 그러나 그러면 그럴수록 정념은 깊어졌어. 나는 자신에게 그것을 속이려 들었네. 아마 꿈에서까지도...... 어마마마의 꿈을 꾸고 나면 나는 언제나 식은 땀을 흘렸지. 나는 도망하여야 했네. 활활 타오르는 왕비의 눈길, 그보다는 자신으로부터 도망하여야 했네. 옥저, 그리고 낙랑은 탈주극이었어.

호동은 '인류의 도리를 믿지 못하여 불효에 **빠졌고**, 순수한 사랑을 믿지 못하여 비겁에 **빠졌고**, 욕정의 열락을 믿지 못하여 위선에 **빠졌다**'고 자책한다. 호동과 낙랑공주는 양국의 정치적 이해관계에 의하여 맺어졌으나, 호동은 철저하게 공주의 사랑을 정략적으로 이용한다. 그는 부왕의 신망을 얻기 위하여 공주에게 '내

직접 출정에 나섰소. 진정 나의 영원한 사랑이 되고 싶다면, 고각을 부수어 지아비의 목숨을 구하시오'라는 내용의 편지를 보낸다. 사랑의 논리에서 본다면 그는 매정하고 비인간적이라 할 수 있다. 호동은 효의 이념을 앞세워 모든 행위를 합리화하려고 한다. 왕비에 대한 정념을 부정하려고 낙랑공주와 혼사를 서둘렀으며, 불효와 불충을 꺼려 낙랑국 정벌을 도모하였다. 결국 효의 이념으로 자신의 열망을 은폐하고자 하였으며, 그로 인해 불행한 결말을 맞아야 했다. 자결할 수밖에 없는 상황에 이르자, 호동은 자신이 비겁자, 위선자로 전락하고 말았음을 자인한다. 그는 자신의 힘으로 감당할 수 없는 열정에 사로잡혔으나, 효의 이념으로 이를 피하려 하였기에 운명의 희생자가 되었던 것이다.

이 작품은 호동을 둘러싼 두 여인의 비극적인 사랑 이야기인 동시에, 왕비를 중심에 놓고 볼 때 부왕과 호동의 대결구도를 띠고 있다. 낙랑공주와 왕비의 관계와 호동과 부왕의 관계는 동질적이다. 즉, 젊음과 늙음의 대결이며, 풍요와 쇠락의 대결이다. 제의적 관점에서 보면, 당연히 늙음은 젊음에게 패하기 마련이다. 그러나 특이하게도 「호동」에서는 이들의 역학관계가 역전되어 나타난다. 생산성이 강한 젊음이 승리한 것이 아니라, 늙은이의 간교한 지략이 젊음을 추방하였다. 이는 이들의 대결구도가 자연적이고 제의적인 법칙에 의해 지배된 것이 아니라, 효라는 인위적인 법칙에 좌우되었기 때문이다.

왕비는 호동의 혼사를 전해듣자, 호동의 마음을 사로잡은 젊고 아름다운 공주를 상상해보고는 질투에 불타오른다. 처음에는 호동이 낙랑국의 인질로 잡혀서 어쩔 수 없는 상황이었을 것이라고 위안을 하지만, 늙고 쇠락해가는 자신의 모습을 공주와 비교해 볼 때 열등감을 느끼지 않을 수 없다. 부왕 역시 왕비의 간언을 그대로 받아들인 것은 호동과의 대결에서 자신이 열등함을 잘 알고 있었기 때문이다. 이들의 대결구도는 해명태자 이야기에서 암시되어 있다. 아버지가 아들을 죽인 것은 인간의 본성에 어긋나지만, 자연의 법칙으로 풀어보면 쉽게 이해가 된다.

득유 : 현자의 스승은 자연이라 하옵니다. 때론 벌레 한 마리, 풀 한 포기가 사람의 천 마디 설명보다 낫지요... 저는 어릴 적에 커다란 연못을 가지고 있는 한나라 부자의 집에 가끔 놀러가 본 적이 있습니다. 거기 속날개를 잘라 나르지 못하게 만든 고니가 한 쌍 있었지요. 마침 둘이서 열심히 알을 품더니 새끼를 까더군요. 새끼들이 어릴 때는 번갈아 망을 보아가며 끔찍히 돌보더니 어느 정도 자라나자 아비 수컷이 아직은 다 크지도 않은 새끼 수컷을 자꾸만 물고 못살게 구는 것이었어요....

호동 : 알겠네. 그만 하게. 고도에 남아 있으면서 힘을 뽐내고 있던 숙부가 늙어가는 부왕께 얼마나 큰 불효를 저지른 것인가 깨닫게 되는군....

명왕은 도절 태자나 여진 왕자가 죽었을 때에는 애통해 하였으나, 해명태자에 대해서는 불효의 죄를 씻으라며 칼을 주었을 정도로 모질다. 부모가 자식의 잘못을 감싸는 것이 당연한 이치이지만, 해명태자와 호동왕자의 경우는 정반대이다. 왕자와 공주를 곤경에 빠뜨리고 죽음으로 몰고 간 것은 부모이다. 결국 효의 이념 때문에 왕자는 무고하게 죽어야 했고 왕비는 실성하고 만다. 역설적이게도 인륜을 바로잡는 근거인 효 이념에 의해 국가간의 화평을 파괴하였고, 인륜을 저버리게 된 것이다. 역사서에서는 효를 근거로 하여 해명태자와 호동왕자의 불효를 꾸짖었지만, 「호동」에서는 인간의 본성에 위배되는 효 이념의 허위성을 폭로하고 있다.

4. 맺음말

「호동」의 주된 갈등은 윤리적인 덕목과 애욕의 갈등이다. 어머니가 양아들을 열정적으로 사랑하였고 아들이 아버지의 여인에게 열정을 품었기 때문에, 가족간의 윤리와 정념은 상충할 수밖에 없다. 이 작품의 비극성은 위계질서에 의해 금지된 영역을 탐하였다는 데 있다. 윤정선은 창작 노트에서 "아버지가 사랑함으로 왕비의 시기를 받고, 낙랑왕과 그 딸이 사랑함으로 나라와 나라의 정복과 멸망이라는 역사의 바퀴에 끼여들어간" 호동의 비극적 삶에 주목하였다고 밝히고 있다. 호동왕자와 낙랑공주의 불행한 종말은 "개인과 집단의 가치관, 사랑과 배신의 역학, 부부애와 효심의 갈등과 같은 인간의 보편적인 문제들을 숙고해 볼 수 있는 좋은 계기가 되었다"고 말한다. 실제로 이 작품에서는 사랑과 효, 늙음와 젊음, 희생적 사랑과 열정적 사랑 등의 대립이 나타난다. 이들 대립은 서로 조화를 이루지 못하고 극단적인 양태로 대결하고 있다. 종국에는 낙랑국의 멸망과 호동의 죽음, 왕비의 실성이라는 비극적 결말을 가져오게 되는데, 이는 남성적 세계의 질서인 효의 이념이 사랑의 가치를 압도하였기 때문이다.

이 작품은 내면의 갈등을 다룬 비극이므로, 독백이 빈번하게 사용되며, 대사의 길이가 긴 것이 특징이다. 극중의 사건은 등장 인물의 행위로써 표현되기보다는 대사에 의하여 관념적으로 전달된다. 주요 인물들에게는 신뢰할 만한 동료, 즉 신하가 있으며 이들과의 대화를 통하여 내면을 고백하는 형식을 취하고 있다.

> 이 작품은 정통 비극의 장엄미와 시적인 아름다움 속에 인간의 심성을 탐사하여 삶의 영원한 문제들을 파고들려는 야심으로 씌어진 것이다. 긴 독백들 또한 내면극이 되고자 하는 작품 속에서 가장 고도한 상징으로서의 언어를 다스리려는 하나의 시도이다.

위의 인용문에서 나타나듯이, 「호동」은 국가의 흥망과 왕족의 비극적 운명을 그린 역사적 소재를 차용하여, 비극의 장엄미와 숭고미를 추구하고 있다. 권력의 암투와 정복과 패망으로 점철된 역사를 정념과 이념 사이에서의 갈등으로 대체하여, 인간의 내면과 본성을 천착하고 있다. 각각의 등장 인물들은 인간의 본성을 구현하고 있는데, 권력욕과 정욕을 동시에 지닌 왕비, 남성성의 전형인 호동, 여성성의 전형인 공주가 대표적이다. 그러나 이 인물들은 남성성과 여성성의 단면적인 대립구도에서 탈피하고 있다. 호동은 남성성을 상징하면서도 우유부단하고 사색적인 성향을 내포하고 있으며, 낙랑공주는 사랑을 실행하는 데 있어서 의외의 대범함을 보인다. 이처럼 등장 인물의 성격이 역동적이고 다면적이어서 생동감이 있으며, 역사적 사실에 충실하기보다는 이를 근거로 하여 새로운 성격과 역할을 창조해낸 점은 높이 평가할 만하다.

제 2 부

사랑의 정열 못지 않게 강조한 가족의 소중함
포스트모던 시대의 여신 만들기
여성의 억압된 욕망과 남성중심의 성적 희롱과 폭력
길잃은 여성들, 새로운 길은 어디에
여성, 통과제의적 의미

사랑의 정열 못지 않게 강조한 가족의 소중함
―로버트 제임스 월러의 『매디슨카운티의 다리』

송 명 희

1. 사랑에의 환상

　근래에 중년의 남녀들이 모이는 자리마다 '나도 그와 같은 사랑을 한번 해보고 싶다'라고 화제의 꽃을 피워내는 소설이 있다. 로버트 제임스 월러라는 경제학 교수 출신의 사진작가가 쓴 『매디슨카운티의 다리』(시공사, 1993)라는 제목의 소설이 그것이다. 이 작품은 영화와 연극으로도 만들어져 폭넓은 호응을 불러일으킨 대중적 공감성이 넓은 소설이다.
　이 『매디슨카운티의 다리』는 중년의 여주인공 프란체스카 존슨과 그 상대역인 사진작가 로버트 킨케이드가 나눈, 나흘간의 꿈결처럼 짧고도 감미로운 사랑을 다루고 있다. 미국 중부 아이오와주의 매디슨카운티강에 걸린 로즈먼 다리를 배경으로 펼쳐지는 아름답고 일탈적인 사랑 이야기는 더 이상 자신의 인생에서 사랑이 가능하다고 생각되지 않는 중년 남녀에게 새로운 사랑에의 끝없는 선망을 불러일으키며, 대리충족을 주고 있다.

정열적인 이탈리아 여성 프란체스카는 당시 군인이던 리처드(남편)의 친절한 태도와 달콤한 미국에의 꿈의 기대에 부풀어 미국 아이오와의 시골마을로 결혼해온다. 그녀는 다시 고향 나폴리

로 돌아가고 싶다는 열망도, 영어교사 생활도 포기하고, 그저 평범한 시골농부의 아내로 살아간다. 정열적인 이탈리아인이라는 기질과는 맞지 않는 평범한 시골농부의 아내로서의 삶에 만족해야 하는 프란체스카, 비교문학학위를 따고 영어교사로서 몇 년 간 일했지만 아내가 일하는 것을 달가워하지 않는 남편 때문에 농부의 아내로 만족하며 살아올 수밖에 없었던 그녀에게 조용하고 평범한 시골생활은 결코 꿈꾸어오던 것이 아니었다. 20년 동안 시골문화가 요구하는 대로, 행동과 감정을 제한된 울타리 안에 감추고 살아온 것은 결코 그녀의 자유로운 영혼이 원하던 바가 아니었다.

그녀는 어느날 남편과 아이들이 일리노이주 박람회로 떠나간

빈 집의 현관 앞 그네에 아이스티를 마시며 무심히 앉아 있다. 그때 먼지를 일으키며 달려오던 픽업트럭이 멈추고, 강인하고 힘에 넘쳐보이는 남성 로버트 킨케이드가 로즈먼 다리로 가는 길을 묻는다. 바로 이 순간, 조용하고 단조로운 시골생활에 젖은 마흔다섯의 여주인공에게 운명적 사랑이 다가온 것이다. 남녀가 서로를 끌어당기는 무한하고도 아름다운 힘에 의해 두 사람은 주저하거나 혼란스러워하지 않고 정열적으로 나흘 간의 황홀한 사랑에 빠지게 된다.

    그의 눈길이 곧장 그녀에게 향하자 그녀는 속에서 뭔가 끓어오르는 기분이었다. 눈매, 목소리, 얼굴, 은발, 몸을 움직이는 가벼운 동작, 고풍스런 분위기가 감도는 무엇, 사람을 끄는 신경쓰이는 무엇, 아른아른 잠에 빠지기 직전의 마지막 순간에, 누군가가 속삭이는 것 같은 그런 기분. 남성과 여성 사이의 분자 공간을 재배열하는 무엇.
    세대는 굴러야만 한다. 구르고 또 구르기 위해서는 오직 한 가지의 것만이 필요하다. 남녀의 끌어당기는 힘. 그 힘은 무한하고 아름답다. 이런 힘이 작용하는 목적은 분명하다. 조금도 어긋나는 법이 없이 단순하고 또렷하다. 다만 우리가 그것을 복잡하게 보이도록 만드는 것뿐. 프란체스카는 자기도 모르게 그 힘을 느꼈다. 세포 속속들이 자석과도 같은 그 힘이 작용하고 있었다. 그리고 바로 그 지점에서부터 그녀를 영원히 변하게 하는 일이 시작되었다.

그들의 운명적 사랑을 로버트 킨케이드는 편지에서 "그 길은 정말 이상한 곳이오. 8월의 어느날, 길을 따라가다가 고개를 들어 보니 당신이 잔디밭을 지나 내 트럭으로 다가오고 있었소. 되돌아 보면 피할 수 없는 일이었던 듯 싶소. 달리는 될 수가 없었던 것

사랑의 정열 못지 않게 강조한 가족의 소중함

같소. 어쨌든 거짓말 같은 현실이 눈 앞에 펼쳐진 것이오"라고 적고 있다.

　20년 동안 평범하고 일상적인 시골문화가 요구하는 대로 행동과 감정을 제한된 울타리 안에 감추고 산 프란체스카 존슨은 로즈먼 다리로 가는 길을 묻는 로버트 킨케이드에게 "원하신다면 제가 직접 가르쳐 드려도 좋은데요."라고 자신도 모르는 사이에 말하고 그의 트럭을 함께 타고 다리로 향한다. 사실 두 사람은 만난 첫순간부터 강하게 서로를 끌어당기는 매력, 특히 강력한 신체적 매력에 이끌려 적극적으로 반응했다고 볼 수 있다.

①　우연히 그의 팔뚝이 그녀의 허벅지 아래쪽을 스쳤다.

②　그녀는 로버트 킨케이드의 옆 모습을 힐끗 볼 기회를 얻었다. 햇빛에 그을린 부드러운 피부가 땀에 젖어 번들거렸다. 그의 입술은 멋있었다. 어떤 이유에선지 프란체스카는 그를 보자마자 그의 입술이 근사하다는 것을 알아차렸다.

③　미남은 아니었다. 일반적인 의미에서 잘 생긴 얼굴은 아니었다. 그렇다고 못생긴 것도 아니었다. 그런 말은 그에게 적합하지 않았다. 하지만 뭔가 있었다. 그에게는 무엇인가가 있었다. 아주 오래되고, 세월에 약간 시달린 듯한 무엇인가가. 외모가 아니라 눈빛에 그 무언가가 있었다.

④　그녀는 바람을 막아 주기 위해 라이터 주위를 양손으로 둥그렇게 싸고, 트럭이 덜컹거려서 불꽃이 흔들리는 것을 바로 잡으려고 그의 손을 잡았다. 담배에 불을 붙이는 시간은 한 순간이었지만, 그 정도로도 그의 손의 따스함과 손등에 난 작은 털을 충분히 느낄 수 있었다.

⑤ 그의 육체가 단단해 보였다. 딱 달라붙는 청바지를 입은 엉덩이가 얼마나 작은지, 왼쪽 주머니에는 지갑이, 오른쪽 주머니에는 손수건이 들어 있는 것이 보였다. 어쨌든 그는 군더더기 하나 없는 동작으로 움직이고 있었다.

로버트의 눈빛과 입술, 손과 팔뚝, 그을린 피부와 단단한 육체, 그리고 작은 엉덩이는 모두 감각적 매력으로 어필한다. 그녀는 처음부터 로버트와의 접촉에의 욕망에 강하게 환기되었다고 할 수 있다. 즉 비언어적 의사소통이 언어적 의사소통 이전에 이루어짐으로써 프란체스카가 처음 보는 남자에게 사랑의 적극성을 보이게 된 것이다.

프란체스카가 로버트 킨케이드의 육체적 매력에 이끌린 반면 로버트 킨케이드는 프란체스카의 지성미와 열정에 이끌렸다. 그의 고독감은 정신적 정서적 교류를 나눌 상대방을 원했던 것이므로 이는 당연한 일이었을지도 모른다.

물론 그는 그런 육체적인 면도 좋아했다. 하지만 그는 지성과 타고난 열정. 다른 사람을 감동시키고 마음과 정신의 섬세한 부분에도 감동받을 수 있는 능력을 정말로 중요하게 생각했다. 아무리 외모가 아름다운 여자라도 대부분의 젊은 여자들에게 끌리지 않는 이유가 바로 거기에 있었다. 젊은 여자들은 그의 관심을 끌만한 점들을 가질 만큼 오래 살지 못했거나 힘들게 살지 못했으니까.
하지만 프란체스카 존슨에게는 정말로 그를 끌어당기는 무엇인가가 있었다. 지성적인 면모가 풍겼다. 그는 그것을 알아차릴 수 있었다. 그리고 열정이 있었다. 비록 그로서는 그 열정이 어떤 방향으로 향해 있는지, 혹은 방향이라는 게 있기나 한지, 정확히 알아차릴 수는 없었지만.

작품이 전개되면서 평범한 시골생활과 변화없는 결혼생활의 권태감에 빠져 있던 프란체스카의 내면이 밝혀지는데, 그녀의 일탈이 단순한 운명적 사랑이나 정열적인 이탈리아 여성의 기질에서 기인되는 것만이 아니었음이 드러난다.
아무튼 나흘만에 사랑을 완성하고 이별까지 이루어져야 하는 소설적 상황에서 두 사람의 사랑은 빠른 속도로 진척된다. 그리고 이 빠른 속도는 두 사람의 사랑을 운명적인 것으로 만드는 데 기여한다.

① 그는 살면서 개를 한 마리 가졌으면 하고 수천 번도 더 바랐다. 황금색 리트버러가 한 마리 있었으면 이렇게 여행을 할 때 좋은 친구가 되어주련만. 그러면 집을 떠났다는 느낌이 한결 덜할 것이다.

② 이런 드라이브는 언제나 침울한 기분을 안겨주었다. 개도 그 일부분이었다. 로버트 킨케이드는 말할 수 없이 외로웠다. 외아들인 데다가 부모가 다 돌아가셨고, 먼 친척들은 그가 어디 사는지 몰랐고, 그도 그들이 어디에 사는지 몰라 서로 연락이 되지 않았다. 그리고 가까운 친구도 없었고.

③ 킨케이드는 메리언을 생각했다. 그녀는 9년 전 그를 떠나갔다. 5년 동안의 결혼생활 후였다. 이제 그가 쉰두 살이니, 그녀는 마흔 살이 채 안되었으리라. (중략)
   그가 장기간 집을 비우는 일이 - 어떤 때는 두달, 석달씩 - 결혼생활을 어렵게 만들었다. 그도 그것을 알고 있었다. 처음 그들이 결혼하기로 결정했을 때 메리언도 그가 무슨 일을 하

는지 알았고, 두 사람 다 애매하게나마 어떻게든 잘 해 나갈 수 있으리라고 생각했다. 하지만 잘 되질 않았다. 한 번은 그가 아이슬랜드에서 촬영을 마치고 집에 돌아오니 그녀는 떠나고 없었다. 쪽지에는 이렇게 씌어 있었다. '로버트 잘 되질 않았어요. 당신에게 하모니 기타를 남기고 가요. 계속 연락하세요.'

그는 계속 연락하지 않았다. 그녀 또한 마찬가지였다. 1년 후 이혼 서류가 오자 그는 서명하고, 다음날 비행기를 타고 오스트리아로 날아갔다. 메리언은 자유 외에는 아무것도 요구하지 않았다.

④ '누군가 여자가 있으면 참 좋을 텐데.'
그는 담배연기가 연못 위로 날아가는 것을 지켜보면서 생각했다.
하지만 그가 집을 떠나 있는 일이 너무 잦으니 집에 남은 사람에게는 고통일 터였다. 이미 겪어봐서 알고 있는 사실이었다."

작품의 발단단계에서 로버트의 독신의 외로움에 대해 빈번하게 서술되는데, 이 고독감은 로버트와 프란체스카가 순간적으로 사랑에 빠지게 만드는 데 충분한 필연성을 부여한다. 인용문은 최근 9년에 걸쳐서 로버트 킨케이드가 만족스런 대인관계망을 형성해오지 못했음을 보여주고 있다. 즉 부모, 친척, 친구 특히 여성과 만족할만한 친밀한 정서적 관계를 갖지 못한 고독한 생활을 함으로써 개를 한 마리 친구삼기를 원하거나 9년 전에 헤어진 여자를 회상하거나 '누군가 여자가 있으면 참 좋을 텐데' 하는 구체적 열망에 사로잡힌다. 어느 누구하고도 감정적 교류나 애정적 교환이 차단된 채 집시처럼 떠돌아야 하는 사진작가로서의 외로운 생활에 지친 로버트는 프란체스카와 처음 만난 순간을 이렇게 적고 있다.

> 그가 마당에 들어서자 현관문 앞에 어떤 여자가 앉아 있었다. 그곳은 시원해보였고, 여자는 그보다 훨씬 더 시원해 보이는 뭔가를 마시고 있었다. 그녀가 현관에서 내려와 그가 있는 쪽으로 다가섰다. 킨케이드는 트럭에서 내려 그녀를 바라보았다. 자세히, 더 자세히 그녀를 보았다. 아름다웠다. 적어도 예전에는 아름다웠을 얼굴이었고, 다시 아름다워질 수 있는 얼굴이었다. 그는 예전부터 조금이라도 끌리는 여자를 만날 때면 늘 겪게 되는 다루기 힘든 감정을 느끼기 시작했다.

그들은 만난 첫날, 로버트 킨케이드의 차를 타고 로즈먼 다리로 갔고, 프란체스카의 집에서 저녁 식사를 같이 만들어 먹으면서 낯선 느낌이 스러져버리고, 친밀감이 들어설 공간이 생겼으며, 따스한 감정에까지 이르렀다. 친밀감과 애정을 주고받을 수 있는 분위기가 단 하루만에 형성되었던 것이다.

그리고 나흘간의 한정된 시간 속에서 사랑의 열정이 채 식기도 전에 서로의 자리로 되돌아감으로써 두 사람은 낭만적 감정을 죽을 때까지 간직하게 된다. 나흘간의 일탈적 사랑과 25년이나 지속된 낭만적 사랑의 감정은 프란체스카의 회상 속에서 철저히 미화된다. 나흘간의 일탈적 사랑이 아름다웠던 것이 사실일지라도 그것은 현실적 실체라기보다는 프란체스카의 회상과 나흘이라는 한정된 시간 속에서 만들어진 허상일 가능성이 높다. 그러나 이 이야기는 많은 독자들에게 소설읽기를 통한 대리충족을 넘어서서 프란체스카와 로버트 킨케이드가 나눴던 것과 같은 사랑을 꿈꾸게 만든다.

2. '빈 집'의 의미와 중년기의 변화

고울드(Gould)와 레빈슨(Levinson)에 의하면 성인발달에서 35세와 45세 사이의 중년기에 획기적 사건이 일어난다고 했다. 즉 사람들은 자신의 생의 구조를 철저히 조사하고 재평가하게 되는데, 대부분의 사람들은 자신의 꿈이 달성되지 못했음을 알게 된다.

중년기에 인간은 숱한 동요와 불안을 겪는다. 중년기는 사춘기 이후 인생의 새로운 정체성이 요구되는 시기이다. 사춘기가 부모의 보호를 떠나 성인으로서의, 독립된 인간으로서의 정체성 획득에 필요한 동요와 변화의 시기라고 규정할 수 있다면 중년의 변화는 노년화의 과정에 직면하여 겪는 동요와 불안을 반영한다고 할 수 있다. 대개 이 시기는 사춘기를 맞는 자녀들이 정서적 독립을 성취하기 위해 변화를 겪는 시기와 맞물려 있다. 자식들이 성장함으로써 '빈 둥지 중후군'에 시달리고, 가치에 대한 위기가 닥쳐오며, 생의 구조에 대해 의문을 품게 되고 자신들이 꿈꾸었던 인생이 달성되지 못했음을 자각하기도 한다. 더 이상 그들이 젊지 않다는 자각은 노년기에 대한 불안감으로 나타나기도 하고, 그 동안 소홀하게 다루었던 자신의 다른 면 - 재능, 욕망, 포부 - 을 표현하고 싶어하기도 한다. 그것이 일탈적인 사랑을 통한 젊음의 확인으로 나타날 수도 있다.

프란체스카가 남편과 아이들이 여행 떠난 빈 집에 홀로 앉아 있다는 것은 매우 중요한 상징성을 띠고 있다. 그녀는 단지 빈 집에 무심히 앉아있었던 것은 아니다. 빈 집은 그녀의 심리적 공간을 의미한다. 누구의 아내나 어머니로서가 아니라 한 명의 인간,

나아가 한 명의 여성으로서 자신의 정체성을 다시 정의해야만 할 시점에 이르른 중년의 여성이 직면한 심리적 공간을 의미하는 것으로 읽혀지는 것이다. 그녀는 모처럼 자아성찰을 할 공간과 시간을 갖게 된 것이다. 남편에 대한 시중이나 아이들의 보살핌으로부터 벗어나 그녀는 자기 자신과 마주하고 있는데, 뭔가 그녀의 인생을 다시 정의하여야 할 시점에 이르렀음을 빈 집과 혼자 앉아 있는 모습에서 암시하고 있다. 45세의 나이가 된 프란체스카는 이탈리아를 떠나오던 젊은 시절의 꿈이 실현되지 못했음을 느낀다.

영어교사마저 그만두고 평범한 시골 농부의 아내로 살아가고 있는 삶은 결코 젊은 시절의 꿈이 실현된 모습은 아니다. 그러나 그녀는 현실과 타협하며, 다만 독서를 통해서 평범하고 변화없는 시골마을의 답답한 현실로부터 벗어나고자 한다. 텔레비전을 보는 대신에 독서를 하는 것이 그녀가 현실로부터 벗어나는 유일한 통로이다.

로버트 킨케이드가 그녀에게 아이오와에서의 삶이 어떤가 하고 묻자 그녀는 "아주 좋아요. 조용한 생활이에요. 사람들은 다들 착하구요."라고 말하지만 "어릴 적 꿈꾸던 생활은 아니에요."라고 고백한다. 그녀가 꿈꾸어오던 삶은 어떤 것일까. 이 작품에서 이것은 명시적으로 표현되고 있지 않다. 그러나 그것은 일상에서 벗어난 예술적 분위기를 즐기는 삶, 예술과 꿈에 대해서 대화를 나눌 수 있는 인간관계 같은 것이라고 생각된다.

프란체스카는, 로버트 킨케이드에게는 이런 대화가 일상적인 대화라고 생각했다. 그녀에게 이런 대화는 문학적인 대화였다. 매디슨카운티에 사는 사람들은 그런 것에 대해 이런 식으로 말하지 않았다. 날씨와 농산물 가격, 새로 태어난 아기, 장례식, 정부의 프로그램, 운동 팀에 대해 대화를 나누었지만 예술과 꿈에 대해서는 아무도 말하지 않았다.

그녀는 이런 산책이 정말 오랜만이었다. 저녁 식사가 끝나면 늘 5시경이었으므로 텔레비전 뉴스를 보았다. 저녁 프로그램이 이어지면 리처드는 계속 텔레비전을 시청했고, 가끔 숙제를 마친 아이들이 함께 했다. 프란체스카는 보통 부엌에서 책을 읽거나 - 윈터셋 도서관과 그녀가 속한 도서클럽에서 대출한 책으로 역사와 시, 소설이 주종을 이루었다. - 날씨가 좋으면 앞 현관에서 시간을 보냈다. 그녀는 텔레비전이 따분했다.
리처드는 '프레니, 당신도 이걸 봐야해'라고 소리치곤 했다. 그러면 안으로 들어가 그와 함께 한동안 텔레비전을 봤다.

인용문에서 보듯이 그녀는 현실에 얽매인 평범한 삶보다는 예술과 꿈에 대해서 대화를 나눌 수 있기를 희망했던 것 같다. 가끔씩 산책을 즐기고, 텔레비전 보기보다는 역사와 시와 소설에 관한 독서를 하는 편이 그녀의 취향에 맞았다. 그 점에서 텔레비전을 즐기는 남편과는 취향이 같지 않았다. 그녀는 그저 변화없고 평범하기만 한 시골생활의 일상성에 권태를 느끼고 있었던 것이다.

사랑의 정열 못지 않게 강조한 가족의 소중함 137

그런데 홀연히 나타난 로버트 킨케이드를 통해서 그녀는 일상성과 권태를 깨뜨리는 예술적 감각과 자유로운 기분을 느꼈던 것이다. 시골생활의 판에 박은 듯한 권태로부터 벗어날 수 있다는 기대감은 로버트에 대한 생각을 적은 인용문에서 충분하게 표현되고 있다.

초지와 초원의 차이를 중요하게 여기는 남자, 하늘색깔에 흥분하는 사람, 시를 약간 쓰지만 소설은 그다지 많이 쓰지 않는 남자에 대해 생각했다. 기타를 치는 남자, 이미지로 밥벌이를 하고 장비를 배낭에 넣어가지고 다니는 남자. 바람 같아 보이는 남자. 그리고 바람처럼 움직이는 남자. 어쩌면 바람을 타고 온 사람.

프란체스카의 불만은 단순히 시골의 관습적인 생활이나 남편의 비예술적인 생활태도에만 한정되지 않는다. 에로티시즘이 부재하는 관습적인 부부관계에 대한 불만도 매우 중요하게 취급되고 있으며, 바로 이 점에 대한 불만 때문에 그녀는 처음부터 로버트의 육체적 매력에 강하게 이끌렸는지도 모른다.

리처드는 어쩌다 한번씩만 부부생활에 관심이 있었다. 두어 달에 한 차례 정도였지만 그것도 빨리 끝났다. 초보적이었고, 감동도 없었다. 그는 향수니 면도니 그런 것에는 별로 관심이 없는 것 같았다. 적당히 얼버무리면 되니 쉬운 일이었다.
그에게 있어서 프란체스카는 무엇보다도 사업 동업자였다. 그녀도 어떤 면에서는 그것을 감사히 여겼다. 하지만 이제, 그녀의 마음 속에서 숨어 있었던 또 하나의 '내'가 살랑거리며 소리를 냈다. 목욕을 하고 향수를 뿌리고 싶어하는 사람이...... 그녀는 또 다른 자아에 의해 압도당하고 싶었다. 넋을 잃고, 껍질이 벗겨지길 원했다. 하지만 또 다른 '나'는 그녀의 마음 속에서조차 아주 희미할 뿐이었다.

　목욕을 하면서 차가운 맥주 한 잔을 마시는 그런 단순한 일이 굉장히 우아하게 느껴졌다. 왜 그녀와 르처드는 이렇게 살지 못할까? 부분적으로, 오랫동안 지속된 습관의 관성 때문일 것이다. 그것을 그녀는 알고 있었다. 모든 결혼이, 모든 관계가, 그렇게 될 여지가 많았다. 습관은 미리 예측할 수 있게 해주고, 미리 예측할 수 있는 것은 나름대로의 편안함을 가져다 주니까. 프란체스카는 역시 그것을 알고 있었다.
　그리고 농사일 때문이기도 했다. 끊임없이 관심을 쏟지 않으면 안되는 병자 같은 것이 농삿일이니까. 꾸준히 농사 장비를 바꾼 덕에 과거보다는 노동이 덜 요구되기는 하지만.
　그러나 여기에는 그 이상의 뭔가가 있었다. 미리 이렇게 될 거라고 예측하는 것과 변화에 대한 두려움은 다른 문제다. 그리고 그들의 결혼생활에 있어서 변화를, 어떤 종류의 변화라도 두려워했다. 변화를 가져오는 것이라면, 어떤 것도 이야기하고 싶어하지 않았다. 섹스에 대해서는 더욱 그랬다. 에로티시즘은 위험한 것이었고, 그의 사고방식으로는 못마땅한 것이었다.

　프란체스카는 동료적이고 안정된 편안함만이 있는 결혼생활을 넘어서는 정열적이고 낭만적인 사랑을 원했다. 그녀는 남편과의 무감동하고 관습적인 부부관계를 벗어나 여성으로서의 성적 정체감을 확인해보고 싶은 강렬한 감정을 가졌다. 그것은 그녀가 지금껏 억압해온 자아의 또다른 측면, 그림자였다. 나흘간의 시간은 실로 그림자의 욕망을 현실로 실현시킨 시간임에 틀림없다. 그녀의 의식적 자아에 가려진 또다른 자아의 실체였던 것이다. 그리고 그 자아가 표현하고 싶은 욕망이란 "그녀의 마음 속에 숨어 있었던 또 하나의 '내'가 살랑거리며 소리를 냈다. 목욕을 하고 향수를 뿌리고 싶어하는 사람이...... . 그녀는 또 다른 자아에 압도당하고 싶었다. 넋을 잃고, 껍질이 벗겨지길 원했다."에서 보듯이 한 명의 여성으로서의 정체감 확인이라고 할 수 있으며, 그 욕망을 로버트 킨케이드가 강렬하게 환기시켰던 것이다. 어쩌면 남편 리처드도 이 점을 알고 있었던 듯하다. 죽는 순간에 "프란체스카, 당신에게는 당신만의 꿈이 있다는 것을 잘 알고 있소. 미안하오. 당신에게 꿈을 심어주지 못해서."라고 말했던 것이다.

프란체스카는 리처드와의 결혼생활에 있어서 변화를 두려워하는 태도, 자연스런 남녀관계를 장애하는 것, 에로티시즘이 부재하는 부부관계와 같은 현상이 결혼생활 그 자체가 가지는 함정이며, 시골문화의 전체적 현상으로 자신의 남편에 한정된 특별한 현상이 아니라는 점을 잘 인식하고 있다. 또한 끊임없는 관심과 노동을 요구하는 농삿일 때문이라는 것도 충분히 알고 있었다.

그런데 전지적 작가는 논평을 통해서 이렇게 적고 있다. 여성잡지는 이런 문제를 다루며, 여자들은 인생에 새로운 기대를 하기 시작했다. 여자들은 남자들에게 시인이 되라고 요구하면서, 또 동시에 열정적인 애인이 되도록 몰아가지만 남자들은 이러한 여성들의 요구가 모순이라고 여긴다는 것이다. 그 결과 남자들끼리만 있을 수 있는 산만하고, 편리한 문화가 계속되었고, 그 사이 여자들은 한숨을 내쉬며 매디슨카운티의 수많은 밤들을 벽 쪽으로 돌리고 보냈다.

여성들은 결혼에서 보다 낭만적이고 열정적인 사랑을 원하게 되었는데, 남편들은 이에 부응하지 못하고 여전히 남성중심의 문화가 계속되고 있다고 작가는 지적한다. 이제 경제적 안정이나 동료적 편안함만으로 부부관계가 원만히 유지되던 시대는 지나갔다. 여성들은 부부관계에서 낭만적 사랑을 경험하길 원한다. 시인처럼 낭만적이고, 애인 사이와도 같은 열정적인 사랑을 아내에게 줄 수 있어야 함에도 매디슨카운티의 남자들은 이에 부응하지 못함으로 써 여자들이 불만에 쌓여 있음을 전지적 작가가 편집자적 논평을 통해 말하고 있다. 이는 전후의 물질적 경제적 안정이 가져다준 선물이며 동시에 부부관계의 새로운 갈등 요인이다. 섬세한 에로 티시즘이 부재하는 부부관계에 대한 프란체스카를 포함한 여성들의 불만이 어쩌면 뭔가 미묘하게 다른 점이 있어 보이는 로버트에 대해서 프란체스카가 기대감을 갖는 원인으로 작용한다. 실제로 프란체스카는 로버트와의 사랑의 행위에 대한 느낌을 육체적 차원이 아니라 영혼의 차원에 속하는 문제라고 표현하며, 일상성을 깨는 새로움으로 인식한다.

> 섹스는 다른 문제였다. 그녀는 그를 만난 이후, 뭔가 즐거움이, 늘 똑 같은 일이 되풀이되는 일상을 깨는 무엇인가가 있을 거라는 기대를 갖게 되었다. 프란체스카는 그의 신비스런 힘을 중요하게 여기지는 않았었다.

프로이트는 혼외정사의 심리로, 결핍된 개인의 성적 정체감을 이성과의 정사를 통해 확인해보기 위한 것, 보다 더 강한 친밀감을 체험해보기 위한 것, 긴장해소, 현실도피 혹은 현실반발, 탈선을 통해 더욱 강렬한 쾌락 추구 등을 들었다. 프란체스카는 로버트를 통해서 권태로운 현실의 일상성으로부터 탈출하기를 꿈꾸었고, 에로티시즘에 대한 기대, 무엇보다도 젊음이 사라져가는 중년 여성으로서의 성적인 정체감을 확인해보고자 했다고 할 수 있다.

그가 떠나고 난 후, 프란체스카는 화장대 거울 앞에 벌거벗은 채로 섰다. 아이들을 출산했지만 엉덩이는 겨우 약간 처진 정도였고, 가슴은 여전히 아름답고 단단했다. 또 너무 크지도 너무 작지도 않았다. 배는 약간 동그란 편이었다. 거울로는 다리를 볼 수 없었지만, 아직도 각선미가 괜찮다는 것을 알고 있었다.
　　　리처드는 어쩌다 한번씩만 부부생활에 관심이 있었다.

　인용문에서 보듯이 그녀는 관습적이고 권태로운 부부관계에서는 느낄 수 없는 성적 정체감과 친밀감을 확인하고자 무의식적으로 열망했다. 그리고 로버트는 그녀로 하여금 여성이라는 성적 정체감을 강렬하게 확인시켜주었던 것이다. 그녀의 심리에는 일상적이고 평범한 결혼에 대한 불만족과 성적 불만족이 내재해 있었다고 할 수 있다. 따라서 그녀는 로버트를 통해서 결혼생활에서 얻을 수 없는 정서적 지지를 추구하였다. 또한 낭만적 감정이나 긴장된 정열이 결핍된 결혼생활의 성적 불만족을 해소하고자 했던 것이다. 나아가 관습적인 결혼생활의 일상성에서 벗어나 신비한 감정을 맛보고, 남편과의 관계에서 느낄 수 없었던 오르가슴을 느끼게도 된다. 중년기의 불안정과 평범한 시골생활, 그리고 변화없는 결혼생활이 복합적으로 작용하여 그녀를 혼외정사의 일탈에 빠뜨렸다고 보여진다. 거기에 로버트 킨케이드의 고독감이 결합함으로써 두 사람은 처음 보는 순간 강렬한 사랑에 빠지게 되었던 것이다.

　　　오래전부터 오르가슴을 느끼지 못한 그녀는, 이제 반은 사람이고 반은 생물인 이 남자에게서, 오르가슴을 느꼈다. 그녀는 그가 이상했다. 어떻게 그토록 참을 수가 있는지, 신비스러웠다. 그리고 그는 그녀에게 말했다. 그는 육체적으로 뿐만 아니라 마음 속으로로도 그런 절정에 다다를 수가 있다고. 마음 속으로 느끼는 오르가슴은 그들 종족만의 독특한 특색이라고 했다.

사회적으로 여성에게 부여하는 주부, 어머니, 아내란 숱한 페르조나(persona)에 숨이 막혀 독립적 인간으로서의 자아를 상실한 중년여성이 참으로 찾고 싶은 진정한 모습은 주부나 어머니나 아내로서의 무거운 책임감을 벗어나 한 명의 자유로운 영혼, 정신, 육체를 가진 인간이라는 자각을 갖고 삶을 사는 것일 것이다. 프란체스카의 새로운 정체성 찾기는 여성으로서의 자아찾기와 새로운 사랑의 추구라는 모습으로 표현되었다.

그러나 나흘간의 일탈적 사랑을 통해서 그녀의 정체성 찾기가 진정으로 실현되었다고 볼 수 있을까? 남편의 가치에 따라 교사 생활마저 포기하고 독립적 자아추구 없이 살아가는 삶, 일상성에 빠진 시골생활의 변화없는 권태, 결혼생활의 누적된 불만 등이 나흘간의 일탈을 통해서 완전히 해소되었다고는 볼 수 없다. 변화없는 결혼생활의 권태는 일시적으로 해소되었을지 모르지만 그 새로운 추구는 기성도덕의 규범과는 조화되기 어려운 것이다. 그녀도 이점을 알고 있었기 때문에 로버트 킨케이드를 따라나서지 않았던 것이다. 만약 중년의 새로운 자아찾기가 일탈적 사랑에의 추구란 형태를 통해서 이루어진다면 우리 사회는 큰 혼란에 빠지게 될 것이다. 물론 이 작품은 로맨스 소설로 성격지울 수 있으며, 페미니즘 소설은 아니다. 그렇지만 중년기의 정체성의 위기에 처한 한 여성이 겪은 일탈을 지나치게 미화하고 신비화시킴으로써 정작 독립적 자아추구를 박탈당한 채 활기없이 살아가는 중년여성의 삶, 일상적이고 권태로운 시골생활의 문제점, 부부관계에서 여성의 섬세한 요구들이 배려되지 못하는 남성중심성과 같은 문제들이 제대로 진단되지 못하고 말았다. 실로 해결된 문제는 아무것도 없다. 다만 남편과 아이들이 모르는 비밀을 평생 간직하고 살아간다는 긴장감 외에는…… .

이러한 문제점에도 불구하고 이 작품은 나름대로 경직된 우리 사회가 갖지 못한 몇 가지 부러운 측면을 보여준다. 즉, 자신의 일탈적인 사랑을 부끄러워하지 않고, 자식에게 편지와 일기로 남겨 죽은 다음일지언정 인정받고 싶어하는 인간적인 솔직성과 자식들이 어머니의 감추어진 사랑의 진실을 인정하는 성숙한 태도에서 이 작품의 나흘간의 사랑은 비도덕적 일탈이 아니라 진실한 사랑으로 완성되고 평가된다.

어머니의 감추어진 사랑에 대해 비난하기는커녕 "그 오랜 세월 동안 서로를 그렇게도 간절하게 원하며 살았던 그분들을 생각해 봐. 어머니는 우리 때문에, 아버지 때문에, 그를 포기했어. 그리고 로버트 킨케이드는 우리에 대한 어머니의 감정을 존중하느라 멀리 떨어져 지냈고, 마이클, 어떻게 그럴 수가 있지. 우리의 결혼생활은 너무나 아무렇지도 않게 여기는데, 우린 자신이 그런 식으로 끝나버린 믿기 어려운 사랑의 원인의 일부가 되다니"라고 안타깝게 절규하는 자식의 어머니에 대한 성숙한 인간적 이해와 열린 사랑이 무엇보다도 감동적이다. 그것은 일탈적인 사랑이 주는 감동보다도, 가족을 위해 결국은 개인적 사랑을 포기하는 보수적인 선택보다도 가장 감동적이다. 어머니도 자유로운 영혼과 감정과 육체를 가진 한 명의 인간임을 인정하는 성숙한 인간미와 인간에 대한 존중은 경직된 도덕률과 고정관념에 사로잡힌 우리 사회가 가장 결핍한 부분일 것이다. 일탈적 사랑의 가치 여부를 떠나 프란체스카의 자녀가 보여주는 열린 태도는 분명 감동적이다.

3. 보수적 독자층 겨냥에의 성공

이 작품은 사랑의 정열 못지 않게 가족의 소중함을 강조했다고 볼 수 있다. 그 결과, 결혼생활에 불만을 느끼면서도 이혼과 같은 가족의 해체에 동의하지 않는 평범한 독자들의 폭넓은 지지를 얻어내는 데 성공하고 있다. 결혼생활의 불만을 이혼이라는 대안에 연결시키는 것을 원하지 않는, 즉 급격한 변화를 바라지 않는 보통의 평범한 독자들의 폭넓은 지지를 얻어냈다고 할 수 있다.

이 작품이 독자들에 의해서 공감대를 형성하며 큰 감동을 준 가장 큰 이유는 아마도 두 사람의 일탈적 사랑이 나흘에 머물렀으며, 살아있는 동안 두 사람만의 비밀로 남을 수 있었기 때문일 것이다. 즉 이 작품은 일탈적인 사랑을 다루었지만 동시에 가족과 결혼 유지의 중요성도 어떤 의미에서는 더욱 중요하게 다루었다는 점에서 보수주의적인 가족관을 표현하고 있다 할 것이다. 작가는 낭만적 사랑의 감정을 중요시하기 때문에 혼외의 성을 진실한 사랑으로 미화하지만 이와 함께 가족제도의 편안함과 안정성, 그리고 책임감도 동시에 중요하다고 여기기 때문에 이 작품의 사랑을 나흘이라는 시간 속에 제약시키며, 작품의 구조도 과거의 사랑에 대한 회상이라는 틀을 선택한 것이다. 결혼제도 밖에서 이루어지는 낭만적 사랑과 결혼의 안정성과 책임감은 사실 공존하기 어려운 요소이다. 그럼에도 불구하고 작가는 이 상호간에 공존하기 어려운 요소를 독특한 플롯을 통해서 공존시키는 데 성공함으로써 낭만적 사랑을 추구하고자 하는 독자의 욕구와 가정이 우선이라고 여기는 보수적인 독자의 가치의식을 동시에 만족시키고 있다.

나흘간의 꿈결 같은 사랑을 나눈 뒤 둘은 어떻게 할 것인지 대화를 나눈다. 프란체스카는

> 이렇게 사는 것은 지겨워요. 낭만도 에로티시즘도, 촛불 밝힌 부엌에서 춤을 추는 것도, 여자를 사랑하는 방법을 아는 멋진 감정도 여기에는 존재하지 않아요. 무엇보다도 이 생활에는 당신이 없으니까요. 하지만 내게는 지독한 책임감이 있어요. 리처드에게, 아이들에게. 내가 그냥 떠나버리면, 내 육체적인 존재가 사라지는 것만으로도 리처드에겐 너무나 힘들 거예요. 그것만으로도 그를 파멸시킬지도 몰라요.
> 그보다도 더 나쁜 것은. 그가 여생을 이곳 사람들의 속닥거림 속에서 살아가야만 할 거라는 점이에요. '저 사람은 리처드 존슨이야. 부인은 화끈한 이탈리아 여자였는데, 글쎄 몇 년 전에 장발의 사진사랑 줄행랑을 놓았지.' 리처드는 그 고통을 겪어내야 할 것이고, 아이들은 이 고장에서 사는 한 윈터셋 사람들의 조소를 들을 거예요. 그들 역시 고통을 겪겠죠. 그리고 나를 미워할 거예요
> 나도 당신을 원하고, 당신과 함께 있고 싶고, 당신의 일부분이 되고 싶어요. 하지만 책임감이라는 현실로부터 내 자신을 찢어내버릴 수가 없어요.

라고 말한다. 그녀는 가족의 체면과 책임감이라는 현실로부터 자신을 찢어내버릴 수 없어 로버트를 따라나서지 않는다. 이제껏 자신이 사랑해온 가족들에 대한 배려와 책임감 때문에 결국은 그를

따라나서지 않은 것이다. 그녀는 자신이 집을 떠나지 않은 사실에 대해서 "내 입장에서만 생각하면, 내가 옳은 결정을 했다고 자신할 수가 없어. 하지만 가족을 생각해보면 나는 내가 옳은 일을 했다고 확신한다"고 고백한다. 개인적 사랑 추구를 포기하고 나흘간의 사랑을 죽을 때까지 가슴에 묻고만 프란체스카(그러나 그녀는 자신의 사랑을 편지로 남긴다), 그녀는 변함없는 친절과 흔들림 없는 처신으로 그녀에게 편안한 인생을 선물해준 남편에 대해서도 열광적은 아니었지만 그를 사랑했다고 말한다.

이 소설은 플롯의 구조면에서 프란체스카의 사후에 그녀의 아들과 딸이 그녀가 남긴 일기와 로버트로부터 온 편지 등을 들고 작가를 찾아와 소설화해 줄 것을 부탁함으로써 세상에 공개되는 것으로 되어 있다. 작가는 넌픽션적 효과와 함께, 이 작품의 가정주부의 일탈이란 소재가 주는 충격을 완화하기 위해서 현재에 의한 사건전개가 아니라 프란체스카의 회고에 의한 서술형태를 취하고 있다. 회상과 상감기법의 액자구조를 사용함으로써 나흘간의 일탈이 현재 일어나고 있는 사건이 아니라 단지 과거의 추억거리로 존재하게 된다. 그럼으로써 이 작품의 사랑은 더욱 미화되며, 한층 아름답게 독자들을 감동시키는 효과를 얻게 되는 것이다.

한 평범한 시골 중년여성의 가슴 속에 잠재된 낭만적이고 열정적인 사랑을 나흘 간의 일탈을 통해 실현시킨 작가 제임스 월러는 인간의 공존하기 어려운 두 가지 욕망을 상감기법이란 독특한 구조를 통해서 실현시킴으로써 독자들을 폭넓은 공감의 세계로, 대리충족의 세계로 끌어들이는 데 성공했다.

포스트모던 시대의 여신 만들기
— 장정일의 『너희가 재즈를 믿느냐』

송 경 빈

1. 머리말

 1980년대 이후 등장한 주요한 문화적 사조로서 포스트모더니즘은 전통적인 철학적·문학적 토대를 전복시킴으로써 과거의 관례나 인습에서 벗어나 새로운 문학 양식과 새로운 창작방법에 대한 탐색을 향해 나아간다. 인간과 사회의 어두운 측면을 드러내고 그 속에서 자유롭고자 하는 몸부림, 어떤 단련과 기준도 거부하는 원시와 본능에의 향유, 개성을 강조하고 기준을 무너뜨리고 혼돈 그·자체를 인수하려 하는 포스트모더니즘은 익숙해 있는 문학의 현실반영 능력에 대한 회의로부터 출발한다. 나아가 메타픽션, 패로디 혹은 상호텍스트성, 문학의 카니발화 등 포스트모더니즘의 핵심적 지배요소들은 기존의 문학작품들이 제공하던 안락함 속에 빠져 있던 수동적 독자들에게 적지 않은 충격과 독서태도의 수정

욕구를 불러일으킨다. 문학전통의 의도적인 왜곡과 낯설게 하기를 통하여 독자들에게 스스로가 텍스트의 의미를 부여해 나가도록 만드는 능동체로서의 역할을 강조하는 것이다.

한국문학에서 빼놓을 수 없는 포스트모더니스트로서 장정일은 현란할 정도의 다양한 포스트모더니즘 기법의 제시로써 생경하고 독특한 문학세계를 구축해 나가고 있는 작가이다. 스스로의 내부를 열어 보임으로써 독자의 상상력과 교감하려 하고, 독자의 능동적인 책읽기를 유도하는 자아반사적 글쓰기로서의 메타픽션과 패로디의 어우러짐 (『그것은 아무도 모른다』), 중요한 심미적 범주로 간주되는 과감한 성의 일탈과 외설적 요소(『아담이 눈뜰 때』, 『너에게 나를 보낸다』) 등은 장정일이 일관되게 추구해 온 지배적 문학요소들이다. 그런데 그의 문학에 등장하는 인물들은 한결같이 고정화된 성의 관념으로부터 벗어나 자유로운 성을 추구하는 존재들이다. 특히 여성인물들인 경우 그들은 결혼과 분리된 물신화된 욕망 그 자체로서의 성의 교환을 일삼는다. 전통적으로 가해졌던 여성들에 대한 성적 구속이 그 근거를 상실하고 있는 것이다. 따라서 작가는 가장 터부시되어 왔던 전통적 성규범의 해체를 통해 일견 여성의 본질 찾기에 한 걸음 다가선 듯 보인다.

『너희가 재즈를 믿느냐』(미학사, 1994)는 모든 것이 가변적이고 무기력과 권태로 가득 찬 일상을 반복하는 주인공이 자신의 상상 속에서 설정해 놓은 여신적 존재인 처제와의 성적 결합을 꿈꾸는 내용이 주를 이룬다. 이 작품에서도 다른 작품과 마찬가지로 여성의 자유로운 성의 추구가 주요 모티프로 제시된다. 특히 남성 삶의 주관자로서의 여성의 등장은 여성의 종속적인 삶의 비판적 토로라든가, 남과 여의 이분화된 적나라한 대립구조를 노정하지 않으면서도 포스트모던 시대의 페미니즘 소설로서의 새로운 가능성을 제시하고 있다고 할 수 있다. 그러나 이 작품이 여성의 성적 해방과 여신적 존재로서의 여성을 표면에 내세움으로써 진정으로 차별화되지 않은 주체적 존재로서의 여성을 긍정하고 있는지는 보다 구체적인 분석 작업이 진행된 이후에 단정지어야 할 항목이다. 포스트모더니즘의 일반화된 미학적 요소가 페미니즘적 요소와 결합될 때 파생되는 여러 가지 긍정적·부정적 측면들의 규명은 이 작품에서 작가가 의도한 진정한 글쓰기의 의미를 파악할 수 있는 지표가 될 수 있을 것이다.

2. 포스트모던 시대의 글쓰기

1) 반복적 일상의 서사적 비틀기 - 가변적 세계의 창조

『너희가 재즈를 믿느냐』는 단적으로 말하자면 틀에 박힌 일상을 되풀이 하는 한 회사원의 지루한 나날들의 보고서적 성격을 지니고 있다고 할 수 있다. 늦었다는 아내의 거짓말에 눈을 떠 5분 내에 세수를 하고 좁은 식탁에 앉아 짧은 식사를 한 후, 회사로 출근하여 반복적인 업무를 보고, 퇴근길에는 부장이 이끄는 회식을 거쳐 집으로 돌아오는 것이 주인공의 일상사이다. 주말엔 밤늦도록 양파링을 먹으며 비디오를 보고, 일요일 아침 부장과 함께 정구시합을 하러 나가는 것 또한 어김없는 그의 생활이다. 이러한 일상의 중간중간 그가 누리는 유일한 즐거움이란 아름다운 처제와의 만남을 기다리는 행복한 백일몽일 뿐이다. 일상에 갇혀 있는 주인공은 마치 미로 속에서 헤매다 길찾기를 체념한 실험용 쥐를 연상시킬 정도로 권태롭고 지쳐 있다. 따라서 독자는 그저 도시 회사원의 하루를 필요 이상으로 반복적이고 장황하게 늘어 놓고 있다는 지배적 인상에 사로잡혀 있기 쉽다.

그러나 이 작품을 꼼꼼히 독서하다 보면 얼핏 똑같아 보이는 것들이 슬쩍슬쩍 비틀려 있다가 다시 제자리를 찾는가 하면, 영원히 비틀린 채로 끝을 맺어버리고 있음을 간파해 낼 수 있다. 이러한 비틀림이 단순한 작가의 실수나 독자에 대한 우롱의 차원에서 벗어나고 있음을 인식하는 것은 그다지 어려운 일이 아니다.

버스가 그의 집 가까이 왔을 때, 시간은 저녁 열 시, 혹은 아홉시 반을 가리키고 있었다.

비디오점 벽에 걸린 목제 패종시계는 정확하게 아홉시를 가리키고 있었다.

어제 오후에 아내는 아침 식사로 먹었던 우거짓국과 참치구이를 토해냈다고 한다.

아내는 아침으로 먹었던 잔뜩 버터 바른 바게트빵과 배달받아 마시는 저온살균 우유를 모조리 게워냈다고 한다.

174센티의 훤칠한 키에 53킬로의 적당한 살집, 그리고 33-24-34의 균형잡힌 몸매는 대학촌 일대에서 자취를 하는 모든 남학생의 우상이었다.

그녀는 165센티미터의 키에 48킬로그램의 아담한 몸집, 터질 듯한 <u>34-24-54의 몸매</u>를 가지고 있었고, 거기에 감복하지 않는 것은 불가능했다.

아내는 그가 다니던 고향의 <u>지방대학에 자연스레 형성된 자취촌의 구멍가게집 장녀였다.</u>

아내의 어머니 그러니까 그의 장모는 그가 졸업한 한 지방대학교를 둘러싸고 자연스럽개 형성된 <u>조그마한 중소도시에서 여인숙을 경영하고 있엇다.</u> -중략- 아내는 그와 결혼을 하기 전에 어머니를 도와 '국제여인숙'의 조바일을 하였다.

이외에도 주인공이 사는 단칸방은 처음에는 연립주택 반지하였다가 곧 3층 주택 전세로 변하고 다시 2층집으로 변하는가 하면, 직장동료 '미스오'와 함께 듣는 피아노곡의 작곡자가 게리 윈스턴에서 제레미 화이어 스톤, 조지 화이어 스톤, 제레미 스트롱 등으로 수시로 변한다. 또한 29인치의 TV가 어느덧 33인치로 묘사되고 출근길에 노란 아크릴 바탕에 보라색 네온을 반짝이던 간판이 어느 사이 노란 바탕에 붉은 글씨로 바뀌어 있는 등 이야기의 디테일은 예기치 못할 정도로 자주 그리고 도처에서 변화를 계속한다. 이러한 디테일 비틀기가 단순한 작가의 실수가 아니라 의도적인 서사적 전략임은 스토리가 진행되어감에 따라 극명히 드러난다.

때로는 치밀한 독서가 이루어지지 않을 경우 눈치챌 수 없을 미미한 정도의 비틀기가 행해지는가 하면, 때로는 스토리의 진행에 적지 않은 영향을 미칠 정도의 과도한 비틀기가 발견되는 등 반복되는 일상사의 크고 작은 불일치는 기존의 작가들과는 구분될 수 있는 글쓰기 인식의 새로움을 보여 주는 것이다. 장정일은 이러한 의도적인 서사적 비틀기를 '즉흥적인 돌발성을 특징으로 하는 재즈음악과 같은 글쓰기'라고 설명하고 있다. 그가 주장하는 '재즈적 글쓰기'란 가변적 세계에 살고 있다면 마땅히 '주인공의 성격과 생김새, 작중인물의 활동하는 시간과 공간이 고정되어 있을 수 없고, 작품의 통사구조도 완벽할 수 없다'는 관점에서 시도된 실험적 글쓰기 방식이다. 따라서 이 작품에서 시종일관 표출되는 서사적 비틀기는 진실성과 항구성이 결여되어 있는 세계 속에서 소설만이 불변성의 세계 내의 진실만을 추구하며 안주해 있을 수 있는가에 대한 물음의 해답으로 제시되고 있다고 할 수 있다.

그렇다면 작가가 세계를 진실이 존재하지 않는 가변적 세계로 바라보고 재즈적 글쓰기와 같은 불협화음적 요소를 중요한 창작원리로 설정한 이유는 무엇이라 할 수 있는가? 과학이 고도로 발달하고 우주시대가 열리는 등 예측할 수 없을 정도로 급변하는 현실은 절대적 진리와 진실성 추구의 중요성을 인식하지 못하게 하고, 따라서 실체를 파악할 수 없는 세계에서의 진지함이나 도덕성은 그 의미를 상실한다. 그러므로 현실은 이미 견고한 조직으로서가 아닌 환상의 일부로서 존재하고 이러한 인식은 환상과 현실의 경계가 모호해지는 포스트모더니즘의 일반적 글쓰기 경향과 연결된다. 『너희가 재즈를 믿느냐』의 궤도이탈적인 언어 유희적 글쓰기 방식은 현실이 더이상 문학에 침투하여 우위를 점할 수 없으며, 따라서 확실성과 필연성이 강조되는 현실의 원리가 소설에서도 그대로 반영되어야 한다는 당위성이 이미 그 준거를 상실하였다는 인식의 소산이라 할 수 있다.

절대적 진실성과 진리현현에 대한 회의는 장정일 문학의 일관된 테제이다. 이것은 그가 좁은 의미의 리얼리즘 기법으로는 현대

세계를 소설장르 속에 담아낼 수 없다는 것을 깊이 인식하고 새로이 언어를 구성하려는 노력에서 비롯된 것이라 할 것이다.

그런데 가변적 세계에서의 서사적 일탈을 일삼는 가운데에서도 한결같이 진실성을 획득하고 있는 것이 있는데 그것은 주인공의 '처제'에 대한 사랑이다. 그의 사랑은 돌발적인 일탈이 지속되는 일상사 속에서 우스꽝스러울 정도로 희화화되어 제시되지만 처제에 대한 사랑의 본질은 변질되지 않는다. 허황되기 짝이 없고 어처구니없는 주인공의 사랑의 방식은 진실이 수시로 왜곡되고 단절되는 파편화된 공간 속에서 아이러니하게도 유일한 진실성을 획득하는 이중성을 노출하고 있다. 이러한 이중성은 여신의 존재를 절대적 진실로 상정하는 엄숙성과 이에 맞서는 일상사의 유희적 성격 또는 분방한 비현실성 사이의 대립을 통해 서사적 긴장을 불러일으킨다. 또한 주인공 삶의 주체적 주관자로서의 여신-처제-의 존재는 모순과 불일치 속에서 지표를 상실한 포스트모던 시대를 살아가는 현대인의 탈일상의 욕망 실현의 돌파구라 할 것이다.

2) 좌절된 사랑 이야기의 패로디

극도로 왜곡되어있고 허위로 가득찬 일상사를 살아가는 주인공에게 유일한 기쁨이요, 희망적인 존재인 처제는 주인공이 대학시절부터 연모의 감정을 품어 왔던 인물이다. 그녀에 대한 사랑의 감정을 적은 편지를 건네주다 성적으로 문란하여 '벌통'이라는 별명이 따라다니던 언니와 연루된 그는 근거없는 헛소문에 휘말리고 따라서 그의 사랑은 좌절되고 만다. 그러나 주인공은 처제와 결혼할 수 없다면 그 언니와 결혼함으로써 평생 사랑하는 사람의 인척이 되어 가까이 있고 싶다는 마음으로 결혼을 결정하고 처제에 대한 순결한 사랑을 지키기 위해 불임시술을 받는다.

처제에 대한 사랑의 실현이 불가능해지자 그가 고안해 낸 언니와의 결혼은 나보코프의 소설 『로리타』를 각색한 연극을 보고 난 후 결정한 방법이다.

> 그는 로리타에 대한 음심을 품은 채 로리타의 어머니와 결혼하고 마는 가련한 햄버거가 될 생각이었다.

> 그러니 그는 각색이 조금 가하여지긴 하였지만 『로리타』와 똑같은 성공을 거두었던 것이다. 사랑하는 사람과 함께 살지 못할 바에는 사랑하는 사람의 친척과 결혼하여 영원히 사랑하는 사람의 곁에 머물자! 바로 그것이……햄버거식 사랑 아니었던가?

처제와의 결합이 불가능함을 깨닫고 그가 처음 결혼을 시도한 대상은 그녀의 어머니-장모-였으나 50이 넘은 그녀와 결혼하는 일은 실현이 불가능한 일이었다. 그래서 그다음 박색이지만 뒷모습은 처제와 똑같은 '아내'와 결혼하면서 그는 처제를 가까이에서 볼 수 있게 되는 기쁨을 선택하게 되었던 것이다. 현실적으로는 상당히 부도덕하고 허황되어 보이는 사랑의 이야기는 작품에서도 언급되었듯이 나보코프의 소설 『로리타』의 명백한 패로디라 할 수 있다.

『로리타』는 주인공 '홈볼트'의 '로리타'에 대한 끊임없는 사랑의 이야기이다. 세든 집의 여주인 '샤롯트'의 열두 살 된 딸 로리타에게 광적인 사랑을 느낀 홈볼트는 로리타의 곁에 있기 위해서 샤롯트의 구혼을 받아 들인다. 그 후 샤롯트가 죽고 로리타의 보호자가 된 홈볼트는 로리타의 유혹으로 양부와 딸의 관계를 넘어서게 된다. 로리타의 사랑을 독점하기 위한 그의 노력은 처절할 정도이지만 홈볼트에게 만족할 수 없는 로리타는 그녀가 사랑한 극작가 퀼티에 의해 버림받고, 이를 안 홈볼트가 그를 살해하고 경찰에 붙잡힘으로써 이야기는 종결된다.

홈볼트의 로리타에 대한 사랑은 광적이고 격정적이다. 끊임없이 로리타에게 배반을 당하고도 그녀에게 바치는 그의 사랑은 거의 맹목적이라 할 수 있다. 수없이 모습을 바꿔 가며 홈볼트를 이용하는 로리타와 그러한 그녀의 사랑을 받기 위해 노예가 되어 버린 홈볼트의 이야기는 단순히 중년 남자의 왜곡된 성도착에 대한 이야기의 차원을 넘어서 현실의 고통을 잊기 위해 예술세계로 도피한 언어유희적 작품이라는 것이 일반적인 평가이다. 그렇다면 『너희가 재즈를 믿느냐』는 『로리타』와 명백한 상호텍스트적 관계에 있다고 할 수 있다. 언어적 유희성을 바탕으로 하면서 홈볼트의 결혼과 주인공의 결혼 동기가 유사하게 제시되며, 특히 주인공의 사랑을 외면하면서 자유로운 성을 추구하는 처제의 모습은 로리타에게서도 발견된다. 처제는 주인공에게만은 순결한 존재로 인식되지만 실제로 처제는 구직을 핑계삼아 외박을 일삼으면서 쾌락을 추구하는 인물로 제시된다. 처제의 자유분방함은 주로 아내의 입을 통해서 주인공에게 알려지는가 하면, 그녀에 대한 사랑이 종종 무시되거나 이용당하기조차 함에도 불구하고 주인공은 그녀에 대한 상상 속의 사랑을 키워 나간다.

주인공의 처제를 향한 욕망은 실현 불가능한 것이며 그의 사랑의 방식은 독자에게 실소를 자아내게 할 만큼 희화화된 맹목적 사랑이다. 자칫 삼각관계에 머물고 말 수도 있는 진부한 애정 이야기가 보수와 혁신이라는 아이러닉한 이중적 장치로서의 패로디 기법을 통해 과거 텍스트를 창조적으로 변형하고, 그럼으로써 진지성에서 탈피함과 동시에 사랑의 본질에 대한 또 다른 탐색의 방법을 제시하고 있는 것이다.

『너희가 재즈를 믿느냐』에서 사랑하는 사람과의 결합이 원만하지 않자 그 주변인과 결혼함으로써 사랑하는 사람 곁에 있고자 하는 서사적 설정은 현실적 관점에서 보자면 도덕적·윤리적 규범에서 상당히 일탈되어 있다. 그러나 이 작품에서 작가의 글쓰기 태도는 앞에서 서술한 재즈적 글쓰기와 마찬가지로 이미 현실과 비현실의 영역을 자유로이 넘나들고 있기 때문에 종래의 리얼리즘적 태도의 독법으로는 작품의 본질적 의미에 접근하기가 불가능해진다. 따라서 『너희가 재즈를 믿느냐』는 과도하게 일탈되어 있는 비정상인들의 성적 광란을 다루고 있다고 하기 보다는 상식과 비상식 즉 정상적인 것과 비정상적인 것(광기적인 것) 의 가치

기준을 전복시킴으로써 굴절된 현실을 조소하고 야유하는 포스트모더니즘 창작원리에 충실하고 있다고 할 수 있다.

『로리타』에서 근친상간이라는 문학에서 금기시 되어 왔던 주제를 과감히 다루었다면, 이것을 타켓 텍스트(tarbet text)로 하여 패로디한 『너희가 재즈를 믿느냐』 또한 점잖은 전통에 대한 도전이며 비판적 반작용으로서 진지하고 경건한 모든 문학에 심각한 의문을 제기하고 있다고 할 수 있다. 그리고 작품 외부에 노골화되어 표출되는 외설성은 이것을 문학의 중요한 테제로 간주하는 포스트모던적 인식이 장정일에 있어서 일관된 문학적 관심사로 자리잡고 있음을 보여 주는 것이다.

요컨대 『너희가 재즈를 믿느냐』는 서사적 규범의 일탈과 전복을 통하여 독자로 하여금 기존의 소설공간에서 익숙해 있던 독법들을 수정시키고, 『로리타』의 패로디적 전도라는 이중적 문학장치로써 좌절된 사랑이야기를 다루고 있는 작품이다. 작가는 희화화된 세계 이면에 감춰져 있는 어떠한 낙관이나 희망도 없으며, 의미의 긴장도 사라진, 암담하고 절망적인 세계를 현실성과 비현실성의 반복 및 과장을 통해 표출하고 있는 것이다.

3. 부정성의 세계에서의 여신 만들기

1) 부성 부재 공간에서의 부정적 여성상

현실 공간의 틈새에 비현실적인 요소가 수시로 등장하고, 반복과 과장을 통해 유희적인 글쓰기를 시도하는 장정일의 작품세계는 어떤 심각한 의미나 교훈성을 제공하려는 목적을 지니는 것이 아니라, 가볍고 경쾌한 서사 내면에 자리한 허위와 부정으로 가득 찬 일그러진 일상성의 표출 그 자체에 목적을 둔다.

『너희가 재즈를 믿느냐』는 거짓말투성이인 일상공간에서 의미의 확실성에 대한 준거를 상실한 이들의 몽상의 공간을 제시하며, 이들은 모두 정상의 궤도에서 이탈된 인물들로 설정되고 있다. 주인공을 비롯한 아내, 처제, 어머니, 미스오, 남부장, 소설가 친구 등의 인물들은 점유하고 있는 일상 공간 내에서의 탈출 욕구를 주로 자유로운 성의 추구를 통해 실현하려는 공통적인 특성을 지닌다. 미스오나 남부장, 소설가 친구 등의 탈일상에의 욕망은 '재즈교회'에 입교하여 '성적 혼돈만이 신이 없는 세계의 새로운 신앙이 될 것'이라는 믿음을 갖고, 급기야는 황금빛 헬리콥터를 타고 사라져 버린다는 환상적 설정으로 어느 정도 해소된다. 그러나 나머지 인물들-주인공, 아내, 처제, 어머니-은 여전히 현실에서 벗어나고픈 욕구를 간직한 채 일상의 공간에 계속 남겨져 있다.

주인공을 제외한 나머지 인물들은 주인공과 직접적인 관계를 맺고 있는 인물들로서 모두 여성인물들이다. 그런데 주인공은 숭배의 대상인 처제 이외의 인물들-아내, 어머니-에 대해서는 극도의 혐오감과 부정적 인식을 표출하고 있다. 가장 가까운 관계로서의 아내나 어머니에게 가지는 주인공의 심각한 부정성에는 아버지가 부재하는 공간에서의 성장과정이 중요한 요소로 작용하고 있다. 특히 '햄버거'는 부성의 상징으로 표상화되는데, 이것은 그에게 아버지를 일깨워 주고, 또 아버지의 부재를 잊게 해 주는 역할을 하고 있다.

그가 어머니에게 아버지의 행방을 물을 때마다, 아버지는 미국에서 큰 돈을 벌고 있다고 대답하곤 했다. 어머니는 고향 도시의 도심에 자리잡은 시장 바닥에서 밤늦게까지 장사를 하고 나서 집으로 돌아올 때 그에게 햄버거를 사다 주었다. 매일밤 늦게까지 깨어서 어머니를 기다리며 숙제를 하거나 시험공부를 했던 그는, 어머니가 사다 준 햄버거를 먹으며 미국에 있다는 아버지를 생각했다. 커다란 햄버거를 다 먹어치운 다음 찾아오는 포만감은 그에게 아버지의 부재를 잊게 했다.

주인공의 아버지는 그가 세상에 태어나기 전-혹은 아주 어렸을 적- 미국지사 발령 이후 가족과 연락을 끊고 현지 직원과 재혼을 한다. 그리고 남편에게 버림받은 어머니는 아들과 함께 생계유지를 위해 막일도 마다하지 않고 어려운 삶을 살아온 인물이다. 어머니는 아들에게 미국에 아버지가 분명히 존재한다는 사실을 잊지 않게 하기 위해 햄버거를 사다 먹인 것이다. 따라서 그에게 햄버거는 아버지를 연상시키고, 햄버거를 먹음으로써 부성 결핍감에서 벗어날 수 있었던 것이다.

늘 태어날 때부터 무엇인가 결여되어 있다는 느낌을 저버릴 수 없었던 주인공은 아내의 뜻하지 않은 임신 소식을 전해 듣는 순간 한꺼번에 햄버거를 여러 개 먹어 치우게 된다.

> 그는 아내로부터 임신을 통보 받은 순간 견딜 수 없이 아버지가 그리웠고 천주교 신도들이 영성체를 먹는 것으로 그리스도와 하나 되듯이 갑작스레 햄버거가 먹고 싶었던 것이다. 그러나……다섯 개의 햄버거를 꾸역꾸역 삼키고 나자, 자신이 먹은 것은 바로 자기 자식이라는 생각이 들었다……그래서 방금 삼킨 다섯 개의 햄버거를 다시 토해 냈던 것이다……그러니 자신은 무엇인가? 자신은 기껏, 도망간 아버지와 새로 태어날 아들 사이를 연결하는 커다란 위胃 혹은 변기에 불과한 것이었던가?

그날 그는 자신이 아무 존재도 아니라는 것을, 무無라는 것을 느꼈다.

자신이 아버지가 된다는 사실은 곧 아버지에 대한 그리움으로 표출되고 그것을 채우기 위해 먹어 치운 햄버거는 곧 아버지가 된다는 부담감으로 연결된다. 이것은 주인공이 도덕적으로 타락한 어머니와 아내에 대한 강한 부정적 인식에서 기인한다. 주인공은 어린 시절 외가 친지들로부터 아버지가 미국에 출장 가 있는 동안 어머니가 자신을 잉태했으며, 아버지는 아내의 뱃속에 든 아이가 자신의 핏줄임을 확인하지 못하고 의심한 끝에 미국에 눌러앉아 버렸다는 이야기를 여러 차례 들었던 바가 있다. 따라서 그는 어머니를 항상 불결한 존재, 부도덕한 여성으로 생각하게 된다. 어머니의 불륜이 자신의 탄생으로 연결되었기 때문에 자신이 아버지의 아들이 아닐지도 모른다는 불안감은 어머니를 강하게 부정하게 만들고, 이것은 나아가 아내가 잉태한 아이가 자신의 아이가 아니기 때문에 그의 아버지가 그랬던 것처럼 아내와 아이로부터 달아날 궁리를 하게 만든다.

아버지는 그의 가족을 송두리째 팽개치고, 출장을 갔던 미국 땅에서 증발되었다. 그는 아내와 결혼을 하고 회사와 집을 왔다 갔다 하면서 아버지의 증발을 이해할 수 있었다. 게다가……아내가 누군지도 모를 남자의 아이를 배고 있는 요즘에는 더욱 아버지의 증발이 부러웠다.……어쩌면……자신도………아버지의 씨가 아닐지도 모른다……그의 아내처럼 그의 어머니 또한 외간 남자와의 불륜에서 자신을 잉태한 것이 아닐까?

결과적으로 그는 끝까지 아내와 아이로부터 탈출하지 못하지만 그의 내면 속에는 언제나 어머니를 비롯한 아내와 아이 모두를 순결하지 못한 존재들로 간주하는 부정적 성향이 강하게 잠재되어 있다. 여성의 순결성과 정조를 가장 중요한 가치로 두는 남성 위주의 혈연 의식이 그의 무의식 세계를 지배하고 있는 것이다.

그런데 주인공은 어머니와 아내의 비순결성에는 끊임없는 회의를 느끼면서도 미스오와의 대낮의 정사에 대해서는 어떠한 의미를 부여하려 들지 않는다. 미스오와의 정사는 권태로운 일상사에서 낮잠을 자는 것과 같은 일종의 휴식으로 묘사되고 있는데, 이것은 주인공이 어머니나 아내를 대하는 양상과는 상반되는 모순을 빚어내고 있다. 여성이 누리는 성의 자유는 도덕과 순결성의 유지라는 고답적인 정형적 틀에 매여 부정적으로 인식되는 반면에 남성의 성적 자유로움은 절대성과 가치기준이 붕괴된 포스트모던 세계의 보편적 양상으로 이해되고 있는 것이다. 절대적 의미나 중심의 해체라는 포스트모더니즘 시학을 지배적 원리로 인정하면서도 여성의 순결성은 여전히 차별화된 대상으로 인식하는 이율배반적인 이중체계는 열린 시대의 열린 사고라는 진정한 포스트모더니즘의 의미구축에 손상을 입히고 있는 것이다.

2) 여신의 탄생과 내재적 의미

주인공이 부정적으로 인식하고 있는 여성인물들과는 달리 처제는 주인공에 의해 극도로 숭배받는 인물로서 그에게 유일한 활력소이자 기쁨을 주는 존재로 등장한다. 주인공은 처제가 여고생이었을 때부터 사랑의 감정을 키우게 되었는데, 결혼 후 아내가 임신하고 난 뒤에까지도 그러한 사랑의 감정을 버리지 못한다. 주인공이 처제에게 사랑을 느끼게 된 것은 아름다운 그녀의 외모에 현혹되었기 때문이다.

> 그가 대학교 1학년 때 지금은 처제가 되어 버린 구멍가게집 둘째 딸은 열일곱이었고, 고등학교 2학년생이었다. 그는 매일매일 그녀를 훔쳐 보기 위해 그 구멍가게를 뻔질나게 들렀고, 매일매일 그녀의 꿈만 꾸기를 원했다. 다리는 핀셋같이 길고 가늘었으며 엉덩이는 잘생긴 자동차의 단단하고 날렵한 뒤꽁무니 같고……가슴은 자세히 못 쳐다봐서 모르겠고……어쩌다 마주 바라본 그녀의 얼굴은 이 나라의 모든 여자 탤런트를 다 합쳐 놓은 것처럼 한 마디로 설명할 수 없다.

처제의 아름다움은 그녀의 언니 즉 아내와 대비되어 자주 묘사되는데 이 또한 철저한 외모와 순결성 위주의 상반된 묘사로 일관한다.

> 그러나 무슨 마술에 걸렸는지 168센티미터의 늘씬한 키에 49킬로그램의 부푼 몸매는 거기에 어울리지 않는 못난 얼굴을 달고 있었다. 그런 언니에 비해 그녀의 여동생은 얼마나 고혹적으로 아름다웠던가. (중략) 하지만 언니는 아무 대학생하고나 붙어 먹는 화냥년이었고, 동생 꿈은 미스 코리아가 되는 것이었다.

처제의 외적 아름다움에 매료되어 시작된 주인공의 사랑은 그녀의 언니와 결혼한 후에는 처제와의 동침을 꿈꾸는 백일몽으로 바뀌어 지루한 일상에서의 탈출 욕망을 부추긴다. 그에게 있어 처제의 방문은 대단히 가슴 설레는 일로서 처제와의 동침을 상상하며 황홀경에 빠진 그의 모습은 희화화되어 제시된다.

그러나 그의 환상은 더 이상 기억을 필요로 하지 않았다. 그는 하얀 페인트로 덧칠된 문 위에 푸른 플러스 펜으로 쓴다……놀랍게도 처제는 노 팬티 차림으로 잠들어 있었던 것이다. 나는 에라, 형부이기 전에 나도 욕정을 가진 남자라는 생각으로 처제의 벌거벗은 엉덩이를 쓰다듬다가 손등으로 그녀의 두 다리 사이의 언덕을 슬슬 문질렀다.

작품 도처에 제시되는 이러한 처제와의 성적 백일몽은 실제로 현실공간에서 실현되지 못한 채 그저 바램으로 끝날 뿐이다. 언니의 집을 방문하겠다던 처제의 약속은 늘 처제의 일방적인 약속파기에 의해 지연되고, 처제의 방문을 고대하며 회사일마저 그르치는 그는 번번히 실망감만 느낄 뿐인 것이다. 말하자면 처제의 등장은 일상 공간에서의 가장 큰 즐거움이며, 처제와의 만남을 기대하는 시간들은 그로 하여금 현실에서 주체적 삶의 의미를 느끼게 하는 능동적 요인으로 작용하고 있다고 할 수 있다. 지극히 수동적이고 미온적인 태도를 일삼는 권태로운 그의 현실에서 처제는 그가 존재하고 있다는 의미를 일깨워주는 유일한 통로로서의 의미를 지니는 것이다.

처제와의 사랑을 영속시키기 위해 그녀의 언니와의 결혼을 강행한 그는 처제에게 결혼 후에도 그녀에 대한 순결을 지킬 것 - 아이를 갖지 않을 것임 - 을 스스로에게 맹세하기도 하는데, 이것은 아내의 임신이라는 사실 앞에서 주인공이 처제에 대해 갖는 도덕적 자괴감으로 연결된다.

처제 미안해. 내가 너를 배반했어. 이제 나는 너를 영원히 포기해야겠어. 아내가 임신을 했거든. 미안해. 너와 같이 살지는 못해도 나는 너에 대한 내 순정을 지키려고 했어. 이제 너는 나를 불결하게 생각하겠지.

처제의 전화를 받고난 아내는 계속해서 그에게 성교를 채근했다. 그러나 처제가 서울에 와 있다는 사실을 알게 된 그는, 엄연히 처제가 서울에 있는 이상 같은 서울 하늘 아래서 처제가 아닌 다른 여자에게 자기 살을 주어서는 안 된다고 다짐했다. 그러면서 그는 이부자리에 발랑 엎드리고 누운 아내의 희부염한 살덩어리를, 짜안하게 바라보았다. 나는 어떡해서 이 지경이 되도록까지 도덕적이 아니게 되었을까. 아내를 낯모르는 다른 여자로 바라볼 수 있다니.

처제에게 맹세했던 순결의 약속이 아내의 임신으로 이행불가능해지자 주인공은 처제가 그를 경멸할지도 모른다는 불안감에 빠지다가도 아내의 임신이 그에게 아내와 헤어질 수 있는 근거를 마련해 줄 것이라는 자신감에 가슴 벅차해 하기도 한다. 주인공의 몽상 속의 처제는 이 세상에서 가장 아름답고 순결한 존재로서 이는 아내와의 철저한 대비를 통해 더욱 극명해 진다. 순결하지 못하고 못생긴 아내는 처제에 대한 여신으로서의 환상을 배가시키고 비현실의 공간에 침잠해 있는 그는 더욱 그녀가 주관하는 세계에 경도되는 것이다. 그녀와의 은밀한 만남을 위해 결혼 후 한번도 찾아가 보지 않은 어머니를 어쩔 수 없이 보러 가는가 하면, 수시로 처가에 전화를 걸어 처제의 동정을 살피고 싶어한다. 또한 모습을 좀처럼 드러내지 않는 처제를 만나기 위해 아내 몰래 우연을 가장한 만남을 시도하기도 하는 등 그가 처제에 대해 기울이는 노력은 치밀하고 처절할 정도이다.

요컨대 처제는 주인공에게 놀라울 정도의 영향력을 행사한다고 할 수 있다. 한 여성과의 관계에 자신의 존재의미를 부여하는 주인공에게는 처제가 바로 '위대한 여신'이 되는 것이다. 주인공의 현실과 비현실공간의 삶은 모두 여신-처제-에 의해 좌우되며, 강력한 힘을 지니고 과거의 찬란했던 세력을 대변하는 '위대한 여신'의 원형이 처제에게서 발견되는 것이다. 생명의 창조와 파괴를 주관해온 여신이 영원불변하고 전지전능한 신으로서 그 역할을 다 했던 것처럼 『너희가 재즈를 믿느냐』에서의 처제의 존재는 주인공을 향해 실로 막강한 힘과 영향력을 발휘하고 있는 것이다.

그런데 아이러닉하게도 주인공이 순정과 열정을 바칠 정도로 순수와 미모를 겸비한 처제는 주인공이 상상하는 것과는 달리 아내 못지않게 물신화된 욕망 그 자체로서의 성을 즐기는 인물로 제시된다. 처제의 성적 자유분방함은 주로 그녀의 언니 즉 아내의 입을 통해 드러난다.

> "그 년 걱정을 왜해? 무궁화 다섯개짜리 호텔에서 어떤 놈팽이와 째지게 놀고 있을 텐데."

남편이 처제에 대한 관심을 보일 때마다 신경질적으로 내뱉는 아내의 말은 거짓말로 여겨질 수도 있으나 처제의 구직을 핑계로 한 잦은 상경과 외박은 어느 정도 타당성 있는 근거로 작용하고 있다. 특히 처제가 모처럼 주인공의 집에 머무르게 될 때 아내 몰래 자신을 탐하려는 것을 묵과한다던가 처제에 대한 형부의 집착에 안타까움을 느껴 형부와의 성관계를 허락하려 한다는 점에서 처제는 형부가 상상하는 순수 결정체로서의 인물이 아닌 것이다.

주인공이 소속된 그 어떤 공간에서도 위대한 힘을 발휘하는 타자 삶의 주관자로서의 여신적 존재인 처제는 이 작품에서 부정적으로 표출되고 있는 다른 여성인물과 마찬가지로 상당히 개방적인 성인식의 소유자로서 주인공이 인정하고 받아들이는 여신의 양태에서 벗어나 있다. 그렇다면 이와 같은 모순적이고 아이러닉한 여신의 설정과 전복은 어떠한 의미를 지니는가?

그것은 포스트모더니즘 시학에서 강조하는 진실 부재 시대의 부정성의 표출이라 할 수 있다. 진리의 현현의 시대가 도래할 것이라는 모더니즘적 사고에 반기를 들어 더 이상의 에피파니는 존재하지 않으며, 따라서 현실에서의 그 어떤 의미나 확실성이 신뢰성을 확보할 수 없으므로 파편화된 현실의 모습을 있는 그대로 인정해야 한다는 사고가 여신의 모습을 통해 제시되고 있는 것이다. 절대적 진리로 간주되고 있는 여신의 설정과 전복은 부정성의 세계 속에서의 극도의 불안과 불확실, 혼란과 회의 등 포스트모던 시대를 살고 있는 현대인의 정신을 표명하기 위한 것이다.

그런데 『너희가 재즈를 믿느냐』에서 여신의 존재는 진위여부와는 상관없이 외적 아름다움과 순결성을 기준으로 하여 설정되고 있다. 이것은 '창녀' 내지 '화냥년', '박색'으로 일컬어지는 아내, 그리고 불륜을 저지른 경멸의 대상인 어머니와 대비되어 상당한 우위성을 확보하고 있다. 따라서 이 작품이 순결한 여신의 창조와 그 허위성의 폭로라는 아이러닉한 전도에 의해 절대적 가치기준이 허물어진 현대사회를 희화화했다는 평가를 내리기에는 다소 모순된 논리가 잠재해 있다는 것을 발견할 수 있다. 그것은 모더니즘과는 달리 구심점이나 축이 없는 불확실성의 세계 속에서 스스로 궤도를 해체하고 초월, 재구성하며, 의미나 결말을 유보해 나가는 포스트모더니티를 일관되게 견지해 온 작가가 성규범에 있어서만큼은 여전히 순결성 : 비순결성 = 미녀 : 추녀 = 성녀 :

악녀라는 이중구조를 고집한다는 점이다. 남 / 여의 차별화된 성 관념은 『아담이 눈뜰 때』나 『그것은 아무도 모른다』 등과 같은 이전의 작품들에서도 드러나고 있는 바, 작가의 인식이 진정한 포스트모더니즘적 인식으로 진보하지 못하고 남근중심주의(Phallocentrism)라는 절대적 의미를 구축하고 있는 모순성을 그대로 드러내고 있는 것이다. 사회적이고 문화적인 체계를 통어하는 남성적 힘으로서의 남근중심주의가 작가나 화자의 무의식 형성에 결정적 요인으로 작용함으로써 여신의 창조가 여성의 정체성 확인이라는 궁극점에 다다르지 못하고, 단지 남성에 의해 대상화 되는 성유희적 존재로 그치고 마는 것이다.

포스트모더니티를 중요한 창작 원리로 설정하면서도 가장 본질적인 이중적 성규범의 해체에는 이르지 못하는 고답적이고 자기모순적인 인식론적 한계가 극복될 때 포스트모던 시대를 살아가는 현대인들에게 부여되는 여신의 의미는 보다 명확한 자리매김을 하게 될 것이다.

4. 맺음말

『너희가 재즈를 믿느냐』는 유희적인 서사적 일탈과 과거작품의 패로디적 전도를 통해 전통을 기반으로 하면서도 부단한 실험정신을 지향하는 포스트모던 소설이다. 창작과 사고의 유희와 실험에 지속적인 관심을 기울임으로써 포스트모더니즘 시학의 본질을 극명하게 표출하고 있는 것이다.

희화화된 작중인물들은 현실공간과 비현실공간을 넘나들면서 허위와 부정, 무질서로 가득찬 권태로운 현실을 있는 그대로 제시하는가 하면, 반복되는 일상사의 서사적 비틀기와 과장을 통해 문학이 보다 나은 삶과 사회의 비전을 제시해 줄 수도 있다는 믿음이 거짓이라는 것을 일깨워 준다. 나아가 패로디라는 포스트모더니즘의 가장 중요한 장치를 이용하여 이전의 작품을 의도적으로 전도시킴으로써 이 작품의 여신의 탄생에 필연성을 부여하기도 한다. 또한 남성의 일상적 삶의 공간 뿐만 아니라 비일상적인 환상의 공간에까지 침투하여 남성의 존재론적 의미에 막대한 영향력을 미치는 여신의 존재는 이 작품이 그야말로 탈중심적인 사고를 바탕으로 남성위주의 절대적·지배적 논리에서 탈피하고 있음을 제시하고 있는 듯하다. 그러나 여신의 존재는 단순한 축-외적 아름다움과 순결성-을 준거로 하여 설정된 지극히 남근중심적인 사고의 틀을 기반으로 하여 탄생된 것이다. 표면적으로는 여성에게도 자유로운 성의 개념을 부여함으로써 사회적 성차별의 이데올로기에서 벗어나고 있는 것으로 제시되면서도, 심층적으로는 여전히 남성중심의 성개념에 의해 부정적으로 수용되고 소외되는 여성인식을 표출하는 인식론적 한계를 극복하지 못하고 있다.

　포스트모던적 글쓰기가 근본적인 인식전환을 바탕으로 하지 않고 단순히 언어 유희성이나 서사전략의 일탈만을 일삼는 도식화된 창작원리에만 집착할 때 포스트모더니즘이 목적으로 하는 본연의 정신에 도달하지 못하는 것은 자명한 일이다. 따라서 사회 전체를 통어하고 있는 여성에 대한 보편적 인식의 틀이 지속적으로 재검토되고 그에 대한 반성이 이루어질 때 비로소 포스트모더니즘 시학의 정립이 완결될 것이다.

여성의 억압된 욕망과
남성중심의 성적 희롱과 폭력
―신경숙의「배트민턴 치는 여자」

송 명 희

1. 머리말

감각적 문체와 여성적 서정주의로 폭넓은 독자층을 형성하고 있는 작가 신경숙은 1990년대에 접어들어 가장 촉망받는 작가의 한 사람으로 평가되고 있다. 1993년에 발간한 소설집『풍금이 있던 자리』로 한국일보 문학상을 수상했는가 하면 중편「깊은 숨을 쉴 때마다」로는 현대문학상(1995년)을 수상하기도 했다. 장편소설『깊은 슬픔』은 베스트셀러 소설의 목록에 올랐고, 신경숙은 계속 화려한 작가적 경력을 기록하고 있다.

신경숙의 소설은 작가 자신이 의도한 결과이든 아니든 젊은 여성들이 주인공으로 등장하며, 자연히 그들의 실존적 삶이 직면하고 있는 여러 가지 문제를 작품의 제재로써 다루게 된다. 대표작

「풍금이 있던 자리」는 유부남을 사랑한 미혼여성이 겪는 개인적 사랑과 사회적 윤리 사이의 갈등을 그리고 있으며, 『깊은 슬픔』은 진실한 사랑을 찾아 갈등하는 여성을 형상화하고 있다. 본고에서 논의하고자 하는 「배트민턴 치는 여자」는 이십대의 미혼여성을 주인공으로 하여 무책임한 성적 희롱 한 마디가 불러일으킨 사랑의 착시현상과 그것이 빚어낸 엄청난 결과인 성폭력을 소재로 삼고 있다.

우리 나라 현대문학에서 성폭력에 관한 모티프는 이광수의 『무정』(1917), 김동인의 데뷔작인 「약한 자의 슬픔」(1919)으로 이어지면서 일찍부터 다루어져 왔다. 성폭력이나 여성인권에 대한 관심이 특별해서라기보다는 성이 소설문학의 중요한 제재의 하나로 다루어지면서 이에 수반되는 성폭력의 문제도 부수적으로 취급되어진 것이 아닌가 생각된다. 그러나 80년대 후반에는 페미니즘이 문학에 적극적으로 수용되면서 성폭력은 단순한 소재주의적 차원에서 벗어나 본격적으로 페미니스트 시각에서 새롭게 조명되어지고 있다.

가령, 김향숙은 부천서 성고문 사건에서 소설적 제재를 취했다고 보여지는 「가라앉는 섬」(소설집 『수레바퀴 속에서』(1988)에 수

록됨)이란 단편소설에서 권력형 성폭력의 여러 문제점을 형상화한 바 있다. 그리고 태평양전쟁시에 일제에 의해서 집단적으로 자행된 성폭력인 소위 정신대 문제는 일본의 사과 및 피해 보상 등을 요구하는 여성계의 활동과 함께 이를 소설로써 형상화한 여러 작품들이 80년대 후반 이후에 활발히 쓰여졌다. 『여자 정신대』(백우암), 『분노의 벽』(허문순), 『은하에 잠긴 별』(성병오) 등의 작품은 정신대란 이름으로 일본이 저지른 야만적인 성폭력을 고발하고 있다.

최근의 성폭력과 성희롱에 대한 관심의 제고는 급진주의 페미니즘(radical feminism)의 대두라는 맥락에서 설명될 수 있는데, 급진주의 페미니즘이란 여성의 억압과 불평등을 생물학적 성적 차별에서 발견하고자 하는 여성운동 제2 물결의 중요한 조류이다. 1970년을 전후하여 케이트 밀레트(Kate Millett)의 『성의 정치학』과 슐라미스 파이어스톤(Shulamith Firestone)의 『성의 변증법』과 같은 페미니즘의 고전적 이론서 등을 필두로 시작된 급진주의 페미니즘은 '성'을 여성해방론의 가장 핵심적 부분으로 보고 있으며, 자본주의와 같은 사회제도에 대항하는 혁명뿐만 아니라 자연에 대항하는 혁명이 필요하다고 역설하며, 피임과 낙태, 강간, 포르노그라피, 성폭행 등에 대한 이론적 검증과 실천운동을 전개한다. 어떤 의미에서 페미니즘은 18, 9세기에는 자유주의 속에 규정된 정치적 권리, 19, 20세기의 사회주의 이론 속에 규정된 경제적 권리에 이어, 20세기의 성해방 이론에 규정된 성적 권리를 추구하는 단계를 밟고 있다고 할 수 있다.

한국의 여성운동은 80년대 후반 이후 90년대를 전환점으로 본격적으로 급진주의 페미니즘의 파도를 타고 있는 것으로 파악되는데, 성문제는 향후 여성운동의 가장 핵심적인 이슈의 하나가 되리라고 전망된다.

그러면 성폭력은 무엇이며, 성희롱은 무엇인가? 그 개념을 간략하게 살펴보자. 성폭력은 강간, 강제추행 등 인격을 가진 인간의 성적 자기결정권을 침해하는 행위를 지칭하는 협의의 개념 규정으로부터 남편의 아내나 자녀에 대한 학대와 구타를 지칭하는 가정폭력을 포함하는 개념이다. 성희롱은 영어로 섹슈얼 허레스먼트(sexual harassment)라고 부르는데, 우리나라에서는 "직장내에서 근로자에 대한 지휘명령권, 인사권을 가지거나 실질적인 영향력을 가진 자가 근로자의 의사에 반해 성과 관련된 언동으로 성적 굴욕감을 느끼게 하거나 성적 접근을 거부할 때 고용 여부나 근로조건에 불이익을 주는 것"(1994년 서울대 우조교사건 판례)이라고 고용조건상의 문제로 해석했다. 성폭력이 강제적 물리력에 초점이 주어지고 있다면 성희롱은 성폭력보다는 가벼운 신체적 언어적 정신적 희롱과 폭력을 지칭하는 개념으로 받아들여지고 있다. 아무튼, 성폭력과 성희롱은 성차별적인 사회구조와 남성우월주의적인 이데올로기 속에서 발생하는 성을 매개로 빚어지는 유형 무형의 폭력을 총칭하는 개념이라고 할 수 있다.

2. 여성의 억압된 욕망과 남성중심의 폭력

「배트민턴 치는 여자」는 아름다운 문체 속에 여성이 내면 속에서 겪는 성적 욕망과 그 억압 사이의 갈등과 더불어서 성희롱과 성폭력이란 엄청나고 끔찍한 사건까지 다루고 있다.

작품의 주인공은 이십대 초반의 미혼여성으로 사무직인 타이피스트를 희망하지만 화원의 종업원으로 취직한다. 그것도 타이피스트 모집에 번번히 떨어져 낙망의 날들을 보내고 있던 어느날, 아주 우연하게 꽃집 유리문에 '꽃을 돌볼 종업원 구함'이라는 광고를 보고 한두 달만 있으리라 생각하고 택했던 것이다. 그녀는 이 직업이 "직장에 나와 있으면서 거리에 나와 앉아 있는 기분"을 들게 했기 때문에 마음에 들지 않는다. 하지만, 차츰 화초를 가꾸는 일이 좋아졌고, 어떤 날은 화초들에게서 마치 피붙이에게서나 느끼는 본능적인 친밀감을 느끼게 되어 퇴근 후에 다시 화원으로 되돌아가기도 한다.

작가는 주인공의 직업으로 미숙련의 비창조적인 하위직종을 부여했다. 하위의 사무직인 타이피스트조차 되지 못하고 화원의 종업원이란 열등한 사회적 지위에 속하는 주인공은 꽃들에게 본능적 친밀감을 느끼는 것 외에는 매일매일의 일상에서 아무런 의미도 창조하지 못하는 권태감과 무료함에 잠겨 있다. 아직 미혼인 그녀에겐 결혼 상대자나 그 흔한 남녀교제조차 없는 것으로 보인다. 어떤 의미에선 그녀가 느끼는 권태감이나 무의미성은 바로 이성과의 적당한 교제와 정서적 유대를 갖지 못한 데서 발생되는 권태감과 무료함일 수 있다. 일상의 무의미성과 권태감으로부터 탈출하기 위하여 그녀가 시도하는 일은 글쓰기이다. 글쓰기의 의미에 대해서 전지적 화자는 이렇게 기술하고 있다.

> 그녀에게 있어서 글을 쓴다는 것은, 그 글 속으로 그녀 자신이 숨는 일이었다. 그녀는 본격적으로 글을 쓰는 사람은 아니었지만, 그럴 기회가 그녀에게 온다면 감사하게 여길 것이었다. 그녀는 가끔씩 지금보다 나은 환경에서 글을 쓰고 싶다는 설렘

을 갖곤 했었다. 그녀가 생각하는 나은 환경이란 이런 것이다. 그 누구한테도 방해받지 않는 널찍한 방이 있고, 그 방에 널찍한 탁자가 있는 것, 탁자는 넓을수록 좋다고 생각했다…… 탁자가 넓다면 읽던 책을 다시 제자리에 꽂아놓지 않아도 될 것이라고, 그 한쪽에서 밥을 먹어도 될 것이고, 때때로 나는 그 위에 누워 잠도 자리라…… 그녀는 그런 널찍한 방과 널찍한 탁자를 가지고 글을 쓰고 있는 자신을 생각할 때, 그때 만큼은 어쩌면 인생은 살 만한 것인지도 모른다는 느낌을 가지곤 했다.

인용문에서 보듯이 글쓰기란 주인공에게 자기정체성을 찾는 행위로써 인식되고 있다. '글 속으로 그녀 자신이 숨는'다는 행위는 다름아닌 외적 세계의 타자화되고 권태로운 일상으로부터 탈출하여 자신만의 내적 세계에 숨음으로써 진정한 자아의 창조성을 회복한다는 의미로 읽혀진다. 그래서 글쓰기를 생각할 때만큼은 인생을 살 만한 것으로 느끼게 되는 것이다. 그런데 그 글쓰기란 무엇인가? 프로이트는 현실과 환상이라는 두 개의 극을 상정하고, 예술을 환상의 한 형태라고 보았다. 다시 말하면, 현실과 대조되는 일종의 환상으로서 예술은 현실적으로 충족시킬 수 없는 욕구를 환상적으로 실현하는 대상만족의 역할을 하게 된다는 것이다. 글쓰기란 예술활동을 통하여 주인공은 현실의 무의미성과 비창조성을 대리충족하기를 희망했던 것이다.

그런데 지난 여름은 그러한 글쓰기에 대한 꿈과 욕망조차 허용하지 않을 정도로, 즉 환상 세계로의 도피마저 허용하지 않을 정도로 삶의 무의미성과 무료함에 강하게 지배되어 있었다. "그러나 지난 여름 동안은 글을 쓴다는 것, 그런 열망을 가슴 속에 품고 있는 것이 더 이상 아무것도 아닌 될 대로 되라는 식으로 내팽개쳐 둔 것같이 세상은 돌아간다고 생각해서이다. 모든 일에 거의 별 주장이 없이 사는 그녀였는데도 어리둥절할 때가 많았다."에서 보듯이 지난 여름에 그녀가 글쓰기에 대한 욕망조차 갖지 않게 된 이유는 세상이 될 대로 되라는 식으로 내팽개쳐 둔 것같이 돌아간다고 생각되었기 때문이다. 즉, 매사에 별 주장이 없는 그녀였음에도 세상의 돌아가는 모습에서 혼란스러움과 무력감을 느꼈던 것이다. 그러면 대체 세상은 어떤 모습으로 돌아가고 있는가?

> 오토바이 납치범 극성, 최근 들어 떼를 지어 다니는 오토바이족들 주택가에까지 침입. 어젯밤 아홉시경 퇴근하던 타이피스트 홍모양을 집 앞 오십 미터 앞에서 납치해 어린이 놀이터에서 폭행하고 도주. 뒤늦게 발견당한 홍모 양 급히 병원으로 옮기던 도중 사망.

인용문에서 보듯 신문의 사회면은 여성에 대한 약취 유인과 성폭행 등 성폭력 범죄가 만연된 사회상을 적나라하게 보여준다. 성폭력이 주택가에서조차 일상화되어 있는 혼돈된 상태, 성적 윤리와 도덕이 아노미상태에 빠져 있는 것이 객관적인 현실세계의 모습이다. 여성이 인권과 생명권에 대한 보호를 주택가에서마저도 받을 수 없이 된 혼돈된 사회상은 글쓰기를 통한 자아실현이란 그녀의 주관적 욕망을 허망한 것으로 느끼도록 만들어버렸던 것이다.

그런데 글쓰기에 대한 욕망조차 느끼지 못하던 권태롭고 무력감에 지배되던 그 여름의 끝에서 그녀는 돌연한 감정의 혼란에 사로잡히게 된다. 전지적 화자는 "권태로웠던 여름은 그녀에게 공허한 함정을 파놓고 떠났던 것이다. 갑자기 사랑이라니"라는 논평을 통해 그녀가 사랑이라고 느끼는 감정이, 권태로웠던 여름이 만들어낸 '공허한 함정'임을 독자에게 환기시킨다. 즉, 권태롭고 혼란스럽고 무력감에 사로잡혔던 여름은 주인공으로 하여금 사랑을 극도로 신비화하는 감정의 함정에 빠뜨렸다고 주지시키는 것이다. 이러한 전지적 논평은 독자가 자칫 주관성에 사로잡힌 주인공의 내면세계만을 따라가지 않도록 개입하는, 즉 객관적 균형감각을 가지도록 일깨워주는 대목이다. 이러한 장치는 다음과 같은 문장에서도 찾아볼 수 있다.

그녀는 그녀 자신이 지금 그녀를 관찰하고 있음을 느낀다. 관찰하고 있는 그녀는 엎드려 있는 그녀를 어느 정도 알고 있다. 엎드려 있는 그녀가 지금 탁자 위에 눈물을 쏟고 있는 그녀가 나흘 전부터 무언가에 휩싸여 있다는 것을. 한 가지 것에 휩싸인 그녀는 다른 모든 것에 태만해졌다는 것을. 그녀는 바보같이 군다. 걷다가도 아무것하고나 부딪친다. 말투는 평소보다 더 느릿느릿 해졌고, 눈초리는 방심해 있다. 무언가를 바라보고 있지만 아무것도 보고 있지 않다. 뭔가를 슬퍼하는 것 같은 데도 곧잘 웃는다. 그녀는 자신을 관찰하고 있는 자신이 싫은지 고개를 쳐든다. 고개를 든 그녀의 눈에는, 지금까지 관찰하고 있던 그녀가 전혀 보지 못했던 불안이 넘치도록 담겨 있어서, 관찰하던 그녀는 놀라 사라져 버린다. 고개를 든 그녀는 노트를 꺼내고 거기에 뭔가를 적기 시작한다.

'관찰하고 있는 그녀'와 '관찰당하고 있는 그녀'의 분리는 바로 전지적 화자의 시선이 이중적이라는 것을 보여준다. 작가는 자칫 주관주의에 함몰될 경계를 위태롭게 벗어나면서 최대한의 절제를 통하여 객관성의 균형감각을 유지하려고 노력하고 있다. 우연인 듯 삽입된 신문기사가 보여준 성폭행의 사회상이나 앞에서 인용한 작가의 짤막한 논평, 독자로 하여금 이중적 시선을 갖도록 만드는 화자의 시점 같은 것이 그 예이다.

  인용문에서 '관찰하고 있는 그녀'는 프로이트의 개념을 빌려 표현하자면 초자아(super ego)일 것이다. 그리고 '관찰당하고 있는 그녀', 엎드린 그녀는 관능적 충동에 사로잡힌, 그러면서 동시에 억압된 그녀의 이드(id)일 것이다. 그녀의 초자아는 사진기자에 대해 '아무 연대감을 갖고 있지 못한 그 남자'라는 표현을 가능하게 하고, 그녀가 이드의 충동에 사로잡혀 매사에 태만해졌으며, 바보같이 굴고, 정서적으로 매우 불안정한 상태에 있음을 '관찰'한다. 하지만 정작 엎드린 그녀가 고개를 들어 불안한 눈초리로 관찰하는 그녀를 바라볼 때 '관찰하던 그녀'는 놀라 사라져버린다. 이드, 즉 본능적 충동이 더욱 강해진 상태를 고개를 드는 행위를 통해서 암시하며, 강해진 이드는 초자아의 객관적이고 냉정한 시선을 압도해버리는 강력함을 가지고 있다. 초자아의 이드에 대한 통제력이 상실되어버린 것이다. 그녀의 전체적 의식은 지금 초자아와 이드가 분열된 상태에서, 이제는 이드의 충동에 강렬하게 지배된 상태로 바뀌어져 있다.

  작품의 발단단계에서 주인공은 비를 맞고 수영장을 찾아가 관능적 욕망을 식히고자 노력함으로써 이드의 강렬한 충동으로부터 벗어나길 희망한다. 하지만 이러한 노력은 실패하고 만다. 비를 맞고 있는 동안에도 "그녀는 자신의 살갗을 통과해 비까지도 함께 맞고 있는 그녀 속의 그를 다시 느낀다. 불안이 와아, 하고 솟아난다. 빗속을 찰박찰박 뛸 때마다 불안도 자꾸만 와아 와아 와아, 솟아나서 잔 올챙이들처럼 와글와글거린다"처럼 공감각적인 불안감에 온통 사로잡혀 있다. 이때의 불안감은 그에 대한 관능적 충동과 이를 억압해야 한다는 초자아의 명령 사이에서 발생하는 팽팽한 긴장감으로부터 발생하는 것이다. 관능의 열기를 식히고자 찾아간 수영장 안에까지 그의 환영은 따라와 그녀의 내면을 지배하며, 수영장에서 나와 빗속을 걸을 때에도 "그녀 속에서 일렁이던 관능은 차거워"졌지만 그의 환영은 그녀의 의식을 계속 강하게 사로잡는다. 이 작품은 전체적으로 볼 때에 그에게 이끌리는 충동과 그 충동을 억압해야 한다는 준거 사이에서 과도한 갈등을 반복하는 여성의 내면적 갈등을 핵심적 플롯으로 삼고 있다.

여주인공은 우연히 두 번 만났을 뿐인 잡지사의 사진기자인 유부남, 더욱이 여자킬러라고 그의 동료로부터 불리워지는, 잘 알지도 못하는 남자를 향해 사랑의 감정에 사로잡히게 되는데, 이 감정은 어떤 면에서 정상적인 차원을 훨씬 벗어나 있다. 즉, 흥미를 느끼게 된 화원의 일과 같은 정상적인 일상 업무를 수행하지 못할 만큼 불안정한 정서 상태로서 신경증적인 편집증세까지 보이고 있다(주인공의 편집증적 성격은 타자치기에의 몰입, 화원 일에의 지나친 몰두에 이어 사진기자에 대한 편집증적 집착 등에서 반복된다는 점을 주목할 필요가 있다.). 인간은 누구나 이성으로부터 사랑받고 싶다는 욕구를 지니지만 그렇다고 하여 작중의 주인공처럼 과도한 집착과 불안감 그리고 거부당할지도 모른다는 사실에 대한 민감성을 보이는 것은 아니다. 애정에 대한 과도한 집착과 거부당할지도 모른다는 사실에 대한 민감성은 모두 그녀의 애정에 대한 신경증적 욕구를 나타낸다.

두번째로 그를 우연히 만났을 때, "분명히 그때 그 남자의 눈은 반가움으로 흔들렸다"라고 느끼고 있는데, 이 느낌은 그녀의 감정을 그에게 투사(projection)시킨 것이라고 할 수 있다. 정작 반가움을 느낀 것은 그가 아니라 그녀일 수 있다. 그런데도 그녀는 자신의 감정을 왜곡하고 은폐한 채 그의 눈이 반가움으로 흔들렸다고 투사시키는 방어의 메카니즘을 사용한다. 지난 여름의 무한정한 권태를 뚫고 그 남자는 돌연하고도 즉흥적으로 다음과 같은 말과 행위로 그녀를 감정의 혼란 상태에 빠뜨렸던 것이다.

나 할 말이 있어. 이런 말 하는 사람이 아니지만 솔직히 말하지만 내가 지난 여름에 그놈의 바이올렛 때문에 당신을 처음 봤을 때 내 가슴이 얼마나 뛰었는지 알아? 당신 내 카메라 바라보느라고 눈 내리깔고 있을 때, 아 이 세상에 저렇게 아름다운 눈썹도 있구나, 내내 생각했지. 내 마음 몰랐지요?

헤어질 때 그는 자연스럽게 손을 뻗어 그녀의 팔에 내려놓았다. 그때 그도 느꼈을 것이다. 그녀의 팔 위에 돋아난 오소소한 소름들을. 추운가 보군, 그는 그녀의 팔을 쓸어내렸고, 소름들은 그의 손바닥에 쏠려내려갔다. 그 짧은 순간 그녀는 울 뻔했다.

    그녀가 아름다운 눈썹을 가졌다는 다분히 즉흥적인 칭찬과 헤어질 때의 찰나적 접촉에서 유발된 관능적 욕망(팔 위에 돋아난 소름들은 추위 때문만이 아니라 남자의 말에서 자극받은 관능적인 긴장감을 표현하고 있다.) 때문에 그녀는 지난 나흘 내내 그에 대한 억제할 수 없는 그리움에 사로잡히게 된 것이다.
    여주인공이 그토록 억제할 수 없는 그리움에 사로잡혀 있었음에도 그 나흘간의 망설임 속에서 자신의 욕망을 억압하는 모습은 이 사회가 여성에게 부여하고 있는 성적 억압의 단면을 여실히 보여주고 있다. 신문기사가 보여주듯이 오토바이 흉악범에 의한 성폭행이 난무하는 성범죄의 아노미 상태에서 여성은 피해자요 희생자가 될 뿐 그들 자신의 성적 욕망에 대해서는 소극적이고 수동적이며 억압적일 뿐이다. 즉 전형적으로 표현적인 여성성을 나타낼 수밖에 없다. 남성들이 아무런 책임없이 여성의 관능을 자극하는, 성적 희롱이라고 불리워질 만한 말과 행위를 연출하며, 약취 유인 폭행을 가하는 전형적인 공격성과 기능적 성향을 보여주는 것과는 뚜렷이 대비되는 것이다. 즉, 성적 욕망과 성적 표현에 대해서조차 철저히 남성중심적인 이분법을 읽을 수 있다. 소위 기능주의 사회학자 파슨즈가 말한 '표현적(expressive) 여성'과 '도구적(instrumental) 남성'의 이분법은 여성으로 하여금 성적 욕망을 부정하게 하며, 남성의 욕망에 무주체적으로 순응하도록 여성을 대상화시킨다. 즉, 성적인 측면에서도 남성중심적 권력을 행사함으로써 여성에 대한 사회적 억압을 계속해 나가고, 여성을 소외시켜 버리는 것이다.

주인공은 제정신을 차리지 못할 정도로 그에게 사로잡힌 정신상태에서 그의 사무실 부근까지 찾아간다. 하지만 "전화를 하면 그는 나를 멸시할 것이야"라는 생각 때문에 전화는커녕 그녀가 앉은 찻집의 유리창 밖으로 걸어가고 있는 그를 보고서도 불러세우지 못한다. 남성의 경우 폭력적인 성적 표현조차도 남성다움으로 권장되지만 여성의 경우에 이성에 대해서 관심을 보이면 정숙하지 못하다고 멸시받을 것이 두려워서이다. 또한 그녀의 어린 시절에 경험했던 '미나리밭'의 에피소드가 보여주듯이 아직도 파릇파릇한 상처로 남아있는, 거부된 사랑의 쓰라림 등 복합적인 감정이 그녀로 하여금 그를 찾아갔으면서도 전화도 못하게 만들었고, 눈 앞에서 그의 모습을 보고서도 속수무책으로 있을 수밖에 없도록 무력하게 만들었던 것이다. 따라서 미나리밭의 삽화는 단순한 과거에 대한 기억으로서의 의미가 아니라 바로 현재 그녀가 겪고 있는 그에 대한 감정을 은유하고 있다. 즉, 그녀의 그에 대한 감정을 표현하면 그로부터 멸시받을지도 모른다는 불안감과 거부당할지도 모르는 사랑에 대한 두려움을 은유하고 있는 것이다. 사랑 표현에서의 망설임과 자신감이 결여된 태도가 과거 유년기의 미나리밭의 삽화 즉 거부당할지도 모른다는 데 따른 두려움으로부터 비롯된 콤플렉스임을 작가는 암시한다. 이 거부에 대한 공포가 그녀로 하여금 애정에 대해 정상적인 욕구를 갖지 못하도록 장애하고 신경증적 태도를 유발한 한 원인이 될 수도 있는 것이다.

그녀가 "나흘 동안 그의 명함을 주머니에 넣고 다니면서, 그에게 전화하고 싶은 마음과 사투를 벌이듯이 지냈"음에도 불구하고 그녀는 자신의 욕망을 그녀 내부에서 소외시켜 버리고 만 것은 거부에 대한 두려움뿐만 아니라 더 근본적으로 여성에게 가해지는 뿌리깊은 성적 억압에 지배되고 있기 때문이다. 철저히 타자화된 관능, 표현하지도 못하는 사랑의 감정, 성적 존재로서 자신의 욕망을 철저히 소외시켜야 하는 성적 무력감은 무책임하게 내뱉는 사진기자의 성적 희롱과 특히 화원의 고객인 최의 성폭행과의 극단적인 대비를 통하여 성에 집중된 남녀의 권력관계와 남녀에 대해서 차별적으로 적용되는 성의 이중구조를 극명하게 보여준다.

주인공이 그에 대한 그리움에 사로잡혀 화원을 나와 거리를 방황하는 행위 자체가 이미 사랑 표현에 있어서 여성의 무주체성을 드러내고 있다. 사진기자에 대한 감정 표현을 소외시켜 버린 대신에 그녀는 언제나 그녀가 예뻐서 못 견디겠다는 표정을 짓곤 했던 최라는 남성에게(그는 그동안 직장을 매개로 하여 주인공에게 성적 희롱을 일상적으로 해왔던 인물이다.) 전화를 하여 만나자고 한다. 그녀는 전화를 하고 곧장 후회하지만 그곳을 떠나지 못하는 우유부단함을 보이는데, 그녀의 마음의 근저에 최를 통해서 욕망을 대리실현하려는 무의식적 동기가 작용한 탓이라고 할 수 있다. 사진기자에 대한 감정을 과도하게 억압함으로써 발생한 바람직스럽지 못한 반동형성인 셈이다. "오늘은 이렇게 반항해도 내일은 너 스스로 전화할 걸. 여기에서 나를 기다리겠다고 말야..... 니 얼굴에 씌어져 있어. 나 죄 없어. 다만 니가 말 못하는 걸 내가 알아서 해주는 것뿐이야.... 자 그러니 좀 얌전하게 굴어"에서 보듯 지하계단으로 그녀를 강제로 끌고가서 성폭행하려는 그에게 반항을 하자 그는 오히려 성폭행이 그녀가 원하는 바로써 그녀가 요구하지 못하는 것을 그가 해줄 뿐이라는 철저히 남성중심적인 왜곡된 태도를 드러내고 있다. 즉, 성적 폭력은 정상적인 여성이 기꺼이 바라는 바요, 오히려 그녀가 필요로 하는 바이며, 그녀에 의해서 암시되거나 요구되기도 한다는 잘못된 믿음이 남성세계에 얼마나 굳게 신뢰되고 있는가를 최는 잘 보여주고 있는 것이다. 그런데 최의 성폭력 행위를 합리화하는 그릇된 믿음은 바로 주인공과 같이 성적 표현에서 주체성을 결핍한 태도와 성규범에 있어서 남녀의 이중구조가 뒷받침해 주고 있음을 간과할 수 없다.

여성이 욕망을 극단적으로 억압하고 소외시키는 것과는 달리 남성들은 사진기자의 경우처럼 아무런 책임감 없이 성적 욕망을 언어적 신체적 행위를 통하여 표현함으로써 여성의 정신에 혼란을 주고 상처를 입히거나 40대 남성 최의 경우처럼 극단적인 폭력 형태로 표출시킴으로써 여성의 정신과 육체를 파괴시키기도 한다. 신문 사회면에 보도된 성폭력 범죄가 만연된 사회상은 신문기사 속에서만 존재하는 남의 이야기가 아니라 바로 여주인공이 나날의 일상적 경험세계 속에서 일어나는 일상화된 현상인 것이다. 사진기자나 최로 표상되는 남성중심적 폭력성은 그녀가 화원을 나와 "방향도 없이 공허하게 앞을 향해 걷"다가 다달은 미술관 근처 지하철 공사장의 포크레인의 상징을 통하여 적절히 암시되고 있다.

> 땅을 파먹은 포크레인이 입벌린 공룡처럼 우뚝 버티고 서 있다. 그녀는 그 공룡의 입 속으로 빨려 들어가는 듯 힘없이 미술관 뜰로 옮기다가 주저앉는다.

포크레인은 입벌린 공룡에 비유되지만 정작 작가는 거대한 공룡과 포크레인을 통하여 남성적인 폭력성과 그 완강함을 환기시키고 있다. 작가는 포크레인을 통해서 공격적이고 폭력적인 남근 이미지를 상징한 것으로 보이는데, 폭력적인 남성세계는 여성의 저항에 의해서는 결코 손상되지 않는다. 여성의 남성에 대한 저항은 오히려 여성 자신에게 상처를 입히고 말 뿐이다. 그녀가 강간하려는 최에게 반항을 해보았자 얻는 대가는 "얻어맞을 때 터진 그녀의 귀가 뺨 쪽으로 퉁퉁 부어올라서 갸름한 그녀의 얼굴형이 야릇해진" 것 외에는 없었으며 포크레인에 몸을 부딪쳤을 때에도 자신의 몸에 상처만 깊어질 뿐이다.

> 그녀가 힘껏 손톱으로 포크레인 몸체를 긁어본다. 포크레인은 긁혀지지 않는다. 그래도 계속 긁어대니, 그녀 손톱이 부서져 달아난다. 그녀가 이제 포크레인 아무 곳이나 몸으로 밀어보고 있다. 미는 게 아니라 부딪쳐보고 있다는 표현이 맞을 것이다. 몇 발짝 떨어져서 힘껏 달려들어도 포크레인은 꿈쩍도 안 한다. 그녀는 어마어마한 곳을 쳐다보는 양, 포크레인 아가리를 오래 쳐다보더니, 신발을 팽개치고 낑낑대며 포크레인 위로 올

라가기 시작한다. 정강이가 쇠붙이에 부딪혀 깨어지는 소리가 났고, 기어가느라고 엎드린 몸을 펼 때는 포크레인 모서리에 그녀의 가슴살이 패여 찢겨진다.

　남성세계의 완강함은 단지 물리적인 폭력 속에만 존재하는 것이 아니다. 그녀가 그에 대한 그리움에 사로잡혀 거리를 방황하다가 엉뚱하게 최에게 강간을 당해도 그 그리움을 그에게 알릴 수조차 없는, 즉 여성은 자신의 욕망을 결코 표현할 수도 표현해서도 안되는 남성중심의 언어적 심리적 억압, 그 완강함에 주인공은 절망한다. 남자는 기분대로 아무 말을 내뱉어도 되지만 여성에게는 언어적 표현마저 억압해야 하는, 여성의 심리 속에 뿌리깊게 작용되고 있는 성의 정치학, 그 완강함에 대한 절망감은 길거리를 배회하던 주인공이 하늘의 무지개를 바라보다가 "따라갈 수 없는 서러움. 닿아볼 수 없는 안타까움. 먼, 멀디먼 그리움."과 같은 단절감을 느끼는 데서 잘 드러나고 있다. 주인공은 무지개를 행해서가 아니라 그에 대해서 단절감을 느끼고 있는 것이다. 무지개에 대한 단절감은 바로 그에 대해 느끼는 단절감을 메타포하고 있다.

　남성중심적인 완강함에 그녀는 저항해 본다. 자학적으로 포크레인에 몸을 부딪혀보거나 심지어 포크레인 아가리 속으로 들어가 흙에 자신을 매장하는 자학적이며 분열된 행동을 해 볼지라도 그녀의 마음을 그에게 알리고, 그녀에 대한 기억을 그에게 환기시킬 방법은 없다(포크레인의 아가리 속으로 들어간다는 것은 남성의 폭력 한가운데 자신의 몸을 내맡겨 본다는 뜻일 것이다.). 자학적으로 최의 폭력에 자신의 몸을 내맡겨 보아도 그녀의 마음 속에 자리잡은 그리움은 치유되지 않는다. 어린 시절 미나리밭의 추억이 환기시켜 주듯이 슬픔 때문에 또는 상대의 마음을 돌려놓을 수만 있다면 죽을 수도 있다고까지 생각하여도, 그래서 포크레인 아가리 속의 흙으로 자신을 매장하는 상징화된 죽음의 의식을 통해서도 결코 도달할 수 없는, 표현할 수 없는 성적 욕망과 사랑의 소외된 모습을 이 작품은 너무도 끔찍하고 처연한 주인공의 모습을 통하여 보여주고 있는 것이다.

3. 맺음말 – 허무적 결말이 보여준 성의 정치학

미혼여성에게 일어난 사랑이란 감정의 혼란을 통하여 이 작품은 성과 사랑에 은폐된 남녀의 권력관계를 적절히 보여주고 있다. 사랑이란 존재하지 않으며, 다만 사랑이란 이데올로기, 그 허위의식만이 존재한다는 것을 사진기자의 무책임한 성적 희롱, 지하철 인부들이 배트민턴 치는 여자를 향해 내뱉는 욕설, 그리고 최의 폭력을 통해서 이 작품은 보여주고 있다. 이들 남성들은 모두 여성을 욕망의 대상으로 객체화하며, 유형 무형의 폭력을 가하는 인물들이다.

주인공이 사진기자에 대해 아무런 감정 표현을 하지 못한 채 끝없이 접근-회피의 갈등에 빠져 있는 상황성은 여성에게 억압적인 남성중심의 사회구조와 남녀차별적인 성의 이중규범에서 비롯되고 있다. 즉흥적인 성적 희롱과 진실한 사랑을 구별하지 못하고 혼돈된 감정에 빠져드는 여주인공의 도착된 의식상태는 진실한 사랑이란 대등하고 주체적인 사귐을 통해서만 이루어지는 것이라는 최소한의 사랑관조차 갖지 못하게 만드는 우리의 차별적이고 억압적인 현실을 반영해 준다. 그 결과 여성도 남성도 진정한 사랑이 무엇인가를 알지 못한 채 즉흥적인 성적 희롱이나 강간과 같은 성폭력을 남성다움이나 용기와 혼동하게 되며, 여성은 성적 희롱인지 사랑인지도 구별하지 못하는 도착된 사태에 이르게 된다. 여성의 성적 욕망을 금기시하고 억압하는 사회에서 작중의 주인공처럼 자신을 끝까지 억압하는 데에 성공하지 못할 경우(최에게 전화를 걸어 만나는 행위), 남성중심의 사회는 여성을 향해 응징을 가하게 된다. 여성은 그로 인해 돌이킬 수 없는 정신적 육체적 상처를 입으며, 타락된 존재로 전락하고 마는 것이다. 그리고 남성중심적 욕망에 무주체적으로 반응하는 형식, 더구나 폭력적 강간을 통해서는 결코 여성의 욕망은 진정한 실현에 이를 수 없다.

그러면 이러한 폭력을 피하기 위하여 여성은 어떤 행동을 할 수 있는가? 남성들의 욕망에 무반응과 무감각을 보여주든가 아니면 한 남성의 집, 즉 소유적 결혼과 가족관계에 의존하는 삶을 통해서만 그나마 불특정 다수 남성의 폭력으로부터 보호받을 수 있다. 불특정 다수 남성의 폭력으로부터의 보호가 특정한 한 남성의 소유가 되는 예속적 결혼에 순응할 때에만 가능한 것이다. 그렇지만 가정이 여성에게 성폭력의 안전지대일 수 없음은 가정 내에서 일어나는 아내 구타, 부부간의 강간에서 쉽게 찾아볼 수 있다.

거리(이때 거리란 성폭력에 노출될 가능성이 큰, 집과 대위되는 개념이다)와 같은 느낌을 주는 직장인 화원을 매개로, 거리에서 만난 남성인 사진기자나 최로부터의 폭력을 피할 수 있는 유일의 길이 그나마 가부장제에 순응함으로써, 즉 남성에게 자발적으로 종속하는 결혼을 통해서만 가능하다는 사실은 여성에게 정상적 욕망 실현과 자아완성을 근원에서부터 저해시킨다. 더욱이 사회적으로 하위에 속하는 주인공은 적당한 결혼 상대자조차 없는, 성적으로 매우 소외된 상태에 있다. 주인공의 결혼에 대한 관심은 화원에 부케를 맞추러 온 여자 이야기-여자의 눈썹에 반한 신랑 이야기-를 통하여 간접적으로 제시되었다(이 작품에서 빈번히 사용된 여성의 눈썹은 관능적 이미지의 상징이다.). 이러한 소외상태가 결국 무심한 한 마디의 성희롱에도 무감각할 수 없는 과민한 감정상태를 빚었다고 할 수 있다.

남성중심사회의 성의 정치학과 이로 인한 여성의 성적 소외를 치밀하게 그려냈으면서도 이 작품의 결말은 독자를 허무감에 빠뜨린다. 왜냐하면, 결말에 이르도록 주인공은 여전히 사진기자에게 사로잡힌 감정의 혼란상태를 정리하지 못하며, 글쓰기를 통한 정체성의 확인에도 성공하지 못하기 때문이다. 즉, 최로부터 성폭행을 당하고서 포크레인 아가리 속에 자신의 몸을 매장하면서도 주인공은 줄곧 "당신은 잊었지? 그날 밤 내 소매 없는 실크 블라우스 밑의 팔뚝에 돋아 있던 좁쌀만한 소름들, 그걸 쓰다듬어 주었던 일을, 당신은 잊었어, 내가 어떻게 해야 당신이 나를 기억할까"와 같은 생각에 매몰되어 있다. 성폭력을 당하는 위기의 경험을 통해서도 사랑의 신비화에서 깨어나지 못하는 안타까운 의식상태를 보여주고 있는 것이다.

결말에서 주인공은 화원으로 다시는 돌아가지 않겠다고 결심하는데, 이는 어떤 의미인가? 강박적일 만큼 그녀는 사랑의 감정에 집착한 나머지 흥미를 느끼던 직업마저 포기해버리고 말겠다는 뜻이며, 다시는 무료한 일상의 세계로 복귀하지 않겠다는 의미일 것이다. 그렇다고 하여 그녀에게 다른 창조적 대안이 열려져 있는 것은 아니다. 결말의 마지막 대목인 "꾸물꾸물 웃옷 주머니에서 노트를 꺼내 아무 장이나 펼치고서, 해사하게 웃기까지 하며, 뭔가 꾹꾹, 눌러 적어넣을 양을 하다가는, 힘이 팽기는지 눈물 젖은 얼굴을 푹 수그리는 일이었다."가 시사하는 바는 단순한 글쓰기의 실패가 아니라 여성의 진정한 정체성에 대한 추구가 실현되지 못하는 객관적 현실을 암시해준다고 할 것이다. 성적 욕망의 실현은 물론이며, 글쓰기를 통한 자아실현과 내적 각성 그 어느 것에도 도달하지 못하는 여성상으로 작품이 마무리되고 말았다.

박혜경은 소설집 『풍금이 있던 자리』의 해설에서 "망설이고 머뭇거리는 마음의 움직임을 가장 잘 보여주는 것이 신경숙의 문체"라고 지적하고 있다. 주인공의 망설이고 머뭇거리는 수동적이고 소극적이며 자기은폐적인 성격은 그녀의 개성이기 이전에 이 사회가 여성에게 부여하고 있는 표현적 성격의 전형성에 부합된다. 따라서, 신경숙의 문체는 성차별적인 이 사회가 여성에게 부여하고 있는 표현적 특성을 잘 구현하고 있는 인물을 그리는 데 적합한 여성중심적 문체의 특징을 나타낸다고 할 수 있겠다.

망설임이 많은 소극적이고 수동적인 주인공의 성격은 이 작품에서 서술의 시간과 허구의 시간의 간극과 불일치에서도 잘 드러난다. 이 작품의 서술의 시간은 하루 동안이다. 이 하루 동안의 서술 시간 속에 그를 다시 만났던 지난 나흘의 시간, 그녀가 화원에서 일하게 된 시간, 그리고 이십여 년 전 유년기의 미나리밭의 삽화까지 허구의 시간이 삽입되며, 주인공의 심리적 갈등 묘사가 반복됨으로써 작품의 서술 속도를 지연시키고 있다. 그리고 이 서술 속도의 지연은 우유부단하고 수동적인 주인공의 성격을 적절히 반영하고 있는 것이다.

이 작품은 뚜렷한 행동구조 없이 여성의 내적 심리적 갈등을 정교하고 치밀한 시각으로 그리는 여성중심성을 보여주는 듯하지만 작가의 시각은 때로 남성중심적이다. 가령, 여주인공이 그를 만난 날 "팔소매가 없는 자줏빛 실크 블라우스를 입었고, 그래서 생긴 팔뚝의 그 좁쌀 같은 소름"을 그가 매만졌다는 사실을 여러 차례 강조하고, 또한 배트민턴 치는 여자의 "무릎 위까지 올라간, 그리고 아주 타이트한 짧은 진치마 아래로 두 여자의 다리는 미끈"했다고 묘사한 이유는 어디에 있는가? 마치 여성 자신이 정숙하지 못한 옷차림으로 관능적인 행동을 함으로써 남성의 욕망을 자극하고, 결국 남성들의 성적 희롱과 폭력을 유발시켰다는 남성중심적인 가치의식에 작가가 물들어 있는 탓은 아닌가 하는 의문을 가지게 한다. 즉, 이 작품에서 작가는 여성중심의 시각에 서 있는지 아니면 남성중심의 시각에 서 있는지는 분명하지 않다. 그만큼 작가의 작중인물에 대한 태도는 이중적이고 모호하다.

외적 행동구조가 불분명하고, 내면적 갈등 묘사에 치우친 신경숙의 문체는 바로 외적 행동을 억압하며, 욕망을 내면화할 수밖에 없는 여성을 형상화하는 데 적합한 여성중심의 문체라고 할 수 있다. 이러한 내면화되고 주관적인 문체를 통하여 리얼리즘 문학에서조차 취급하기 어려운 성의 정치학을 매우 예리하게 그려냈다는 점에서 이 작품은 작가적 시각의 애매함에도 불구하고 페미니즘 문학으로서, 특히 성폭력과 성희롱이 사회적인 관심사로 떠오른 오늘의 현실 속에서 일단 성공적인 작품이라고 평가할 수 있다.

그러나 남성중심적인 성의 정치학을 변혁해 나가는 바람직한 사랑의 대안 제시, 성적 주체로서 건강하게 욕망을 실현할 수 있는 새로운 여성상에 대한 전망을 전혀 보여주지 못했다는 점에서,

더욱이 주인공이 내적 각성조차 전혀 이루지 못하고 결말에 이르렀다는 점에서 안타까움과 아쉬움이 크게 남는 소설이라고 하지 않을 수 없다.

길 잃은 여성들, 새로운 길은 어디에
— 이남희의 「수퍼마켓에서 길을 잃다」

정 순 진

1. 길의 형이상학

전통적으로 여성의 공간은 가정이었고, 그 중에서도 안채이었다. 집의 바깥에 해당되는 사랑채는 남성의 공간으로 집에서 바깥이었을 뿐 아니라 바깥세계로 바로 연결되었던 것과 달리 여성에게 길은 위험한 곳으로 여겨졌다. 편안할 '安'자가 가리키는 것처럼 여성이 집을 벗어나 길에 나선다는 것은 위험을 자초하는 일이었으며, '노류장화'라는 말처럼 길에 있는 여성은 곧 주인 없는 여성으로 아무렇게나 해도 되는 여성으로 공인되었었다.

그러나 길은 인간이 다님으로써 형성되는 공간으로 혼자만의 공간에서 다른 사람이 있는 곳으로 가기 위해서는 반드시 거쳐야 하는 곳이다. 밀실에서 밀실로의 이동 뿐만 아니라 밀실에서 광장으로의 이동도 길을 통해서만이 가능하니 길은 곧 인간을 세계와 만나게 하는 공간이다. 때문에 길은 폭넓은 의미를 함유하고 있는 상징으로 쓰인다. 인생은 나그네길이라는 상투적인 표현에서도 그러하거니와 인간이라면 마땅히 추구해야 하는 행위의 규범도 길이며 동양 삼교에서 '道'는 가장 높은 진리, 가르침, 믿음을 상징한다.

청소년기의 주인공이 정신적 위기와 여러 체험을 통해 세계 안에서 자신의 정체성이나 역할을 인식하는 과정을 그리는 성장소설에서 길은 청소년이 사회로 접근하는 공간이다. 안온한 유토피아로 상징되는 시공, 유아기와 고향에서 벗어나 자아정체성을 확립하고 사회에서 자아를 실현시키기 위해서도 반드시 길로 나서야 하기 때문이다. 그러나 여성에게 길은 성장으로 나아가는 공간이 아니라 성적 지리학상 위험성의 표지일 뿐이다. 성장을 위해 일부러라도 모험을 찾아 떠나는 남성들과 달리 위험에 몸을 떨며 혼자 길을 가지 못하는 여성은 아이들과 더불어 영원히 성장하지 못하는 족속으로 받아들여지는 것이다.

1996년 『문예중앙』 봄호에 발표한 이남희의 「수퍼마켓에서 길을 잃다」는 전통사회에서 강조하던 여성의 길, 婦道는 잃어버리고 새로운 시대의 길은 찾지 못한 채 혼돈 속에 있는 여성들의 삶을 잘 묘파하고 있다.

작가 이남희는 20대 초반의 신세대 여성과 30대 중반의 여성, 그리고 40대 말에 속한 세 여성의 삶을 통해 여성들이 처해있는 현재의 상황을 '길 잃음'으로 진단하고 있다. 필자는 이 작품을 면밀하게 읽으면서 이 시대 여성들이 길을 잃고 헤매는 양상이 세대에 따라 어떻게 다른지, 이야기를 서술하는 방식이 시대정신과 어떻게 부합되는지 따져 보고자 한다. 이런 작업 자체가 어떻게 해야 잃어 버린 길을 다시 찾을 수 있을 것인지에 대한 탐구의 시작이기도 하다.

2. 포스트모던 시대 여성의 삶

우리 사회가 후기 자본주의 단계에 진입했느냐의 여부는 논란의 여지가 있다. 그러나 후기 자본주의적 특성이 나타나고 있음은 부인할 수 없다. 이 소설은 신도시에 세워진 백화점 대형 수퍼마켓을 배경으로 하고 있는데 이것은 보드리야르의 거대시장 개념을 상기시킨다. 보드리야르는 "거대시장이 이미 자본의 전통적인 공장과 제도들을 넘어서서, 통제된 사회화의 모든 미래형의 모델로서 신체와 사회생활의 흩어진 모든 기능들을 동질적인 공간, 시간 속에 재규합한다.(노동, 여가, 영양, 위생학, 교통, 대중매체, 문화)"면서 거대시장을 대단지와 결합시킨다. 대단지란 완전히 기능적인 도회지로서 소비적 차원에서 도시와 등가치인데 이 소설의 신도시는 이러한 개념을 충족시킨다.

아파트만 빼곡이 들어서 있는 이 거리의 수퍼마켓은 요즘 유행하기 시작한 형태인데 인기가 매우 높다. 가격파괴라는 말 한 마디를 내세워 부근에 있는 어줍잖은 잡화점이나 작은 수퍼마켓들을 모조리 쓸어버렸을 정도이다. 이 공룡의 텃밭은 반경이 10킬로미터는 되는 듯하다. 자가용을 가진 주부도 오려니와 그 범위까지 백화점 버스가 무료로 운행하고 있다. 그 덕에 이 공룡의 텃밭 안에 있는 작은 상점들은 진화에서 따돌림을 당한 부적격 생물처럼 쇠잔해지다가 어느날 문득 자취를 감춰버린다. 폐허만 즐비하다. 참 대단한 식성이다.
　비결은 자본의 대형화에 있다. 대량선전, 물량공세, 인테리어 비용과 인건비를 절약하여 소비자가 원하는 상품, 즉 잘 포장된 사랑과 행복을 최저의 가격으로 제공한다고 유혹하고 있다.

거대자본의 가공할 만한 식성을 상징적으로 보여주는 백화점에서 조우한 세대가 다른 여성의 삶이 이 소설의 기본 재료이다. 백화점에서 상품의 진열이 진열장 위에서 표면적이라는 것은 서로서로 동렬에 놓임으로써 그들 상호간에 어떤 우열이 있는 것이 아니라 서로서로 등가임을 환기하면서 우열이 아니라 서로서로 등가의 위치에서 조합된 세 여성의 삶을 들여다 보자.
2-1. 중년 여성의 삶 : 작품 속에 산재되어 있는 만 49세의 전업주부 오인자에 대한 명시적 정보를 간추리면 다음과 같다. 첫째 남편은 경제학을 전공한 대학교수인데 이론에만 밝고 현실에는 어두운 책상물림으로 자기만의 세계를 추구한다. 둘째 자식은 딸 둘이다. 큰딸은 결혼해 미국에 살고 있는데 친정에 집 살 돈을 요구하고, 둘째딸은 프로패셔널한 인생을 살고 싶어하며 완벽한 뒷바라지를 바랄 뿐이다.
　남편과 자식은 전통사회에서 여성의 삶을 지탱시켜 주던 버팀

목이었다. 그러나 명시적 정보만으로도 잘 드러나듯 오인자에게 남편은 현실적인 걱정거리를 상의할 대상도 아니고 그렇다고 부부가 공유할 화제거리를 가지고 있지도 못하다.

> 그래도 허전하다. 남편과 뭔가 이야기하고 싶다. 그러나 같이 할 화제거리도 없고 서재 문을 두드릴 엄두도 안 난다. 그녀가 서재로 들어가는 것은 누가 왔다거나 차를 끓여 간다거나 그가 서재에서 잠들었을 때 담요를 덮어주러 가는 경우뿐이다.

인용 부분은 50대 부부문화를 그대로 드러낸다. 한 집에서 삼십 년 가까이 살아왔지만 문화적 별거와 마찬가지의 생활을 해왔다. 이 땅에서 50대 부부의 경우 '돈 벌어 오는 남편과 가정을 가꾸는 아내'로 가정 안의 역할 분담이 엄격해지면서 아내들은 가정과 비공식 영역에서 부지런히 경제활동을 해 극도의 물질주의적이고 신분사회적인 사회를 만드는데 공헌해 왔다. 이 세대의 신분사회적 과시 문화는 혼수와 결혼을 둘러싼 관행에서 첨예하게 드러나고 가족 단위의 신분상승주의는 극도로 도구화한 모성과 가족이기주의를 낳았다.

이 소설에서도 아주 간략하게 요약되어 있지만 오인자는 사위를 고르고 골라 명문가와 사돈을 맺었으며 혼수도 분에 넘치게 해줬지만 혼인 후에까지 물질을 요구하는 사태에 이르게 된다. 미국에서 살고 있는 큰 딸이 집 살 돈 반을 요구(딸은 암시적으로, 안사돈은 드러내놓고 요구)하는 문제에 부닥쳤을 때 오인자는 '차마 돈이라는 속물적 이야기를 꺼낼 수는 없어서' 남편과 상의하지 못한다.

그녀는 남편에게 어떻게 상의해야 좋을지 몰라 망설이기만 하였다. 그에게 돈 이야기를 꺼냈다간 위로는커녕 비난만 들을 게 뻔했다. 어쩌면 그딴 놈의 집안이라면 딸을 도로 데려오라고 호통을 칠지도 모른다. 딸은 계속 우울할 테고……그녀는 대책 없이 무거운 가슴으로 남편의 눈치만 보고 있었다.

남편과 아내가 사랑이란 이름으로 몸을 섞어 태어난 아이들이건만 출산과 양육, 교육, 혼인문제까지 모두 어머니만의 몫이어서 남편과 상의하지 못하는 오인자는 자식을 기둥삼아 살지도 못한다. 자식들은 이제 예전처럼 부모를 봉양한다거나 하는 생각은 없이 성인이 된 뒤에도 뒷바라지만 받으려고 한다.

자식들이라는 건 있대도 허망하기 짝이 없다. 오인자는 깊이 한숨을 내쉰다. 새끼를 등에 업었다가 뜯어먹히는 어미 거미라도 된 기분이다.

부자 중심의 집에서 부부 중심의 집으로 바뀌는 과정의 맨 앞에 서있는 이 세대에게 자식은 끝없이 뒷바라지만 바라며 부모를 뜯어먹는 거미로 형상화된다.

결국 오인자는 당면하고 있던 돈 문제를 남편의 제자 경민 학생과 상의하게 된다. 학생운동에 참여했던 경력 때문에 학교에 남지 못하고 출판사에 근무하는 경민은 지도교수님댁에 자주 인사하러 들른다. 무슨 걱정이 있냐는 자상한 물음에 결국 오인자는 경민에게 그 일을 의논한다. 강원도에 있는 땅을 처분하는데 읍자를 끼워 팔기 쉽게 하는 등 자신의 일처럼 나서서 처리해 주는 배려에 고마움을 느끼고 그 건으로 강원도까지의 한 나절 여행을 한다.

청년이 이를 드러내며 씩 웃는다. 오인자는 주책없이 가슴이 설렌다. 정말 오랜만에 찾아온 것이어서 신기하다. 최근에는 미남 영화배우는커녕 멋진 치과의사와 살이 닿아도 무감각하기만 했는데……

"그런 거 같아요. 그렇잖구서야 여태껏 결혼 안 했을 리는 없죠."

"그렇다면 사모님은요?"

"나요? 아이 흉해라. 내 나이에 무슨……"

"나이가 무슨 상관입니까? 다 포기했다고 하더라도 마지막 한 번이라는 게 남았을텐데요. 그런 필링이 끝나면 인생이 끝나는 거랍니다. 언젠가 신문에서 읽었습니다. 육십, 칠십에도 그런 필링을 느끼는 게 정상이고 건강한 거라구요."

"그거야 외국 이야기겠죠. 우리나라야 어디 그런가요?"

"왜 자신을 가두고 살아야 합니까? 그런 느낌을 갖는다고 꼭 일을 저질러야 하는 것두 아닐텐데. 그냥 느낌이 살아 있다는 것 자체가 소중한 점이지요. 자신의 감각을 꼭꼭 닫고 사는 건 사는 게 아니라는 게 제 생각입니다."

가볍던 분위기에서 갑자기 청년은 아주 진지한 투가 되어 말한다.

"그럴지도 모르죠……"

청년의 진지함에 말려들어 최면술에라도 걸린 기분으로 오인자가 낮게 중얼거린다. 정말 마지막 한 번이라는 것조차 없이 내 인생은 끝난 것인가? 회의가 온다.

그날 내내 오인자는 들떠 지낸다.

인용 부분은 모든 것에 무감각하던 오인자가 억압해 왔던 '여성'으로서의 감정과 느낌을 되찾는 부분이다. 그러나 오십 평생을 가정을 지키는 것이 현숙한 아내이고 훌륭한 여성이라는 교육을 받고 그렇게 살아온 여성이 그 껍질을 벗고 나오는 것은 단번에 이루어지는 일이 아니다. 정말 내 인생은 끝난 것인가라는 회의와 허전함을 메우는 유일한 방책이 쇼핑이다.

> 자주 쇼핑을 다니게 된다. 그녀로선 유일한 출구이다. 동창인들 매일 만나지는 것도 아니고, 영화나 연극인들 매일 보게 되지도 않는다. 번거롭다. 심란할 때마다 마음 편히 훌쩍 다녀올 수 있는 곳이 바로 백화점이다. 특히 오인자는 별 목적도 없이 슈퍼마켓을 돌아다닐 때가 가장 마음 편하다는 사실을 발견한다. 거기선 자신이 고객일 뿐이다. 늙은 여자도 주부도 아닌. 그곳에서만은 자신이 제대로 대접받고 있다고 느낀다. 그들은 매우 은근하다. 지갑을 열 의사만 비추는 한 그녀의 물건 고르는 안목에 감탄하고 그녀의 존재를 인정해 주는 것은 그들뿐이다.

허전한 50대가 그 허전함을 채워진 것 같은 환상을 경험할 수 있는 곳이 백화점이라는 사실은 여성을 소비주체로만 생각하는 자본의 논리로 보아 당연하다. 생산적이고 창조적인 주체로서는 소외된 채 진정한 욕망을 실현할 길은 막혀 있는 상태에서 가짜 욕망의 추구는 자연스럽다. 그러나 오인자가 이런 생활에 만족하고 있는 것은 아니다. 행동으로 옮기든 옮기지 못하든 50대 여성들이 꾸는 꿈이 있으니 아이들을 모두 결혼시킨 뒤 이혼하는 것이다.

> 나도 내 인생을 찾아야겠어. 어쩌면 난 이 남자와 이혼할지도 몰라. 막내가 유학가고 이이가 정년퇴직을 하면. 그땐……언제까지나 슈퍼마켓이나 헤매면서 쓰잘데 없는 물건이나 사들이면서 살고 싶진 않다구.

일본에서 아이들 결혼시키고 부부가 이혼하는 새로운 풍습이 생겨나고 있고 가장 팔자 좋은 여자는 50대에 과부가 되는 것이라는 농담은 이러한 50대 부부문화를 단적으로 보여준다. 사적인 영역과 공적인 영역을 나누어 각자의 영역에서 열심히 뛰어왔는데 남편이 정년퇴임해서 가정으로 돌아옴으로써 이 균형이 깨져버린 것이다. 그렇다면 사적인 영역에 있던 아내도 그 자리를 퇴임하고 싶은 갈망은 오히려 자연스럽다고도 할 수 있을 것이다.

작가는 오인자를 통해 자기 삶을 살고 싶은 진짜 욕망을 실현하지 못하는 대신 쓸데없는 물건이나 사들이는 쇼핑에 자신을 맡기고 있는 50대의 모습을 보여준다.

2-2. 삼십대 여성 : 서른 다섯의 전업주부로 아이는 없는 김선영에 대한 정보는 다음과 같다. 운동권에 가담하여 투쟁하다가 같은 운동권의 동지 경민과 사랑하지만 추문을 감당하지 못해 일까지 포기하고 남편에게 돌아와 전업주부가 되었다. 매사에 무심하여 멋대가리라곤 조금도 없는 남편과 지루한 일상을 영위하고 있다. 이 소설을 후일담소설이라고 한다면 김선영과 경민 때문이다. 그러나 이 소설의 관심은 단순히 그들의 후일담만은 아니다.

김선영의 일상은 아이 없는 전업주부의 전형적인 일상이다. 기차로 출근하는 남편을 역까지 태워다 주고 들어와 설거지를 하고 세탁기를 돌리고 청소를 하고 커피를 마시며 주부 대상의 아침방송을 듣는다. 주부를 대상으로 하는 방송사 프로그램은 오랜 세월 동안 변함이 없다. 세월이 흐르고 시대가 무섭게 바뀌어도 아내와 어머니라는 이름의 인간에게 바라는 것은 변함이 없으므로.

> 왜 FM 방송의 주부 대상 프로의 음악들은 하나같이 달착지근하기만 할까? 그 팝송들은 십여 년 전에 듣던 것이나 지금이

나 아무런 차이가 없다. 세상에선 대중음악이 펑크 록에서 랩, 심지어는 올터너티브 록인가 하는 것으로 숨가쁘게 바뀌고 있다고들 하던데. 도무지 변화라든가 진보라든가 하는 소리는 들어본 적도 없다는 듯 멍청한 프로그램이다. 게다가 그때나 지금이나 똑같은 애청자 사연이 끼어든다.

오로지 가족이라는 테두리 안에 갇힌 사랑과 행복 추구가 이 사회가 여성에게 요구하는 이데올로기이며 주부 대상의 방송사 프로그램은 그 이데올로기를 재생산할 뿐이다. 50대 주부가 가정 안에서 역할분담을 명확히 하고 비공식적인 부분에서 활동하는 것을 본인도 사회도 당연하게 여겼다면 30대 여성은 최소한 학교 교육을 받는 동안은 평등사회의 이념과 홍익인간의 이념 아래 교육받았고 자아실현이 인간의 가장 고급한 욕구임을 배웠을 터이다. 그러나 결혼과 더불어 시작된 새로운 관계에서 사회는 여성에게 가족 이외의 것에는 눈 돌리지 않는 냉혈적인 가족이기주의만을 부추긴다. 거기에서 벗어나는 길은 전화를 붙잡고 주착없이 수다를 떨어대거나 슈퍼마켓에 가서 돌아 다니는 방법이다.

상품을 사는 게 목적이 아니라 갑갑한 자신에게서 탈출하고 싶기 때문에, 산책하고 싶기 때문에 돌아 다니는 것이다.
일단 그곳에 들어서면 길을 잃게끔 되어 있다. 아마도 동선 배치 방식이 출구를 찾기 어려워 헤매도록 설계한다는 포스트모던 건축 양식의 미로를 본떴기 때문인지도 모른다. 그곳에 들어갔다가 곧장 출구를 찾아 나와본 적은 한 번도 없다. 물론 그러기를 바라지도 않는다. 내가 원하는 건 시간을 죽이고 자신을 잊는 일이다.

이 자리에서 여성의 자아 인식이 외출 모티프와 연결되어 있다는 것을 상기할 필요가 있다. 집을 벗어나지 않으면 여성은 자신과 마주할 수조차 없는 것이다. 그러나 김선영이 외출하는 것은 자신을 생각하기 위해서가 아니라 자신을 잊기 위해서이다. 원하는 게 시간을 죽이고 자신을 잊는 일이라는 진술은 삼십대 중반의 여성의 삶을 충격적으로 드러낸다. 아이가 없는 단촐한 살림에 넘쳐나는 것은 시간뿐. 하지만 그 시간에 할 일은 하나도 없다. 물론 남자들이 흔히 이야기하듯이 놀지만 말고 배울 수도 있지만 그런 배움이 얼마나 허황한 것인지를 깨닫는 데는 그리 오랜 시간이 걸리지 않는다. 생산성이 배제된 배움이란 소모적이고 장식적이며 그것 역시 시간 죽이기일 뿐이다. 주부를 대상으로 하는 평생교육이나 사회교육은 허울뿐 대체로 그런 성격에서 벗어나지 못한다. 유용한 쓰임을 배제한 배움, 여가로 배우는 취미는 절박하지도 않을 뿐더러 여성을 상대로 하는 기업의 돈벌이일 뿐이다.

김선영이 지루한 시간에서 벗어나는 방법은 두 가지이다. 도벽과 혼외정사.

① 그러고는 살맛나는 시간을 갖는다. 일년 365일, 어제가 오늘과 같고 오늘이 내일과 같은 나날들 가운데서 유일하게 자극적이고 신나는 시간이다. 혈관이 팽팽히 당겨진 긴장상태로 계산대를 통과하여 지하 주차장을 벗어날 때까지 짜릿한 흥분은 가시지 않는다. 거의 행복하기까지 하다. 대개 주차장을 벗어날 즈음이면 슈퍼마켓에서 흐르던 배경음악을 흉내내어 무심코 중얼거리고 있다. 몸의 모든 세포가 남김없이 잠깨어 활짝 열려 있다.

그러나. 집에 돌아와 쇼핑봉지를 내려놓는 순간 맥이 탁 풀린다. 자신이 그처럼 탐냈던 상품들은 장소가 바뀌자마자 그 유혹적인 베일을 벗어 버린다. 그것들이 약속했던 행복은 신기루에 불과했다.

② 갑자기 그가 낯설다. 언제 함께 몸을 섞었던가 싶어진다. 피부와 피부 한 겹뿐인 앎. 돌아서면 나의 몸뿐. 아무런 간절함도 남지 않는다. 그런데도 왜 자꾸 만나게 되는 걸까? 도무지 알 수 없는 일이다. 돌아가는 길에 그와 함께 꽉 닫힌 차 안에서 몇십 분을 보내야 한다는 게 내키지 않는다.

쇼핑, 그것도 훔치는 일과 혼외정사(이것 역시 훔치는 일이다)는 생산에서 소외되어 있다는 점에서 공통적이다. 생산에서 소외되고 소비만을 유일한 임무로 부여받고 그것이 얼마나 팔자 좋은 일이냐는 사회의 시각은 생산에서 소외되어 본 적이 없는 남성중심적 사고일 뿐이다. 이 시각에는 소비는 아무것도 하지 않고 노는, 무용한 것이라는 인식도 깔려 있을 뿐 아니라 여성 스스로도 그러한 생각을 내면화시키고 있어 쓸모없는 인간이라는 자기비하 의식에 시간을 죽이는 방법만을 생각하게 할 뿐이다.

둘다 흔쾌한 기쁨을 주지도 않는데 계속하는 것은 무엇 때문일까? 김선영은 도구화한 모성을 요구하는 극도의 가족이기주의를 혐오한다. 그녀가 운동권에 뛰어들었었다는 정보는 모든 인간이 억압에서 벗어나 인간다운 삶을 누릴 수 있는 사회를 꿈꾸었다는 것을 암시한다. 가족 이기주의에서 벗어나 진정한 공동체의 삶을 꿈꾸었던 선영이 그 진짜 욕망을 이룰 수 있는 길을 차단당한 것이다. 그것이 스스로 한 선택이었다 해도 마찬가지이다. 인간이 지닌 합리적 이성과 주체적 노력으로 인간다운 삶의 질서를 세울 수 있다는 낙관적 믿음과 전망을 상실한 선영은 기존의 가치규범과 도덕률을 거부하면서 그 결핍을 잊어버리고자 소유와 소비로

뭉쳐진 사회가 만들어내는 가짜 욕망에 탐닉해 들어가는 것이다.

2-3. 신세대 여성 : 20대 초반의 여성 오현수에 대한 정보. 아름다움을 신으로 섬기는 그녀가 키가 작다(160센티미터가 안되는 키의 여성은 취직에서도 불리한 우리 사회를 상기할 것). 현대의 미인은 만들어지는 것이라서 돈만 있으면 해결이 된다지만 키만은 어떻게 해볼 수가 없는 것이다. 작은 키 때문에 아무것도 되는 게 없는 오현수는 가출해 조직에 몸담고 있는 소매치기이다.

대중매체에서 즐겨 빈번하게 다루는 여성은 성적 대상으로서의 여성이다. 전세계 화장품 산업과 패션산업, 다이어트 산업을 상상해 보면 아름다움이 단순한 여성의 욕구가 아님을 확연히 알 수 있다. 또 여성에게 강요되는 각종 멋내기 정보와 미용 정보 등은 여성의 삶 자체가 성적 매력을 획득하기 위한 자기 훈련과정일 뿐임을 강조한다.

오현수를 조종하는 광고는 다음과 같다.

① 어차피 한 번 태어난 인생인데
　변하고 싶다, 머리에서 발끝까지
　나의 모습이 미인으로 변신할 때
　그이의 눈길에서 사랑과 행복을 만난다.

② 자신 있게 웃고 자신 있게 걷는다
　이젠 배꼽티도 자신 있다. 빠르고 확실하게 살 빼는 법.
　Q슬림으로 오세요.
　사랑은 쟁취하는 것.
　자신 있게 사는 여성만이 행복을 얻는다.

인용된 광고는 모두 우리 주변에서 쉽게 만날 수 있는 것이다.

여성이 할 일이란 오직 남자의 사랑을 받는 것이며 그럴 때에만 행복하다는 것을 강조하는 광고 ①은 광고 ②를 낳는다. 미인이고 날씬할 때에만 자신있는 여성이 될 수 있다는 것이다. 그 뿐만 아니라 광고 ②는 남자를 유혹하기 위해서 여성들끼리 경쟁해야 함을 부추긴다. 소설에서 현수는 형부될 사람을 유혹하기까지 한다. 비정상적으로 가늘고 긴 여성들이 스타인 이런 대중매체의 여성상 때문에 대다수 여성들은 표준 몸무게나 자신의 실제 몸무게와 상관없이 자신을 뚱뚱하다고 여기며 스트레스를 받고 있다. 현재 이 땅에 열풍처럼 몰아닥친 온갖 방법의 살**빼**기는 남성들의 살**빼**기가 건강과 관련되어 있는 것과는 근본에서부터 다르다.

　이런 광고들은 육체의 아름다움에 대한 여성의 불안과 욕망을 자극하여 이들을 소비주체로 내몰면서 도시적이고 세련되며 감각적인 아름다움을 위해 아낌없이 투자하는 것이 당연한 것임을 교육시켜 결국 여성 스스로 자신의 몸을 성적 대상물로, 상품으로 여기게 한다.

　　　③ 영화에 나왔던 제임스 본드 섬을 기억하시나요?
　　　　가보시면 지구상에 아직도 낙원이 남아 있었구나 하고 놀라실 겁니다.
　　　　클럽 매트는 이제 그곳에도 체인이 있습니다.
　　　　당신은 이제 세계인!
　　　　휴가 클럽의 대명사, 매트에서 행복한 추억을 만드실 권리가 있습니다.
　　　　클럽 매트와 함께 하는 휴가는 빈손으로 떠나도 완벽합니다.

　광고 ③은 대중매체의 극도의 중상층 지향성을 보여준다. 세계

곳곳 체인이 있는 클럽으로 화려한 휴가여행을 떠날 수 있는 사람은 소수의 특권층일 뿐이다. 그러나 광고를 통해 반복 유포함으로써 소비자들은 나만 그 대열에서 낙오되어 있는 듯한 의식을 갖게 된다. 이런 광고 외에 폭력과 성이 난무하는 비디오는 청소년들의 과열소비를 부추기면서 범죄학습장이 되어 있는데 이 소설에서 오현수와 중근은 바로 그런 대중매체의 착실한 모방자들이다. 극도의 소비문화에 노출된 청소년들이 유흥비를 마련하기 위해 범죄를 저지르는 일이 늘어나는 것은 어찌보면 당연한 현상이다.

결국 오현수는 자본주의의 꽃인 광고의 노예가 되어 유명상표의 물건을 갖고 싶고 외국에 가서 휴가를 즐기고도 싶어 남자 친구 중근과 몸값을 받을 주부 오인자를 납치하지만 상부조직에게 들켜 실패하고 만다.

3. 포스트모던한 삶을 드러내는 서술 기법

3-1. 서사의 약화 : 서사는 서사행위에 의해 결정된다. 재료가 되는 이야기가 어떤 식으로 선택되고 배열되는가에 따라 전달효과가 달라진다. 이 소설의 주된 재료인 세 여성의 삶은 오현수가 오인자를 납치하는 현장을 김선영이 목격함으로써 연결된다. 즉 세 여성의 삶이 동시적으로 존재하면서 수퍼마켓에 드나드는데 김선영이 납치현장을 우연히 목격하는 바람에 연결되면서 이른바 우연미학에 의거한다. 서사가 일련의 사건, 처음 중간 끝의 서술이라는 관점에서 보면 이 소설은 서사가 약화되어 있다. 소설은

아홉 부분으로 나뉘어 있는데 각 부분이 인과관계로 연결되어 있는 것은 아니다.
 1) 납치 사건 목격 직후의 경찰서와 호텔 (김선영)
 2) 나, 김선영의 삶
 3) 오현수의 삶
 4) 러브호텔에서 (김선영)
 5) 오인자의 삶
 6) 납치 이후 (오현수)
 7) 납치 이후 (오인자)
 8) 납치 실패 (오현수/오인자)
 9) 이후 선영의 삶

 소설은 김선영의 핸드백에서 오인자의 납치사건을 보도한 신문기사 조각이 나오면서 시작된다. 그것도 혼외정사를 벌이는 러브호텔에서. 그러나 소설은 서두에서 충격적으로 제시한 납치 사건의 전말을 이야기하는 것도 아니고 납치를 목격하고도 훔친 물건 때문에 신고하지 못한 여성의 문제를 인과관계로 서술하는 것도 아니다. 그런 점에서 납치 당하는 사람도 목격하는 사람도 그럴 필연적인 이유가 있어서가 아니라 아주 우연한 일일 뿐이다. 이 소설에서 '납치'라는 범죄는 인간 상품화 논리의 극단일 뿐이며 세 여성이 만날 계기를 만들 뿐이다. 전통적인 리얼리즘 소설이 서사 단위들의 위계질서와 상호 관련성이 분명하게 존재하면서 유기적인 인과관계가 긴밀한 것에 비교하면 플롯이 상당히 느슨하게 짜여 있다.
 이것은 이미지가 파편화되어 병렬적으로 나타난다는 특징을 가진 포스트모던 광고처럼 포스트모던 사회의 파편화된 여성들의 삶을 병렬적으로 보여주고 있는 것이다. 그러나 전형적인 포스트모던 소설기법, 예를 들면 존 바스의 플롯 파괴 기법이나 윌리엄 바러즈의 무작위 기법처럼 이해를 거부하는 서사는 아니다. 따라서 이 소설은 전지적 화자가 상품논리에 길들여져 가짜 욕망에 탐닉해 들어가는 여성들의 삶을 '길 잃음'으로 은유하면서 그 양상을 조각조각 보여주고 있다.

3-2. 전지적 화자의 다각적 서술 : 화자는 서술층위, 스토리 참여 범위, 정보전달 능력에 따라 세분된다. 이 소설의 화자는 전지적이다. 다만 김선영의 이야기를 하는 부분에선 작중인물 김선영을 1인칭 주인공 화자로 삼고 있다. 그러나 이 김선영은 텍스트 속의 한 등장인물이며, 허구 세계의 구속을 받는 개인화자이기도 하다. 자신이 서술하는 스토리보다 상위에 있는 공공화자이기도 한다.

> 자, 설명을 하자면 이 이야기의 무대는 두 층이나 차지한 커다란 창고형 슈퍼마켓이 딸린 오층짜리 백화점이다. 등장인물은 세 사람, 오인자(49세), 신원미상인 20대 초반의 여자아이, 그리고 나 김선영이다.

이 부분은 서사행위를 하고 있는 화자의 존재를 환기시킨다. 이러한 서술은 이 소설이 실제 일어난 사실이 아니라 작가에 의해 만들어진 인공물임을 강조하게 되는데 독자에게 재현된 사건을 사실로 받아들이지 않고 허구적 이야기를 읽고 있다는 사실을 알려주어 이야기에 대해 비판적 거리를 갖도록 해준다.

① 길을 잃고 헤매는 동안 욕망은 점점 자라난다. 우리들의 욕망은 광고에 의해 씨앗이 뿌려지고 수퍼마켓이라는 비옥한 토양을 만나 무럭무럭 자라나는 은화식물들 같다. 당연한 결과로 나는 통장의 잔고가 감당할 수 있는 이상으로 상품을 탐내게 된다.

② 자, 이제 그 여자아이에 관해 이야기해 보기로 하자. 그 여자아이를 뭐라고 부르면 좋을까? 사람이란 이름을 필요로 한다. 우리는 서로 서로의 이름을 불러줌으로써 서로가 불특정 다수라는 바다에 익사하는 것을 막아주게 된다. 그 여자아이가 가장 바라는 것도 이름을 얻는 것이다.

인용 ①에서 나로 이야기되는 김선영은 개인화자이지만, 우리로 복수화되는 부분은 내포독자를 염두에 둔 작가의식으로서의 발언으로 허구 외적 서사이다. 인용 ②의 화자는 공공화자로 자신의 서사행위에 대해 직접 설명하는 '고차서사적 담화'이다. 그러면서 이 시대를 바라보는 작가의 의식을 그대로 드러낸다. 이 이후 오현수라는 이름을 지을 때까지의 서사 역시 허구 외적 서사이다.

전지적 화자로 화자의 역할과 권한이 커지다 보니 작중인물의 심리도 작중인물의 담화로 표현되기보다 화자가 서술하게 된다.

그럼에도 오현수는 불행하다. 이루 말로 다 표현할 수가 없을 정도이다. 인생은 엿같고 세상은 개똥 천지다. 그녀를 슬프게 하는 원인은 뚱뚱한 몸집인데 한마디로 해서 키가 너무 작은 것이다. 이래서야 아무리 얼굴이 예쁘다고 한들 요즘 세상에선 미인으로 행세할 수가 없다. 미인은 태어나는 것이 아니라 만들어진다는 말도 있지만 키 문제만은 어떻게 해볼 도리가 없다.

인용된 부분은 분석적 심리서술에 해당된다. 분석적 심리서술은 전지적 시점의 화자가 특정인물의 느낌이나 생각을 자신의 담화로 보고하는 것을 말한다. 이때 작중인물의 느낌이나 생각은 화자에 의해 여과되어 독자에게 전달된다.

드물지만 내적 독백도 사용되는데 심리서술과 내적독백의 차이는 심리서술에서는 작중인물의 느낌이나 생각이 화자에 의해 여과되어 진술되는 반면에 내적독백은 작중인물의 사고내용이 화자에 의해 중재되지 않은 채 그대로 전달된다는 점이다. 즉 내적 독백은 숙어, 어법, 단어 선택, 구문 선택 등이 작중 인물의 것과 동일하며 작중 인물의 마음 속에 말해진 것이 그대로 독자에게 전달된다.

......대량소비사회에서는 욕망이란 영원히 충족되지 않게끔 조건지어져 있다. 우리의 욕망과 생각과 생활은 매스컴과 광고에 의해 양식화되고 그 충족은 조건화되어 있다. 이제 그것을 사회심리학으로 설명할 수 있는 한계는 넘어섰다. 그것을 나는 사회신화학이라고 부르고자 한다....

신기루들. 욕망의 충족이란 없다. 욕망은 영원히 남는다.

그래도 그곳에 가고 싶다. 광고에서 외치는 사랑과 행복이 상품으로 포장되어 그곳에서 기다리고 있을 것만 같다. 거기선 손만 뻗으면 그런 상품을 손에 넣을 수가 있을 것만 같다.

인용 부분은 오인자의 남편이 신문에 낼 칼럼을 쓰는 부분으로 말줄임표 사이에 있는 사고는 발화되지 않은 것으로 오인자 남편의 것이다. 그것을 그대로 기록해 독자에게 보고하는 방식이다. 그런데 말줄임표 이후의 문장은 누구의 목소리인지 불분명하다.

이 부분을 오인자 남편의 심리로 읽는 것은 무리하다. 그렇다고 오인자의 내적 독백으로 읽을 수도 없다. 어법과 구문선택이 오인자의 것이 아니기 때문이다.

전지적 화자의 이런 다각적 서술은 앞에서 언급한 것처럼 이 시대의 여러 징후를 다각적으로 표현해 내고 싶은 작가의 욕구와 맞물려 있지만 다양한 서술 층위의 경계가 불분명한 한계를 보인다.

3-3. 광고 : 우리가 살고 있는 시대는 광고양식 속으로 잠재적인 모든 표현양식들이 흡수되는 시대이다. 모든 독창적인 문화형태들, 모든 한정적인 언어들은 광고양식이 깊이가 없고 즉각적이며 즉시 잊어버리기 때문에 광고양식 속으로 흡수된다. 이 소설의 서술행위가 포스트모던하다고 여겨지는 이유는 서술이 광고에 의존하고 있기 때문이다.

현대사회의 소비주의 문화에서 광고는 교환의 상징을 창출함으로써 소비자와 상품을 연결시키는 상징의 구조를 갖는다. 즉 광고는 상품이 소비자의 욕구를 충족시킬 수 있다는 정보와 기대를 창출하는 것으로서 새로운 형태의 사용가치를 만들어낸다. 소비자가 상품을 구매함으로써 이러한 욕망들이 충족될 수 있다는 약속을 제시하는 것이다. 광고에 의해 창출되는 욕망의 체계와 욕구만족에 대한 약속이 바로 외양화된 사용가치인 셈이다.

제임슨이 주장했던 것처럼 후기자본주의 특유의 현상인 포스트모더니즘 문화가 미학적 대중주의, 문화산물의 깊이없음, 역사성의 빈곤, 행복감의 만연, 의미구조의 해체, 환영의 논리, 표현의 해체, 혼성모방의 특징을 지닌다면 이것을 가장 직접적으로 만족시키는 것이 광고이다. 대중매체에 의해 생산되어 정보보다는 새로운 이미지를 연속적이고 반복적으로 창출하면서 미학적 대중주의를 만들어 내는 광고야말로 포스트모던한 사회를 지배하고 있다.

광고는 소비에 수반되는 상징을 공유하는 소규모 집단의 정체성을 규정해 주며 이를 통해 사람들은 어느 특정한 라이프 스타일을 향유하는 사회적 차별화를 획득하게 된다. 즉 이제 특정 상품은 특정 집단의 구성원이 되기 위한 매개물이다.

① 여자의 꿈은 곧 행복, 보그 백화점은 그 꿈을 실현합니다.
행복은 보이는 것, 보그 백화점에선 행복이 보여요.
배우자를 선택하는 것이 생애의 가장 큰 선택이었듯
가족의 행복을 실현하는 쇼핑 또한 중요한 선택입니다.

② 정보에 민감해야 현대인입니다.
현대인이 되기 위해 꼭 필요한 정보들을
현대 신문에서 가장 빨리 얻을 수 있습니다.

광고 ①은 보그 백화점에서 쇼핑을 하면 행복해진다는 전언을 담고 있다. 현대인이라면 아주 당연하게 갇혀지내는 이런 광고에 의해 사람들은 이제 물건을 사는 것이 아니라 사회적 평판, 차별 대우, 건강, 아름다움, 자신의 환경을 통제하는 힘 등을 산다. 따라서 광고는 실은 물건에 대해 진술하는 것이 아니라 행복은 외부에서 타인이 판단하는 것이라고 믿는 사회 현실에 대해 이야기한다.

광고 ②는 정보화 사회라고 떠들어대며 매스 미디어에 갇혀 지내게 만드는 광고의 한 예이다. 광고의 언어는 이미 언어가 가진 비판적 힘을 잃어버리고 끊임없는 반복의 효과로 사람을 일종의 최면상태로 몰고가면서 강박관념을 조성한다. 이제 우리는 단 하루도 신문과 텔레비전을 보지 않고는 살아갈 수 없는 인간이 되었다. 우리는 모두 주체적이고 개성적으로 생각하고 있다는 환상에 휩싸여 있지만 사실은 이미 이데올로기로 조정된 정보에 길들어져 정보가 없다면 어떠한 판단도 할 수 없는 상황에 처해 있는 것이다.

위리엄슨이 지적한 '광고의 해독'은 이제 그대로 우리 사회에도 해당된다.

> 현존하는 경제적 정치적 질서는 그 참가자들을 단편화해 두는 데 스스로의 생존을 걸고 있다. 그것이 이데올로기의 기능이다. 이데올로기는 우리에게 우리 자신임이 틀림없고, 서로 분리된 개개인이며, 우리는 자신의 행동을 스스로의 선택에 의하여 행하고 있다는 확신을 준다. 이러한 선택이 개인적인 것이고, 우리는 자기의 <신념>에 따라서 행동하고 있다는 신화를 유지하는 것이 중요하다.

소비자들을 환상과 신화 속에 살도록 끊임없이 부추기는 광고는 대상 없는 욕망만을 키운다. 어떤 특정한 필요는 그 대상을 지님으로써 충족되지만 대상이 없는 욕망은 끊임없이 소비하면서도 채워지지 않는다. 이 소설은 서술에 광고를 사용함으로써 충족되지 않는 가짜 욕망에 시달리는 현대인의 모습을 리얼하게 보여준다. 즉 포스트모던한 현실을 리얼하게 이야기하고 있다.

4. 다시 길을 찾기 위해

　욕망을 욕망의 끝까지 몰고가는 자본, 시공간을 압축시키지만 결국 인간의 인간다움에는 이바지하지 않는 정보화사회로 함축되는 포스트모던 시대 여성들은 집에 남아 있기를 거부하고 길로 나섰지만 그 길은 여성들을 가짜욕망의 공간으로 데려갔을 뿐이다. 포스트모더니즘의 논리 자체가 '정체성을 차이로 생각하는 새로운 방식'이며 이것은 전지구적인 표준화와도 연관되어 있다. 표준화되어 있지만 차이라는 이름으로 개인의 기호를 만족시키는 환상을 가장 극명하게 부여주는 것이 쇼핑이다. 이때 개인의 욕망이란 타인의 욕망을 모방하는 것이며 동일한 욕망을 복제하는 광고를 모방하는 것이어서 사실 이 시대를 사는 우리들은 남녀를 불문하고 모두 폐쇄회로에 갇혀 버렸다. 그렇지만 여성에게 이 상황이 더 위협적인 것은 여성이 생산주체로 활동하기보다 소비주체로 인식되어 있기 때문이다.
　이 소설에서 세 사람의 여성을 문제삼은 것은 이러한 인식의 결과이다. 창조적이고 생산적인 삶에서 소외되어 있는 여성들이 더 많이 허위욕망에 시달릴 것은 뻔하지 않은가. 50대 여성인 오인자는 자신의 삶을 살고 싶은 진짜 욕망을 추구하지 못하고 가족 중심의 이데올로기에 빠져있다가 미로를 헤매며 쓸데없는 쇼핑을 일삼고, 그런 어머니 세대의 가족이기주의를 혐오하여 인간다운 사회, 공동체를 꿈꾸었다가 불륜이라는 벽에 부딪혀 사랑 없는 가정에 돌아온 30대 김선영은 채워지지도 않는 가짜욕망, 도벽과 혼외정사에 몰두한다. 그런가 하면 가짜욕망만을 재생산해내는 광고, 비디오를 모방해 범죄도 하고 훔친 카드로 쇼핑도 하는 20대 여성 현수까지 이 소설의 세 여성 인물은 모두 가짜욕망에 눈멀어 미로에 갇혀 죽거나 끝없이 도망치거나 뻔뻔스러워졌다.

이 소설에 대해 김은하가 파편화된 현실 자체에 매몰되어 아무런 비전도 보여주지 못하는 것은 아닌가라는 질문을 던지자 이남희는 이렇게 대답했다고 한다. (「백년 동안 성당을 만들고 싶은 사람 이남희」,『창비문화』96. 5-6월)

"우리로 하여금 이 현실을 헤쳐나가지 못하게 하는 구원이며 외현적 총체성에 대한 집착을 나는 '묵시적 오류'라고 부르고 싶어요. 파편화된 현실적 시간에 대해서 급급해 하지 말고 주의하고 관찰하면서 사소한 것들에 대한 읽기를 통해 내포적 총체성을 드러내는 게 중요하지요."

신수정도 작품집 해설에서 후기자본주의사회에 비난의 화살을 돌리고만 있는 것은 아니냐고 묻지만 필자는 작가의 말처럼 너무나 당연해 보이는 사실들이라도 그것을 정리함으로써 현재 우리가 부닥친 상황을 제대로 인식해야만 다음 단계로 변화의 길을 모색할 수 있다고 생각한다. 그리고 어쩌면 문학의 몫은 '이렇게 사는 게 사람다운 거야?' 하며 질문하는 데 있는지도 모른다고 생각한다.

대중사회, 다원적 사회, 유물론적 쾌락주의가 지배하는 포스트모던 사회에서는 개인적인 차원에서 해결될 수 있는 영역이 점점 축소될 뿐이다. 그렇다고 우리가 모두 두 손 놓고 앉아 자본의 논리에만 충실히 따를 수는 없지 않은가. 이제 우리는 미로에서 벗어나 집과 집을 연결하며 집과 사회를 연결하는 통로를 만들어야 한다. 집도 길도 사회도 남녀가 함께 하는 공간으로 만들어야 한다. 생산과 소비가 함께 이루어지는 개인과 사회, 여성과 남성이 함께 이루어가는 집과 사회로 가는 길을 찾기 위해 함께 길로 나서야 한다.

여성, 통과제의적 의미
— 송기원의 『여자에 관한 명상』

송 경 빈

1. 머리말

보편적으로 한 주인공이 심리적·정신적 시련과 위기를 거쳐 나가면서 성숙되어 가는 성장의 과정을 서술하는 소설의 하위 장르를 성장소설이라 명명할 때, 송기원의 『여자에 관한 명상』(문학동네, 1996)은 명백히 성장소설의 범주에 든다고 할 수 있다. 청년기의 정신적 성숙을 위한 필연적 과정으로서의 여러 삽화들은 주인공의 삶을 완전한 성인의 삶으로 끌어 올리기 위한 장치로 작용하면서 한 인간이 혹은 한 문학지망생이 어떠한 경로를 거쳐 성인세계의 문턱으로 진입해 나가는가를 보여 주고 있는 것이다. 특히 이 작품은 직접적인 연결선상에 놓이는 『너에게 가마 나에게 오라』(한양출판, 1994)의 후속적 성격으로 이해하게 될 때 성장소설적 국면을 더욱 명백히 드러내고 있다고 할 수 있다.

독자는 일반적으로 성장소설을 독서함으로써 개인적인 자아의 발견과정, 즉 자아의 정신적 혼란과 깨달음, 그리고 이를 통한 자아정체성의 확립과정을 추적해 가며, 자아가 지향하는 문화적 배경을 이해할 수 있게 된다. 이러한 측면에서 볼 때 『여자에 관한 명상』은 내면적인 혼란기에 처한 한 자아가 문학이라는 목표점을 향해 가는 과정에서 체험하는 개인적 경험들의 집적이요, 나아가

자아를 둘러싼 문화적 맥락의 한 양상으로 확대인식될 수 있다. 특히 주인공의 성숙과정에서 필수적인 장치로 부각된 주변인물들과의 관계양상은 한 개인의 정신적·문화적 배경 뿐만 아니라 주인공이 처한 시대와 사회가 추구하는 보편적인 문화적 토대를 인식하게 해 주기도 한다.

『여자에 관한 명상』에서 상당한 비중을 두고 전개되는 주인공과 타자간의 관계, 보다 구체적으로 서술하자면 주인공과 여성들간의 관계는 결과적으로 주인공의 자아의 발견이라는 긍정적 발전의 계기로 작용한다. 그러나 보다 깊숙이 천착해 들어갈 때 여성인물들은 한 개인의 성숙과정에 바쳐진 희생양, 또는 도구적 의미로서의 여성으로만 존재할 뿐 그 이상의 다른 어떤 의미도 점유하지 못한다. 이러한 여성의 존재양상은 과거뿐만 아니라 현재 또는 가까운 미래에서조차 극복해 낼 수 없는 토착화된 남성주의적 관념이라는 문화인식의 소산이며,

작가 또한 이러한 기성문화가 부여하는 기득권을 행사함에 있어 조금의 주저도 없었다는 것을 의미하는 것이다.

한 남성자아의 정체성 확립을 위해 성(性)의 제단에 올려진 다수의 여성들, 그들은 과연 어떠한 가치로 주인공이 창조하는 세계에 존재하는가? 이것은 독자로서 제기할 수밖에 없는 필연적 의문인 것이다.

2. 부성상실공간에서의 열등의식과 대리배설 욕구

『여자에 관한 명상』에서 전개되는 주인공 '김윤호'의 삶의 방식은 단적으로 말하자면 추락을 통한 자아의 극복이라고 할 수 있다. 극도의 절망적 하강구조를 의도적으로 지향함으로써 밑바닥 인생을 체험하고, 이를 통해 거듭나는 자아의식의 성숙을 제시하는 주인공의 삶의 양태는 『너에게 가마 나에게 오라』에서 이미 친숙한 장치로 설정되고 있다. 『너에게 가마 나에게 오라』에서 스물도 채 안 된 주인공이 줄기차게 벗어나기를 갈구했던 삶의 터전인 '장터'에 회귀함으로써 겪는 광기적인 삶을 추구했다면, 『여자에 관한 명상』은 다시 장터에서 벗어나 도회지 공간에서 대학생이라는 신분으로 새로운 삶의 양태에 맞대응하는 의식세계의 성숙에 초점을 맞추고 있다.

'김윤호'는 사생아로서 장돌뱅이 의붓아버지 밑에서 성장한다. 주인공의 가장 큰 콤플렉스로 작용하는 사생아 의식과 장돌뱅이 계급이라는 열등의식은 그에게 있어 중요한 '치부'가 되며 이러한 치부에서 벗어나기 위해 주인공이 기울이는 노력은 밑바닥 인생의 지향, 즉 철저한 자기 내버리기라는 역설로 나타난다.

> 자신의 비천하고 음습한 위치를 벗어나기 위해서라면 나는 악마에게 영혼이라도 팔기 위해 서슴없이 지옥까지 갔을 터이었다. 그러면서도 한편으로는 나는 자신이 얼마나 자신의 위치를 벗어나고 싶어하는지를 스스로에게 인정할 용기가 없었다. 그 무렵 내가 적의를 느끼는 모든 사물들은 어느 것 하나 없이 모두 나에게 거울이 되어 있었다. 결국 나는 그 거울을 피해 저 비천하고 음습한 원래의 위치로 다시 돌아갔다. 장터였다.

자신이 정상적인 가정에서 태어나 성장하지 못했다는 것, 구체적으로 말하자면 사생아이며 장돌뱅이 계급 출신이라는 사실을 깨닫는 순간부터 주인공이 전개해 나가는 다양한 체험들은 이러한 열등의식의 범주에서 벗어나지 못하고 있다. 주인공에게 있어 '치부'인 '자신의 비천하고 음습한 위치'에서 탈피하기 위해 시도하는 의도적 타락욕구, 그것이 주인공의 청년기 심리의 토대가 되고 있는 것이다.

장돌뱅이 출신 중에서는 드물게 도청 소재지 고등학교에 진학하여 이 년여 동안 교육을 받을 기회가 있었던 것이 오히려 김윤호에게는 자신의 치부를 확인하게 되는 계기로 작용하고, 이후 그의 삶은 그러한 치부를 극복하기 위해 다분히 악마적이고 폭력적인 양상으로 일관한다. 특히 이러한 광기적 삶의 방식은 여성들과의 만남이 이루어질 때마다 극도에 다다르며, 그것은 여성을 성적으로 압제함으로써 자신의 치부에 대한 모멸감을 은폐하려는 반복적인 행위로 귀결된다.

그런데 자신의 신분적 열등감에서 벗어나고자 하는 몸부림 속에 한결같이 그 매개체로 존재하는 부정적 여성의 이미지는 그 근원을 추적해 보면 어머니에 대한 증오감에서 비롯된 것임을 추측해 볼 수 있다.

> 어머니의 거칠게 마디진 손이 한 땀 한 땀 바늘을 꿰어 가는 것을 지켜보며 나는 애써 시선을 내리깔아야 했다. 기어이 폭발하려 하듯 가슴 깊숙한 곳에서부터 솟구쳐오르는 어머니에 대한 한가닥 증오심을 애써 억누르듯이. 그렇게 증오심을 억누르자 이번에는 등줄기마저 뻣뻣하게 굳어져오는 것이었다. 어떻게 보면 그때처럼 어머니를 증오한 적도 다시 없지 않나 싶다.

문학을 전공하는 대학생이 되었다는 사실에 감격해 하며, 자식의 출세를 위해 희생하겠다는 어머니의 모습을 바라보는 주인공은 어머니에 대한 증오와 이탈욕구만을 느낄 뿐이다. 이것은 부모가 자식에 대해 갖는 기대욕구에 대한 보편적 부담감의 차원에서 파악되기보다는 주인공의 내면에 자리한 열등의식의 근원이 어머니에게서 비롯되었음으로 인한 모성에 대한 증오심으로 이해되어야 한다. 주인공의 성숙과정에서 발생하는 모든 크고 작은 삽화들의 중요 동기로 작용하는 사생아 의식은 다름아닌 어머니의 재혼, 즉 의붓아버지 밑에서 성장할 수밖에 없었던 불우한 어린 시절에 대한 수치심에 기인하는 것이다. 이것이 어머니라는 모성에 대한 증오로 연결되어 어머니가 자식에 대해 요구하는 보편적인 기대마저도 부정적으로 인식하도록 만드는 것이다.

주인공이 갖는 어머니에 대한 증오심은 모든 여성에게로 확대 심화되는데, 이러한 부정적 여성관은 어린 날의 두 개의 삽화에서 드러나는 여성 성기의 상징적 의미와 연결지어 생각해 볼 수 있다. 주인공의 여성 의식 속에 자리한 상징 구조인 '불그스름하게 빛나는 보랏빛 자운영꽃'과 '털투성이 밤짐승의 거대한 입'은 여성인물들과의 관계에서도 이중적 의미 맥락으로 작용한다. '영순'이의 성기 묘사에 해당하는 전자는 유년시절 장터 어린이들과 함께 했던 어른 놀이 중에 치러냈던 비밀의식이자 육체언어로서의 의미를 지니며 주인공에게 '포근한 빛깔'로 채색되어 기억된다. 반면에 후자는 미친 여자의 성기 묘사로서 유년 체험 후에 느끼게 된 분노와 공포의 감정을 대신하는 것으로 영순이에 대한 기억과 대비되어 두려움의 대상으로 의식 속에 자리잡는다. 이 두 개의 삽화에서 비롯된 여성 성기의 상징성은 주인공이 여성들을 대하는 행동 구조의 이중성의 가장 직접적인 원인이 된다.

어쩌자고 저 털투성이의 거대한 입이 또 나타난 것일까. 저 시골 처녀 이후로 단 한 번도 나타난 적이 없던 털투성이의 거대한 입이 하필이면 손영아에게 난도질 당하듯 황폐하게 무너져버린 순간에 기다렸다는 듯이 나에게 또다시 나타난 것일까. 그리하여 털투성이의 거대한 입은 나에게 결국 무슨 의미가 되려고 하는 것일까.

고교 중퇴 후 잠시 고향인 장터로 돌아와 자신의 열등의식에 대한 치열한 몸부림으로 처녀를 강간했을 때나 공장 여직공 '손영아'와 성관계를 갖게 되었을 때 환영처럼 나타난 '미친년의 성기에서 보았던 거대한 털투성이의 입'은 주인공으로 하여금 공포감을, 나아가 공격욕까지 불러 일으킨다.

영순이의 성기가 부여하는 빛나는 회상과 대조되어 표출되는 이러한 부정적 인식은 자아와 세계 사이에 이루어진 부정적 대결 양상을 의미하며, 주인공의 세계에 대한 이중적 인식과 상통하는 면을 갖고 있다고 할 수 있다. 여성 성기에 대한 양가적 인식은 남진우의 지적처럼 세상에 대한 양가성으로 전이되어 나타난다고 할 수 있는 바, 그것은 자신이 소속되어 있는 세계의 암흑성과 자신이 영원히 소속될 수 없는 세계의 찬란함이라는 좁힐 수 없는 거리감에 대한 주인공의 민감한 인식의 소산이라 할 수 있다. 영순이의 성기는 주인공이 몸담고 있는 어두운 현실 즉 부정성의 공간과 대척점에 놓인 궁극적인 지향점으로서의 밝은 세계를 의미하는 것이다. 미친 여자의 성기가 부여하는 어둠이나 공포의 세계에서 벗어나려 하면 할수록 더욱 더 주인공은 이에 압도당할 뿐이다. 이것은 주인공으로 하여금 밑바닥의 인생체험을 유도하고 결과적으로 가장 밑바닥에 있을 때 비로소 편안해짐을 느끼게 하는 역설을 성립시킨다.

주인공과 세계 사이의 이중적 특성이 주인공이 전개해 나가는 행동 구조를 지배한다는 사실은 이 작품을 이해하는 데 있어 상당히 중요한 요소로 간주될 수 있다. 그러나 여성성기의 상징이 주인공의 세계라는 환유적 장치로 설정됨에 있어 간과되지 말아야 할 또 한 가지의 사실이 존재한다. 그것은 주인공의 부정의 대상인 현실세계가 여성과 동일시 된다는 것이다. 무분별한 섹스를 통해 자신을 철저히 끌어내리려는 주인공이 여성들과의 만남 속에서 미친 여자의 성기를 인식하는 행위는 여성을 대하는 순간마다 좌절의식으로 확대된다. 그래서 이에서 벗어나고자 '거대한 털투성이의 입을 향해 몸을 날리는' 행위를 동반하고, 비참한 현실, 수치스러운 현실에서 자신이 '사랑, 희망, 아름다움, 내일 따위의 추상명사 따위를 더 이상 꿈꾸지 않는' 가장 '더러운 오물 덩어리'라는 인식을 하게 된다. 그런데 주인공은 자신이 처한 세계-현실-의 암흑적 상황을 극복하려는 의지에 있어서 다분히 파멸적 요소를 강하게 노출하는데, 이러한 파멸의 양상이 여성과의 성관계에서 여성을 굴복시켜 버리는 쾌감을 통해 대리배설되는 측면으로 진행된다. 미친 여자의 성기에서 느끼는 두려움과 공포, 즉 자신이 처한 현실의 추악성 내지는 극도의 소외구조의 원인이 자신의 영역에 속해 있음에도 불구하고, 여성의 현실이 자신과 다르다는 이유로 갖는 여성에 대한 극도의 부정성은 다수의 여성을 체험하는 동안 일관되게 드러난다. 결과적으로 세계에 대한 증오가 모든 여성에 대한 적대감과 증오로 변질되며, 현실의 욕망을 꿈꿀 수 없음에 대한 열등의식을 여성을 통해 해소시키려는 행위로 연결되는 것이다.

'어쩌면 이 여자는 지금 나와 함께 살 것에 대해 그토록 진지하게 골몰하는 것인지도 모른다. 만일 이 여자가 함께 살겠다고 나선다면? 내가 바란 건 전혀 그런 따위가 아니다. 잘못하면 자칫 생각지도 않은 우스꽝스러운 일이 벌어질지도 모른다. 내가 바란 건 다만 나에게 적대감을 불러일으킨 이 여자의 어느 부분인가를 짓뭉개어 쓰레기통 속에 내던지는 식인 것이다.

주인공이 '차지숙'에게 갖는 적대감은 다름 아닌, 밝고 개방되어 있으며, 욕망의 추구가 가능한 주눅들지 않은 현실공간에 그녀가 소속해 있다는 사실에 연유한다. 추악한 현실공간에서의 좌절의식이 그와 반대 영역에 자리잡은 여성인물들에 대한 대결구도로 나타나고, 피할 수 없는 출생과 신분적 열등감에 대한 극복책으로서 여성에게 타당성이 부여되지 않는 성적 가학성을 표출하게 되는 것이다.

자아와 세계 사이의 대결 양상에서 여성을 가장 직접적인 공격의 대상으로 설정한 근본적 원인을 추적해 본다면 그것이 어머니에 대한 증오심, 다시 말하자면 직접적 혈연관계가 결여된 부성이 부재한 공간에 대한 열등감에서 비롯된 것이라는 것을 짐작하는 것은 그다지 어려운 일이 아니다. 사생아로서 의붓아버지 밑에서 장돌뱅이로 성장할 수밖에 없었던 현실에 대한 수치심과 열등의식을 낳게 한 가정환경, 즉 어머니에 대한 부정적 인식이 세상의 모든 여성들을 향한 광포하고 이기적인 애증이라는 공격적인 형태로 변질된다. 이러한 주인공의 욕망은 남성중심주의에 사로잡혀 있는 이 시대의 남성성의 한 전형을 제시하는 것이다. 그리고 주인공과 대타적인 관계에 놓인 여성은 어디까지나 주인공의 정신적 위기 극복을 위해 희생되는 도구나 물질로서의 여성이라는 의미를 획득할 뿐이다. 혈연성을 중시하는 기존 문화 내에 존재하는 주인공은 부성상실공간에서 파생된 심각한 피해의식을 자신이 대상으로 하는 모든 여성들에 대한 증오의 감정으로 대리배설함으로써, 여성은 단지 주인공과 다른 혹은 유사한 현실공간을 점유하고 있다는 이유만으로 남성성의 횡포에 무기력하게 굴복하는 존재로 전락하고 마는 것이다.

3. 위악의 현현, 그 매개체로서의 여성

주인공 김윤호가 갖는 현실에 대한 열등의식은 자아와 세계 사이의 불일치 또는 부조화의 원인이 되면서 주인공의 문학적 구도에 필연성을 부여한다. 그에게 있어 문학은 현실사회로부터 배제되고 있다는 상실감에서 벗어나기 위한 유일한 통로가 되고 있다.

말하자면 자신의 사회적 실존의 근거에 대한 혐오와 회의가 궁극적으로 문학의 세계에 맞닿아 있으며, 이 중간적 위치에 여성이 존재하고 있다고 할 수 있다.

그런데 기이한 것은, 주인공들의 삶이 쓰레기 같을수록, 그리고 바로 쓰레기 같은 그들의 치부가 보다 생생하고 노골적으로 소설에 드러날수록, 나는 그들을 멸시하는 마음이면서도 한편으로는 알 수 없는 어떤 감동에 사로잡혔다는 점이다. (중략) 그러나 나는 자신의 감동이 주인공들의 용기에 대한 것만이 아닌, 나로서는 아직 이해할 수 없는 또다른 이유 **때문일지도 모른다**는 의심을 떼칠 수가 없었다.

문학을 통해 자신의 치부를 극복할 수 있음을 어렴풋이나마 깨닫게 된 주인공은 세상을 살아감에 있어서 무기로서의 문학을 지향하게 된다. 어머니로부터 도피하기 위한 수단으로서의 문학, 치부를 낱낱이 드러냄으로써 오히려 치부를 은폐시키려는 수단으로서의 문학이 그의 이데올로기였던 것이다.

세상에 대한 정면대결은 철저하게 세상으로부터 무시당한 것이었다. 세상이 그런 식이라면 나도 세상에 대하여 다른 병법으로 대응하지 않으면 안 되었다. 나는 자신의 치부를 세상에 보여 줄 필요가 있었다. 그것도 세상이 요구하는 식으로.
세상이 요구하는 것은 일테면 문학 같은 것일지도 몰랐다. 나는 엉뚱한 곳에서 자신의 문학의 효용을 깨달았다. 무엇인가 구체적으로 보여주지 않는 한, 나에 대하여 세상은 어차피 청맹과니일 따름이었다.

세상에서 철저하게 무시당했기 때문에 세상에 대해 적대감을 품기 시작하면서 비롯된 '자신을 억압하는 집단에 대한 대항개념'으로서의 문학이라는 이데올로기는 '수렁 속에서 허우적거리는' 인생과의 정면 대결을 의미하는 것이 된다.

주인공의 문학적 지향점은 '탐미주의'와 '초현실주의'라고 할 수 있다. 그런데 이것은 단순한 문학으로서 그치는 것이 아니라 주인공의 세상 바라보기의 맥락으로 확대되어 제시된다. 탐미주의는 눈부시게 찬란한 세상과 정반대의 세계에 놓인 치부로 둘러싸인 자신을 발견하는 데서 비롯된다. 어느날 문득 신록 속에서 주인공은 잔인성을 발견하고, 세상에 대한 자신의 적대감을 자극하는 밝은 공간에 놓인 모든 사물들은 문학이라는 무기에 의해 공격의 대상이 되고 있다. 물론 앞서 서술한 바와 같이 여성 또한 이러한 범주에 속하는 존재로 설정된다.

> 그렇게 세상에 대한 적대감을 깨닫자 마자, 나에게 잔인한 것은 비단 플라타너스 잎사귀들 뿐만이 아니었다. 소위 무구(無垢)하다고 일컫는 것들, 오월 아침의 햇빛, 영롱한 이슬, 장미원의 장미들, 수녀복, 들길의 박하 향기, 열다섯 계집아이의 초경(初經), 신혼부부의 웃음소리, 에델바이스, 비 오는 숲의 초산 냄새, 신과 그의 은총, 골목 가득한 하교길의 여고생들, 길가의 제비꽃, 그렇듯 때묻지 않은 것들은 어느 하나 없이 모두 나에게 적대감을 불러일으키는 것이었다. 나는 그 무구하다고 여기는 것들이야말로 내 절대의 아름다움에 대한 적에 다름 아니었다.
>
> '두고 보라지. 언젠가는 너희들을 모조리 짓밟고 말테다. 그리하여 끝내 나를 인정하지 않고는 못 배길 때까지.'
>
> 마침내 내 파멸의 논리는 탐미주의라는 이데올로기로 무장을 하고 적을 향하여 공격의 신호를 울린 것이었다.

현실의 혐오감과 소외를 극복하기 위해 탐미주의를 지향하고자 하는 주인공은 자신의 탐미주의를 자극하는 영역에 속해 있는 대상들에 대한 극도의 집착을 보인다. 그 대상으로는 항상 여성이 설정되며 여성에 대한 공격성은 대체로 여성의 중심에 자신이 놓여 있다는 가설을 증명해 나가는 과정으로 제시된다. 그리고 결과적으로는 자신의 성적 압도에 의해 여성을 굴복시킴으로써 파멸의 논리를 지향하는 주인공의 세계관을 긍정하도록 유도한다.
　주인공의 탐미주의를 자극한 여성들은 이들의 중심에 서서 치부를 드러내어 역설적으로 그 치부로부터 벗어나고자 하는 주인공과 세계와의 대결구도에 끼어 들게 된다. '내부에 지옥의 풍경을 가진' 자신에게 무관심하다는 이유로 공격의 대상이 되어 버린 '엄명화'나 뛰어난 미모로 남학생들의 우상이 된 '차지숙' 등의 여성 인물은 탐미주의에 의거한 여성에 대한 혐오감을 표출하는 대상으로서의 희생양이며, 이러한 여성들은 한결같이 남성성이 지배하는 공간에서 굴복당하게 되는 필연성을 갖는다.

　　　　나는 자신의 적대감을 자극하며 더없이 오만하게 빛나던 그녀의 미모가 더 이상 나의 어떤 힘을 못 견뎌낸 채 무슨 연체동물처럼 흐물대며 녹아나다가 급기야는 한 줌의 더러운 오물더미로 남는 전과정을 고스란히 보아버린 느낌이었다.(중략) 일테면 차지숙을 한 줌의 더러운 오물더미로 만들어버리는 어떤 힘이 있는 한 나야말로 천하무적일 것이었다.

　밝은 세계의 특성을 갖고 있는 '차지숙'을 발견했을 때 주인공은 그녀를 통해 자신에게 내재한 추악한 현실에 대한 도전 이데올로기인 탐미주의를 자극받는다. 그리고 혐오에 가득 찬 주인공의 세계와는 이질적인 '플라타너스의 연둣빛 잎사귀들'의 공간에 놓여 있는 그녀를 향한 적대감은 그녀가 누리는 아름다움을 짓밟고야 말겠다는 증오심으로 발전한다. 더구나 차지숙이 '한 줌의 오물더미'로 던져지는 순간을 목도하며 주인공이 느끼는 쾌감은 세상의 밝은 부분을 추락시켜 어둠의 세계로 전이시키려는 악마적 성격을 지닌다.

추악함과 더러움, 혐오감 등 광기적이고 악마적 특성으로 점철된 현실 속에서 타자의 삶까지도 동질의 현실에 몰아 넣고자 하는 파괴적인 삶의 양태는 주인공이 위악으로서의 문학을 지향하고 있다는 것을 말해 준다. 현실에서 지탱하기 위해 무장한 탐미주의는 나아가 초현실주의나 아웃사이더 의식으로 발전하게 되는데, 이 또한 여성을 매개체로 하면서 자신의 치부를 확인하고 현실을 뛰어넘어 현실을 재구성하려는 도약의 발판을 마련한다.

'가장 비참한 현실만이 가장 극적으로 현실을 벗어나 가장 화려하게 현실을 재구성하게 한다'는 주인공 나름대로의 초현실주의적 현실대응양상은 다분히 역설적인 의미를 지니는 것으로 대학진학 이후의 삶의 모토가 되는 기본 관념이 되기도 한다. 이것은 가장 밑바닥에 있을 때 가장 화려하게 변신할 수 있다는 것, 가장 악마적인 세계에 있을 때 가장 아름답고 선량한 세계로 도약할 수 있다는 의미로도 확대될 수 있다. 따라서 주인공이 지향하는 '위악의 현현'으로서의 문학과 현실은 그와 대립되는 세계-영순이의 보랏빛 자운영꽃과 같은 성기로 상징되는 세계-를 지향하기 위한 몸부림이라고 할 수 있다.

자기 극복을 위한 위악적 이데올로기로서의 초현실주의는 자신을 아웃사이더로 인식하는 데서 비롯된다.

도대체 아웃사이더라는 게 무엇인가. 한 마디로 현실에 무능력하여 더 이상 끼어들 수조차 없는 일종의 금치산자가 아닌가. 현실에 대하여 정신은 너무도 멀쩡한데 육체는 어디엔가 쇠사슬에 묶여 단 한 발자국도 현실의 내부로는 들어설 수 없다. 그리하여 그에게 주어진 것은 쇠사슬 대신에 다만 무한대로 펼쳐진 생각의 자유, 언제든지 묶인 자기를 돌아볼 수 있는 고통의 자유, 얼마든지 스스로를 학대할 수 있는 가학의 자유만이 넘치는, 소위 '자유의 선고'를 받은 자가 아닌가.
바로 그런 아웃사이더가 결국은 다름아닌 그 무한대의 자유로 마침내 현실을 짓밟고 유린하여 최후의 승리자가 되는 것이다. 아웃사이더의 위대성은 바로 그런 대반전의 드라마를 연출하는 데 있었던 것이다.

철저히 현실에서 이탈함으로써 오히려 자신을 속박하는 현실을 극복하고 일어설 수 있다는 아웃사이더로서의 자아인식은 그로 하여금 달라진 시선으로 세상을 바라보도록 만든다. 즉 현실이 주인공을 주눅들게 하고 무기력하게 만드는 고통의 세계였다면, 지금의 현실은 냉철한 이성의 자유를 구가하면서 바라보는 관조의 대상이 될 수 있는 객관적 현실로 탈바꿈한 것이다.

현실의 사물에 대해 욕망을 갖지 않고 꿈꾸지 않는다는 것이야말로 바로 그것들에 대해 자신이 우위에 서게 된다는 것을 의미한다. 현실이란 그 현실을 욕망할 때만이 비로소 상대를 지배하며 그 상대 위에 폭군으로 군림할 수 있지 않으랴. 나의 새로운 시선은 바로 지금까지 나를 노예인 양 지배하며 폭군으로 군림하던 현실로부터 자신을 자유롭게 만들어 준 것이었다.

현실은 이제 주인공에게 사랑, 희망, 아름다움, 내일, 문학 등 어떤 추상명사도 꿈꾸지 않는 공간으로서의 현실, 즉 초현실만이 주인공의 의식세계를 지탱해 주는 버팀목으로 자리잡고 있다. 이른바 새로운 시선으로 바라보는 현실 속에서 '눈부신 자신의 존재'를 발견하는 것이며 '친화와 용서의 세계'로 발돋움할 수 있는 가능성이 열린 것이다.

그러나 스스로를 죽이는 광기적 삶의 행태에서 벗어나기 위해 철저히 현실에서 비참해져야 한다는 역설의 논리는 '손영아'라는 여성을 만나면서 서서히 무너지기 시작한다. 손영아는 '여배우들을 본뜬 교태나 눈웃음', '판본 여대생 노릇'을 일삼는 여직공이다. 주인공은 손영아를 통해 자신의 존재를 거울처럼 되비쳐보게 된다. 그녀와의 만남을 계기로 자신의 초현실주의 즉 가장 비참한 현실을 살아야 한다는 위악적 인식이 오히려 손영아의 삶 앞에서는 사치스러운 관념의 산물로 여겨지게 되는 것이다.

> 내가 현실에 대해 더 이상 아무것도 욕망하지 않고 일정한 거리에서 보다 냉철하게 현실을 바라보며 사랑, 희망, 아름다움, 내일 따위의 추상명사를 더 이상 꿈꾸지 않는 것을 나의 '가장 비참한 현실'로 삼은 관념의 바로 그 시간에, 그녀는 지문이 다 닳아빠진 손으로 실을 이으면서 처녀를 버리고 스스로에게서 도망가는 '가장 비참한 현실'을 유일한 추상명사로 꿈꾸었던 것이다. 결국 내가 '현실의 어느것도 더 이상 욕망하지 않는' 현실에 대한 새로운 시선으로 무장하고 나서도 단 하나 두려워했던 아킬레스의 발꿈치가 바로 어머니가 아니라 그녀에 의해서 난도질당하고 만 것이다.

가장 비참한 현실을 살기 위한 수단이자 매개체로 만난 손영아는 주인공보다 더욱 비참한 현실을 살고 있으며, 주인공의 파멸주의적 삶을 이용하여 비참한 현실에서 도피하고자 몸부림치는 인물이다. 따라서 가장 위악적 형태로 가장 비참한 현실을 토대로 한다는 점에서 주인공은 손영아와 자신이 일란성 쌍둥이일지도 모른다는 생각을 해 보기도 하는 것이다.

　손영아에 의해 초현실주의와 아웃사이더 의식을 상실하게 된 주인공은 부딪쳐 오는 현실의 사물들에 대한 대응력을 잃어버리고 자신이 결국 '참혹하게 파멸되고 깊게 무너져버렸다'는 인식에 도달한다. 주인공은 손영아에게 있어 '현실을 뛰어넘어 새로운 현실 속으로 도약해 가는 하나의 뜀틀대 역할'을 한 것이고, 이것은 주인공에게 현실공간에서의 열패감만 확인시킬 뿐이다.

　손영아와의 만남 이후 초현실주의나 아웃사이더 인식을 회복하기 위한 노력은 '주정님'이라는 버스 여차장을 만나는 것으로 연결된다. 현실 자체를 위악으로 감지한 주인공은 주정님이야말로 위악의 현현이라는 이데올로기를 구현할 수 있는 토대가 될 수 있다고 생각한다. 손영아와 주정님을 동일시하는 주인공은 자신이 버스 여차장의 남자라는 사실을 공표하여 손영아에게서 잃어버린 초현실주의를 회복할 수 있다고 믿는다. 버스 여차장의 남자라는 것은 자신이 가장 비참한 현실 하에 있으며 이것이 보다 화려한 현실 세계로 비상할 수 있는 유일한 길임을 깨닫는 것이다.

　　　이 고비만 잘 넘기면 나는 드디어 주정님이 지닌 시내버스 여차장이라는 힘을 보다 확고하게 내 것으로 만들 수 있다! 그리하여 나는 자신의 무너져버린 '아웃사이더'나 초현실주의를 다시 일으켜 세워 세상을 지배하는 천하무적이 될 수 있다!

주인공이 주정남과의 관계를 여러 사람 앞에서 공표하려는 것은 결코 애정의 감정이 아니다. 그것은 다만 잃어버린 힘, 현실에서 지탱하기 위한 무기로서의 이데올로기를 되찾기 위한 방편에 불과한 것이다. 결국 자신을 통해 다른 사람들 앞에서 '뭔가를 보이기 위해 노리개로 삼음'을 깨달은 주정남 또한 주인공의 곁을 떠남으로서 위악의 현현은 그 지표를 상실하게 된다. '위악의 현현'이나 '오염의 전파'로서 주인공이 일관되게 지향한 반항으로서의 현실세계는 결국 구심점을 잃어 주인공으로 하여금 갑자기 다리밑으로 추락하도록 하는 도발성을 야기시키지만, 진정한 위악적 실체는 주인공의 세계에 접근하려 들지 않는다.

  일상적이고 평균적인 것을 거절하여 파멸구조를 지향하는 주인공의 의식은 그만큼 자신이 현실에서 극도로 소외되어 있음을 입증해 주는 것이다. 현실에서의 소외는 결과적으로 주인공에게 파괴적이고 광기적인 삶, 심화해 들어가자면 탐미주의나, 초현실주의, 아웃사이더 인식 등과 같은 위악적 특성으로 변이되어 주인공의 의식세계를 지배한다. 이러한 의도적인 위악성의 세계에서 여성은 단지 주인공의 초현실주의를 유지시키기 위해 더욱 더 비참한 현실을 구성하는 매개체에 불과하다. 여성들은 단순히 주인공과 괴리된 현실영역에 위치했다는 이유만으로 공격이나 증오의 대상이 되는 존재에 그치고 만다. 다만 주인공의 정신적 성숙에 필요한 수단으로서의 여성에 불과한 것으로 자신의 치부를 드러내기 위한 도구 혹은 세계와 문학, 자아와 세계를 연결하는 중간매개체로서의 여성의 의미만을 부여받는 것이다.

  여성이 진정한 인격을 지닌 개별적 주체로서 여성성을 확인받지 못하고 한 남성의 파멸논리의 희생물이 되었다면 그것이야말로 가장 악마적 형태의 삶을 완성시키기 위해 이용되는 가장 비참한 현실에서의 '대용품'에 불과한 것이다.

4. 자아의 발견, 창녀들의 탄생

  신분적 열등감을 문학이나 여성을 통해 대리배설하려는 욕구를 지닌 주인공 김윤호는 의도적으로 불행한 현실, 비참한 현실을 자초함으로써 이것에 예술적 의미를 부여하고 자기만의 공간을 구축하고자 한다. 이것은 주인공이 독특한 자아의 내면공간을 통해 자아정체성을 확인하려는 인식에서 비롯된 것이다. 자아정체성의 확인을 위한 의식적인 행위는 주로 밑바닥 인생의 체험과 섹스를 통해 이루어지는데 이 또한 다분히 파멸적 특성을 지닌다.
  대학 입학 후 주인공은 소위 밑바닥 인생을 체험하면서 인식상의 성숙을 맞이한다. 더 이상 하강할 수조차 없는 극단의 공간에서 그는 오히려 '따뜻하고 평안하다'는 사실을 깨닫는다. 창녀와의 하룻밤을 지내고 난 뒤 이러한 사실을 깨달은 그는 새로운 인생의 체험 방법으로 '넝마주이'가 되는 길을 택한다.

>   나의 치부는 이제 단 한 마디의 거짓도 허용되지 않는 절대의 공간에서 전혀 새로운 의미가 되어 있을 터이었다. 나는 그 새로운 의미를 정확하게 해석할 수는 없었다. 나는 다만 추렁을 메고 거리에 나선 순간 옛날의 내자신이 사라지고 전혀 다른 모습으로 새롭게 태어난다는 사실만은 분명히 감각할 뿐이었다.

  세상과의 대결에서 선택한 '넝마주이'는 자신의 치부를 '세상에 정면으로 드러낸' 도전행위로서의 의미를 갖는다. 인생의 밑바닥 체험이 부여하는 평온은 그에게 세계의 절대적 아름다움을 인식하도록 하고 자아를 긍정하는 힘의 원동력이 된다. 그러나 곧 세상이 여전히 자신을 무시하고 있다는 느낌, 즉 세상으로부터 무관심의 대상이 되어버렸다는 참패감은 다시 세상을 향하는 근원적 대결방식인 위악으로서의 문학으로 회귀하게끔 한다. 하지만 문학으로도 세상과의 정면대결을 통해 진정한 자아를 찾아 나가는 것이 불가능함을 깨달은 주인공은 다리 밑으로 추락함으로써 자신을 철저히 파멸시키고자 한다.

 자신에 대한 절박한 위기감이 불러일으킨 이러한 추락은 군대생활을 하는 동안 '똥통'에 빠지는 사건으로 이어진다. 훈련 도중 똥물이라는 더럽고 오염된 공간에 빠지는 행위는 주인공에게 새로운 인식의 전환을 가져오는 계기로 작용한다. 즉 손영아나 주정님과의 만남 이후 지표로서의 초현실주의나 아웃사이더 인식을 상실한 채 정신적 방황을 계속하던 그가 군대라는 도피공간에서 우연히 자신의 힘-위악적 이데올로기-을 발견하게 된 것이다.

> 바로 똥물이 내가 발견한 자신의 어떤 힘이었다. 저 악취나는 똥물이야말로 나에게는 손영아의 지문이 닳아서 없어진 손가락이자 이제 막 먹이를 발견하고 번들대던 육식성 밤짐승의 인광이며 또한 내 자신이 그토록 다시 회복하고자 갈구하던 현실에 대한 새로운 시선이며 무엇보다도 나 자신을 천하무적으로 만드는 힘 그 자체였다. 만일 나의 힘이 저런 똥물같은 식이라면 나는 무궁무진한 힘을 가진 셈이었다.

'똥물'은 적어도 관념의 유희로서의 현실대응방식이 아닌 철저한 하강을 통해 가장 밑바닥에 다다랐을 때 체득하게 되는 진정한 현실-자기부정을 통해 극복·도달하는 자아 발견과 긍정의 세계-의 실체에 접근하도록 부여된 강력한 힘이라고 할 수 있다. 부정과 소외의 공간인 현실로부터 자아를 지켜주는 방패를 똥물을 통해 인식하게 된 것이다.

'밝은 세계의 추상명사'에 대응하기 위해 택한 일종의 생존방식으로서의 이데올로기가 곧 밝은 세계의 추상명사와 동의어임을 깨닫게 되는 순간 자아는 진정으로 세계와의 합일점에 도달한다. 두려움과 혐오감으로 일관하던 현실에서 하강구조를 취함으로써 오히려 밝은 세계에 닿을 수 있다는 자신감은 결국 자기 자신에 대한 두려움과 수치심에서 벗어났다는 것을 의미하는 것이다.

특히 주인공의 베트남 전쟁 참전은 그에게 행복의 의미로서의 현실을 느끼게까지 한다. 전쟁터의 특수한 분위기, 즉 특수한 도덕이나 윤리, 사회의 질서들이 붕괴된 사회에서 생존하는 주인공은 자신이 '내려갈 수 있는 암흑세계의 밑바닥 끝까지 간 것'이라고 생각한다. 더 이상 갈 곳이 없는 비참하고 타락한 현실은 주인공이 넝마주이 생활을 했을 때나 다리 밑으로 추락했을 때, 그리고 똥통에 빠졌을 때 가졌던 평온함과 동질성을 갖는다. 가장 위악적일 때 가장 현실순응적일 수 있다는 것이다.

극도의 현실부정과 증오를 통해 도리어 현실공간에 편입되고자 하는 역설을 통해 자아를 발견해 가는 과정을 경험하고 급기야 자아의 정체성-출생과 신분적 열등감에서 벗어난 독립적 개체로서의 자아-을 확인해 가는 여정에는 반드시 여성에 대한 삽화가 중요한 모티프로 작용하고 있다. 주인공이 현실공간에서 자아의 의미를 확정지어가는 순간순간마다 여성은 주인공의 정신적 성숙에 지대한 공헌을 하게 된다. 그러나 여성은 한 남성의 자아 정체성 확립 과정에 창조적 역할을 부여받았다기 보다는 남성의 자기 파멸구조에 의해 도구화되고 제물로 바쳐지는 '물질'로서의 여성 혹은 '대용품'으로서의 여성이라는 의미만을 부여받는다. 주인공이 '자신의 남성성을 고수한 채 개별적 존재로서 자기공간을 구축'해 나갔다면, 이와 대응되는 여성은 단순한 섹스대상으로서의 의미나 통과제의적 의미만을 지닐 뿐인 것이다.

주인공의 성숙에 있어 최초의 대상이 된 여성은 강간의 형태로 조우하게 된다. 단순히 현실에 대한 극도의 부정성을 인식하는 남성이 '암흑세계의 밑바닥에 잠적'하기 위해 선택한 불운한 희생물로서의 여성은 사생아이자 장돌뱅이가 현실의 수렁 속에서 치부를 밖으로 드러내는 최초의 수단이 되고 있다. 이후로도 주인공과 부딪치는 다수의 여성들은 주인공의 인식의 성장과정을 기술하기 위해 마련된 필연적 장치로 등장한다. 그녀들은 주인공에게 '지옥의 고통'을 강요하는 밝은 세계의 추상명사들의 영역에 속해 있있으며, 이러한 이유로 인해 주인공의 광기적이고 파멸적인 삶의 제단에 제물로 바쳐진다.

'장경희'의 경우는 주인공에게 있어 유일하게 긍정성을 부여받는 인물로 등장한다.

> 내가 그토록 나를 눈부시게 하던 사물들에 대하여 어떤 친화감속에서 발가벗듯 거의 무방비 상태로 다가가자 그것들 또한 더없는 친화감 속에서 넉넉한 품으로 나를 감싸안는 것이었다. 장경희와 어깨를 나란히 하고 걷는 바로 그 순간 만큼은 나는 더 이상 비천한 장돌뱅이 출신도, 음습한 사생아도 아니었다. 나는 태어난 이후 처음으로 자신에 대하여 어떤 가능성을 인정하였다.
> '나도 저것들 사이에 끼어들 수 있다!'

나에게 장경희는 바로 내가 저 눈부신 사물들 속에 끼어들 수 있는 가장 확실한 가능성이었다. 그 가능성이야말로 내가 여자를 만나 처음으로 깨닫게 된 여자의 존재가치였다.

장경희는 주인공으로 하여금 현실에서 소외되어 있는 자신을 극복하여 세계와 자아의 친화감을 느끼도록 하는 인물로 비쳐진다. 세상에 대한 치욕감이나 거리감에서 벗어나 모든 사물을 제대로 볼 수 있는 긍정적 시선이 장경희에게서 비롯되는 것이다. 그녀와의 만남은 주인공이 여성의 존재가치에 대해 처음이자 마지막으로 긍정적으로 인식하게 하는 원동력이 되고 있다. 이를테면 그녀를 통해 주인공의 정신세계는 안정과 만족 속에 안주할 수 있었던 것이다. 더구나 장경희와 한 몸을 이루고 난 뒤 주인공은 새로운 세계를 향해 비상하는 희열감이라는 정신적 극치에 다다른다.

그러나 이러한 정신적 희열감은 장경희의 '처녀가 아닐지도 모른다'는 언급으로 일순간에 사라지고 만다. 예전의 현실로 되돌아오게 만든 이 한 마디에 주인공은 자신의 새로운 세계의 몰락에 분개하고, 결국 그녀와의 관계도 종지부를 찍게 된다. 장경희의 한 마디가 주인공이 접한 사물을 있는 그대로 바라봄이 가능한 신비한 현실이 허상이었음을 깨닫게 해 준 것이다.

범접할 수 없는 영역에 놓여 있는 여성을 통해 세상 바라보기의 변화를 가져왔던 주인공이 자신의 치부로 간주되는 세계에 장경희가 위치해 있음을 인식한 것은 적어도 그가 남녀간의 애정의 행위로서의 섹스에 집착하지 않았다는 것을 의미한다. 그것은 오직 세계와 자아의 대결양상 속에서 중간자로 존재하는 여성이 자신의 존재가치를 일깨워 주거나 비참한 현실을 극복하기 위해 설정된 도구적 인물이라는 것을 의미하는 것이다.

매개체나 도구적 역할을 부여받은 여성은 장경희 이후로는 지극히 물신화되거나 비하적인 인물들로 설정된다. 대부분의 여성들은 주인공의 세상 바라보기의 부정성을 자극 혹은 공격하거나 인생의 밑바닥을 향해 추락하는 파멸의 과정에서 우연히 부딪치게 된 단순한 섹스의 대상자들이다.

> 내가 그렇듯 여자에 대하여 아무것도 바라지 않고 더 이상 꿈을 꾸지 않게 되자, 뜻밖에도 여자는 어디에나 많아서 나는 너무 쉽게 여자를 만나고 또 그렇듯 쉽게 헤어지곤 했다. 그랬다. 나에게 여자는 다만 목마를 때 마시는 한 병의 음료수 혹은 한 컵의 물처럼 오직 하나의 물질에 불과할 뿐이었다.

월남전 참전 이후로 극단적인 부정과 혐오감으로 세상에 대응하던 주인공은 자신이 대면하는 사물들에 어떠한 의미를 부여하려 한다기보다는 즉물적으로 처리하려는 태도를 보이는데, 그 대표적인 형태가 여성과의 만남에서 극명하게 드러난다. '아침에 집에서 나와 학교를 가면서, 오늘은 맨 처음 만난 여자를 유혹해 봐야지 하고 작정하면 즉시 그대로 행동에 옮기는 식'으로 여성과의 만남을 지속하는 것이다. 그런데 이런 주인공의 태도에 여성들도 호응을 한다고 생각함으로써, 주인공이 여성을 '성적 의미 외에는 누구에게도 개별성을 따지지 않는' 물질로서의 존재로 간주한다는 사실이 작품 전반적으로 드러난다.

또한 간과할 수 없는 사실은 거의 모든 여성들이 '순결(처녀)버리기' 혹은 '자기 내던지기'에 집착한다는 사실이다.

"거긴 날 어떻게 해 줄 힘이 없다고 했지만 난 처음 거길 본 순간부터 거기가 나를 도망치게 해주리라는 것을 알았다구요. 이상한 이야기로 들릴지 모르지만 나는 내가 처녀란 게 그렇고 싫고 부담스러울 수가 없었어요. 언제부터인지 모르지만 막연하게 내가 처녀로 있는 한 결코 나한테서 도망칠 수 없을 것 같다는 생각이 들었거든요. 그런데 정작 누구한테도 즐 수가 없었던 거예요. (중략) 그런데도 처녀를 못버린 거예요."

자신만큼이나 추악한 현실공간에 위치한 여성을 통해 초현실주의를 추구하려던 주인공이 오히려 그를 디딤돌로하여 자신이 처한 현실에서 도피하고자 하는 여성을 만남으로써 주인공은 자신이 그녀의 대용품이 되고 말았으며, 그녀는 또다른 세계로 향해 나아갔음을 깨닫는다. 손영아가 자신이 처해 있는 현실에서 벗어날 수 있는 돌파구로 삼은 것은 자신의 순결이었으며, 김윤호를 통해 이를 버림으로써 재탄생할 수 있었던 것이다. 이러한 의미에서 본다면 손영아와 주인공간의 섹스행위는 에로틱한 의미나 남녀간의 조화로운 합일을 의미하는 데서는 멀리 떨어져 있다고 할 수 있다.

이 작품에서 드러난 남녀에게 있어서 성이란 애정의 표현이 아니라 남성에게나 여성에게나 자신의 존재가치를 전이시키기 위한 도구요 수단이라는 동질적 의미를 지닌다. 그리고 손영아를 제외한 다른 여성들의 경우 한결같이 남성이 여성을 통해 자아를 발견해 갈 뿐이고, 여성들은 단순히 자신들의 성을 현실에서 거추장스러운 장애물로 인식하며, 주인공을 통해 이러한 부담감에서 벗어나려는 경향을 보인다.

주인공과 단 하룻밤을 지내고 사라져 버린 '엄명화'나 '주정님', '차지숙' 등은 김윤호와의 육체적 반응을 통해 자신의 존재를 전이시키고자 한다.

> "윤호씨가 내 **뺨**을 때린 후부터 나는 줄곧 어떤 주술에 걸려 있는 기분이었어요. 마치 동화 속에 나오는 이야기처럼 나는 윤호씨의 주문에 걸려 지금까지 줄곧 잠만 자고 있는 것 같았다구요. 그리고 결국 내 잠을 깨워 줄 수 있는 것은 윤호씨 뿐이라는 것을 깨달았어요. 그걸 깨닫기까지 무척 시간도 오래 걸렸고, 한편으로는 무척 어렵기도 했어요. 그래서 다시 윤호씨를 찾아온 거예요. 다른 건 아무것도 바라지 않아요. 언젠가 윤호씨 이야기처럼 다만 내 처녀만 버려 주세요. (중략) 그런 걸 가르쳐 준 게 윤호씨니까 바로 윤호씨 자신이 없애 주세요. 정말이지 그것밖에는 아무것도 바라지 않아요."

차지숙이 요구하는 자신의 처녀 버리기는 차지숙 나름의 새로운 세계로의 도약을 위한 통과의례적 과정으로 서술된다. 그러나 이 작품에서 차지숙을 비롯한 다수의 여성들이 주인공에게 바라는 성관계는 주인공에게 있어서는 단순히 물화된 성으로 여겨질 뿐이다. 즉 주인공과의 만남을 경험한 대부분의 여성들은 주인공에 의해 창녀의 세계에 편입되는 것이다. 여성은 주인공의 존재의 추락을 위한 성적 도구이며, 밑바닥 인생의 체험을 통해 밝은 세상으로 나아가려는 데 있어 중요한 매개물인 여성은 그에게 창녀 이상의 의미가 되어 줄 수는 없는 것이다.

주인공이 호스티스인 '조영희'와의 성관계를 경험하면서 오랫동안 그의 뇌리를 지배해 왔던 공포의 대상인 '거대한 털투성이의 입'이 '보랏빛 자운영 꽃'과 동일시 되고 있음을 체험하는 점이나 이십년이 지난 후 목포 사창가의 늙은 창녀를 통해 자신과 그녀가 합일되고 있음을 깨닫는 것은 주인공이 거쳐온 숱한 여성들의 특성이 창녀적 특성으로 귀결될 수 있음을 의미한다고 할 수 있다. 사생아와 장돌뱅이라는 치부에서 벗어나기 위한 문학청년의 고뇌에 찬 인식의 성숙과정에서 자아발견이란 주인공의 밑바닥 삶을 지탱해 주기 위해 존재한 창녀들의 희생에 의해 가능한 것이며, 이를 바탕으로 주인공은 존재가치의 전이라는 궁극적인 정신적 구원과 성숙의 세계로 진입해 들어가는 것이다.

『여자에 관한 명상』에서 주인공의 주된 여정인 여성과의 만남을 통한 자아 정체성의 확인은 다분히 공식적인 특성을 띤다고 할 수 있다. 즉 주인공의 인식의 성숙에서 반드시 여성이 존재한다는 점, 이러한 여성들은 인간 대 인간 즉 독립된 개체로서의 만남이라는 진정한 가치추구에 의한 것이 아니라 주인공의 일방적인 주도에 의해 이끌려 가는 피동적 인물이며, 모든 여성이 주인공을 중심에 놓인 진리의 실체로 간주한다는 점, 그리고 자신들이 도구화되고 물화된 성으로서의 의미만을 지닐 뿐 존재가치를 인정받지 못하며 급기야는 창녀의 세계로 전락하고 있음 또한 인식하지 못하고 있다는 점 등이 그것이다.

이 작품에서 무수한 여성편력을 거치며 주인공이 도달하게 될 궁극적 존재가치의 세계에서도 여전히 여성은 창녀로서 존재하게 될 것이라는 사실을 예견하는 것은 그다지 어려운 일이 아니다. 남성의 자아의 발견과정 동원되는 무수한 여성들이 과거의 전형과 동일할 것이라는 안타까운 예감은 남성이 중심의 세계에서 마치 불변의 진리인 양 위치하고 있으며, 작가 또한 그러한 문화적 배경을 유리한 문학장치로 간주하면서 그 기득권을 행사하려 한다는 사실이 작품 도처에서 노출되기 때문이다.

5. 맺음말 — 무고한 여성들을 위하여

송기원의 『여자에 관한 명상』에서 나타난 현실에서의 치부에서 벗어나기 위해 시도하는 하강구조는 결과적으로 주인공이 처한 현실에 맞대응하기 위한 자구책이며, 또한 의도적인 위악성을 통한 추락의 과정은 정신적 성숙과정에 필연적인 장치이자 자아를 발견하여 정체성을 확인시켜 나가는 궁극적 목표점을 지향하는 것을 의미한다고 할 수 있다. 이 때 주인공의 세계를 거쳐간 여성들은 주인공의 인식의 성숙을 위한 중요한 매개체로서 자신들이 어떠한 존재의미를 부여받았는지조차 간과한 채 남성 세계에의 편입과 이탈을 반복한다. 그러나 여성들이 긍정적이든 부정적이든 한결같이 주인공의 청년기의 삶에서 중요한 의미를 제공하는 것은 부인할 수 없는 사실이다. 그런데 강간이나 매춘의 형태로 여성들을 전락시켜 가면서까지 감행해야 했던 주인공의 의식세계의 정체는 무엇이었을까? 그것은 자아에 대한 열등의식이었으며 이러한 열등의식을 해소시켜 나가고자 하는 과정에서 통과제의적 의미로 여성들은 존재한다고 할 수 있다. 그렇다면 적어도 이 작품에서의 여성들은 상당히 무고한 존재라 할 수 있다. 자신도 모르는 사이에 남성의 콤플렉스를 자극하거나 해소시키는 제물의 의미 그 이외에는 어떤 의미도 부여받을 수 없기 때문이다.

이 작품을 독서하고 난 후의 독자라면 주인공이 과연 인식의 성숙과정을 거쳐 진입해 들어간 성인 세계의 특성이 무엇인가에 대한 점에 관심을 기울임과 동시에 과연 그 수많은 무고한 여성들은 왜 그토록 주인공의 주변세계에 머물면서 그에게 집착해야 했는가에 대한 의구심과 아쉬움을 표출하게 될 것이다. 세계의 중심으로서의 남성, 보편타당한 진리로서의 남성이 요구되는 이 사회에서 어쩌면 이러한 맹목적이고 인내심 있는 여성들을 등장시킨 것은 당연한 논리일지도 모른다. 왜냐 하면 작가 또한 이 시대 이 사회가 요구하는 지배 이데올로기로서의 남성중심주의의 편에 서 있는 전형성을 보여 주기 때문이다. 따라서 동등한 개체로서의 여성을 인식하기보다는 남성의 부가물로서의 여성을 인식하기가 훨씬 용이했을 것이다. 그러나 이러한 거대한 문화적 맥락 속에 가려진 채 자신의 존재의미를 찾기 위해 안간힘을 쓰는 여성들의 치열한 몸부림은 과연 작가에게 어떠한 의미로 다가갈 지 자못 궁금하지 않을 수 없다.

여성의 눈으로 읽는 문화

인쇄일 초판 1쇄 1997년 04월 01일
       2쇄 2013년 02월 14일
발행일 초판 1쇄 1997년 04월 01일
       2쇄 2013년 02월 23일

지은이 송 명 희 외
발행인 정 찬 용
발행처 새미
등록일 1987.12.21, 제17-270호

서울시 강동구 성내동 447-11 현영빌딩 2층
Tel : 442-4623~4 Fax : 442-4625
www.kookhak.co.kr
E- mail : kookhak2001@hanmail.net
ISBN 978-89-5628-676-1
가 격 9,000원

*저자와의 협의 하에 인지는 생략합니다.